Beck'scheReihe

BsR 468

In diesem Buch zieht ein hervorragender Kenner Afrikas die Summe aus mehr als dreißigjähriger Forschung und Lehre. Er schildert die verschlungenen Wege afrikanischer Politik im 20. Jahrhundert: die Auflehnung und Anpassung gegenüber den Kolonialherren; den gewaltfreien oder bewaffneten Kampf der Befreiungsbewegungen, die oft zunächst in Einpartei- oder Militärregime mündeten. Er beschreibt den zeitweilig starken Einfluß sozialistischer Ideen. Sein besonderes Interesse gilt den Bemühungen um Demokratie in den 1980er und 1990er Jahren. Fazit: Demokratie bleibt trotz ihrer Mängel das einzig vernünftige Ziel afrikanischer Politik. Europa sollte seinen Nachbarkontinent auf diesem schwierigen Weg tatkräftiger als bisher unterstützen.

Franz Ansprenger ist Professor emeritus für Politische Wissenschaft der Freien Universität Berlin. Veröffentlichungen u.a.: Politik im Schwarzen Afrika, 1961; Der Schwarz-Weiß-Konflikt in Afrika, 1971; Versuch der Freiheit, 1972; Die Befreiungspolitik der OAU, 1975; Juden und Araber in Einem Land, 1978; Auflösung der Kolonialreiche, 4. Aufl. 1981; Die SWAPO, 1984; Freie Wahlen in Namibia, 1991; Südafrika – eine Geschichte von Freiheitskämpfen, 1994.

FRANZ ANSPRENGER

Politische Geschichte Afrikas im 20. Jahrhundert

VERLAG C.H.BECK

Die Deutsche Bibliothek – CIP-Einheitsaufnahme

Ansprenger, Franz:
Politische Geschichte Afrikas im 20. Jahrhundert / Franz Ansprenger. – Orig.-Ausg., 2., neubearb. und erw. Aufl. – München: Beck, 1997
  (Beck'sche Reihe; 468)
  ISBN 3 406 42568 2
NE: GT

Originalausgabe
ISBN 3 406 42568 2

2., neubearbeitete und erweiterte Auflage. 1997
Umschlagentwurf: Uwe Göbel, München
Umschlagabbildung: Menschen in Mali (Franz Ansprenger)
© C. H. Beck'sche Verlagsbuchhandlung (Oscar Beck), München 1992
Gesamtherstellung: C. H. Beck'sche Buchdruckerei, Nördlingen
Gedruckt auf säurefreiem, alterungsbeständigem Papier
(hergestellt aus chlorfrei gebleichtem Zellstoff)
Printed in Germany

Inhalt

Vorwort zur zweiten Auflage

In den fünf Jahren, die seit dem Druck dieses Buches verstrichen sind, hat Afrika viel erlebt. Bedauerlich, aber wahr: zum Guten hat sich nichts Entscheidendes verändert, eher umgekehrt. Die Demokratiebewegung, die ich 1992 mit Optimismus begrüßte, ist erlahmt. In Europa und Nordamerika grassiert Afro-Pessimismus. Darauf kommt es erst in zweiter Linie an. Wichtiger ist, was die Afrikaner selber empfinden und was sie tun. Aufs Ganze gesehen, scheint mir, sehen auch sie weniger Licht am Ende des Tunnels als 1990 oder 1991, verrät ihr politisches Handeln eher Resignation, allenfalls Protest, anstatt eines schwungvollen Konzepts für politischen Aufschwung. Werden in Südafrika Hoffnungen wahr, gehen sie gleichzeitig in Nigeria zugrunde ..., möchte man meinen. Ja, es stimmt, aber wir dürfen es bei solchen Feststellungen nicht bewenden lassen.

Der europäische Afro-Pessimismus muß uns schon zu denken geben. Afrika ist wirtschaftlich, es ist aber auch kulturell und damit politisch nach wie vor an Europa gekoppelt. Wir müssen – und ich denke, wir können – unseren Afro-Pessimismus durch sachliche Information bekämpfen. Diesem Zweck dient die neue Auflage dieses Buches ebenso wie die erste. Ich glaube immer noch, Afrika kann sich, nachdem es die Kolonialherrschaft abgeschüttelt hat, auch von hausgemachter Mißwirtschaft und Diktatur befreien. Deshalb habe ich keinen Anlaß gesehen, viel an meinem Text zu ändern oder gar die Richtung des Arguments umzupolen. Nur das Kapitel über die demokratische Option mußte ich neu schreiben. Mein Ausblick bleibt derselbe wie 1992. Wir müssen uns dagegen wehren, jenseits der Grenzen Europas und Nordamerikas allenfalls China und die kleinen Tiger Asiens ernst zu nehmen, im übrigen europäisch-deutsche Nabelschau zu betreiben, Afrika als äußerste Peripherie, als Hinterhof unseres Planeten anzusehen, zu übersehen.

Diese Einstellung ist immer noch um 180 Grad verkehrt. Deutlicher noch als 1992 stehen uns mitten in Europa Schwierigkeiten ins Haus, die wir vorher aus den Nord-Süd-Beziehungen kannten oder hätten kennen können; Dieter Senghaas hat schon 1991 darauf hingewiesen.* Kriegsflüchtlinge wollen nicht, können kaum in eine Heimat zurückkehren, wo jeden Moment das Schießen und Morden wieder losbrechen kann. Reichtum und Armut stoßen aufeinander, ohne daß eine Mauer sie mehr trennt. Lohnt sich „Entwicklungshilfe" für Rußland, ja für Brandenburg? Sind die dortigen Strukturen der Verwaltung, des Transportwesens, der Arbeitsgesinnung usw. überhaupt aufnahmefähig für Kapitalinvestitionen? Genau diese Fragen stellt uns Afrika seit langem.

Wir sollten also auch in Zukunft auf Afrika blicken. In den Ozean versenken können wir es sowieso nicht, auch wenn manche hinter vorgehaltener Hand flüstern, ein solches Ereignis würde die Weltwirtschaft kaum stören.

Solche Gedanken geben mir den Mut, dem Publikum ein Buch über Afrika zuzumuten. Die eigene Geschichte Deutschlands, Europas fasziniert uns wieder, wir bürsten sie gegen den Strich des Schulwissens, um ihr neue Perspektiven abzugewinnen – „Geschichte von unten", „Alltagsgeschichte", „Frauengeschichte". Mein Vorschlag, auch die Geschichte unseres Nachbarkontinents anzuschauen, ist bescheidener. Ich bleibe bei der Gestaltung der politischen Systeme, die sich Afrika in der ersten Hälfte des 20. Jahrhunderts als Kolonialreiche, in der zweiten als unabhängige (?) Staaten aufgebürdet haben. Freilich versuche ich, zu dieser Geschichte möglichst viele afrikanische Stimmen hörbar zu machen, auf Kosten unserer eigenen europäischen.

Verschlungene Wege afrikanischer Politik . . . Ob sie nach der Jahrtausendwende in Demokratie münden werden, weiß niemand. Aber wir dürfen es gegenwärtig hoffen. Demokratie steht für Freiheiten, für Menschenrechte, für Rechtsstaatlichkeit, für Annäherung an soziale Gerechtigkeit.

Der Leser wird wenig über Wirtschaft finden, wenig über Afrikas Rolle in den internationalen Beziehungen. Das sind Themen für eigene Bücher. Sie hängen eng zusammen mit der Innenpolitik der afrikanischen Staaten, aber ich glaube nicht, daß es da eindeutige Über- und Unterordnungen gibt. Ich glaube nicht, daß Afrika und die Afrikaner hilflos der „strukturellen Gewalt" eines bösartigen „kapitalistischen Weltmarktes" ausgeliefert sind, so real die Zwänge der Weltwirtschaft auch auf Afrika durchschlagen. Ich glaube nicht, daß wirtschaftliche Armut notwendig zu politischer Diktatur führt – eher umgekehrt.

Für die Studie, die ich hier vorlege, habe ich Erfahrungen aus dreißig Jahren Lehre und Forschung an der Freien Universität Berlin verwerten können. Berlin, speziell der Fachbereich Politische Wissenschaft der Freien Universität, verfügt über beachtliche Afrika-Bibliotheksbestände; erst in den letzten Jahren zerstört die verordnete Sparsamkeit den wissenschaftlichen Wert dieser Sammlungen. Für die Lücken, die mein Literaturverzeichnis sicher aufweist, muß ich um Nachsicht bitten.

Mein Dank gilt der Freien Universität Berlin und der Volkswagen-Stiftung, die mir die Arbeit an der Erstauflage ermöglicht haben.

Übersetzungen aus dem Englischen oder Französischen stammen von mir, soweit die betreffende Anmerkung nicht anderes ausweist. Alle Irrtümer und Fehleinschätzungen gehen auf mein Konto. Ich hoffe, keine Person der afrikanischen Zeitgeschichte grundlos beschimpft zu haben.

Fahnenkorrektur wurde im Februar 1997 gelesen.

Ich widme das Buch meiner Frau, die meinen häufigen Rückzug in die „Bücherhöhle" liebevoll toleriert.

Franz Ansprenger

* Vgl. Dieter Senghaas, Die Neugestaltung Europas. *aus politik und zeitgeschichte* (Bonn) 26. 4. 1991: 11–20

1. Auflehnungen

Zu Beginn unseres Jahrhunderts war Afrikas Landkarte bereits von Amts wegen eingefärbt in den bunten Farben der Kolonial-Imperien Großbritanniens, des Deutschen Reiches, Frankreichs etc. Die Grenzen zwischen ihren Territorien verliefen fast ausnahmslos dort, wo auch heute Grenzen zwischen afrikanischen Staaten den Kontinent durchziehen. Aber es waren die Ämter Europas, in denen die Imperien abgesteckt, die Grenzen auf dem Papier der Landkarten (oft mit dem Lineal) gezogen wurden. Erst nach und nach nahmen die Afrikaner Kolonialreiche, koloniale Grenzen, Fremdherrschaft als neue, auf Dauer angelegte politische Realitäten zur Kenntnis.

Sie hatten ursprünglich in den weißhäutigen und seltsam gekleideten Leuten, die da über See in ihre Länder kamen, eher Reisende auf Besuch gesehen, Handelspartner, auch durchaus Eroberer (oder Möchtegern-Eroberer), wie Afrikaner sie seit jeher kannten und gewohnt waren. Eines baldigen Tages würden die Weißen weiterwandern oder sich einpassen in die ausbalancierte Lebensweise, die den Afrikanern eines bestimmten Landstrichs vornehmlich durch die Umwelt (ein modernes Wort für die Geister der Ahnen, die zuerst diesen Boden bewohnten und deshalb wissen, wie mit ihm umzugehen ist) diktiert wird, durch Regenfall und Graswuchs oder den Wald, nicht durch die Willkür eines Befehlshabers.

War nicht genau das mit den Nachkommen der deutschen, niederländischen und hugenottischen Siedler geschehen, die seit 1652 von der Holländischen Ostindien-Kompanie am Kap der Guten Hoffnung ausgesetzt worden waren? Binnen hundert Jahren assimilierte sich ein erheblicher Teil von ihnen – die „Trekburen" – der durch die Umwelt vorgeschriebenen nomadischen Lebensweise, die vorher andere Rinderzüchter mit etwas dunklerer Hautfarbe praktiziert hatten.

Noch in einem (wie man sehen wird, chronologisch nicht ganz fehlerfreien) Geschichts-Aufsatz, den 1965 ein tanzanischer Lehrer in einem Fortbildungskurs schrieb, klingt diese alte afrikanische Sicht der Europäer an:

„1905 kamen die Deutschen aus Europa an die Küste Ostafrikas. Sie hatten gehört und gelesen über das gute Land, in dem europäische Obstbäume wachsen könnten. Deshalb ist ihr Hauptpunkt zu siedeln und zu regieren. Sie erreichten die Tanganjika-Küste bei Bagamojo. Da sahen sie, daß die Küste ein Land voller Sand ist, wo sie nichts anpflanzen konnten. Im gleichen Jahr zogen sie ins Innere und erreichten Morogoro, wo sie sahen, sie konnten etwas anpflanzen. Aber der Sultan von Uluguru gab ihnen kein Land für ihre Bedürfnisse. Der Sultan meldete allen seinen Unter-Sultanen, daß niemand irgend ein Stück Land irgendeinem weißen Mann abtreten dürfe; denn wenn wir ihnen Land geben, werden sie uns zu Sklaven machen, wie die Araber es taten. Dann zwang er sie wegzugehen.

Jetzt teilten sie sich in zwei Gruppen. Eine Gruppe folgte dem Weg in die Berge von Süd-Uluguru, wo sie wieder versuchten, Felder zu bekommen; aber der Untersultan wollte ihnen keine geben. Wohin sie auch kamen, sie wurden fortgetrieben. Das gleiche geschah mit denen, die nach Westen in Richtung Kilosa gingen. Sie versuchten alles mögliche, um das Land zu bekommen, das sie fanden. Später dann fingen sie an, die Felder der Einheimischen mit Gewalt zu nehmen: nichts da, wenn du ein Wort sagst, wirst du erschossen. Als der Sultan das sah, sammelte er Leute zum Kampf..."[1]

In der Tat änderte sich die Einstellung der Afrikaner, als sie merkten, daß mit den weißen Eroberern etwas grundlegend Neues über sie und ihr Land kam. Die eine Reaktion (aber nicht die einzige, wie das nächste Kapitel zeigen soll) war die Auflehnung.

Sie bedeutet etwas anderes als die Verteidigung afrikanischer Staaten und anderer politischer Systeme gegen das Eindringen der Kolonisatoren; diese ist kennzeichnend für das späte 19. Jahrhundert. Ein Ahmadou Cheikou von Ségou (heute Mali) verteidigte gegen die Franzosen, ein Ndebele-König Lobengula (im heutigen Zimbabwe) gegen die Briten jeweils ein autozentriertes politisches System, eine nicht unbedingt sehr alte, in den beiden genannten Beispielsfällen aus Reformbewegungen des 19. Jahrhunderts (die Reformation des Islam im westafrikanischen Sudan; die Gründung der Zulu-Militärmonarchie in Südafrika) stammende Ordnung inklusive der Machtstellung und Privilegien, die allenthalben dazu gehören. Ihr bewaffneter Widerstand war insoweit ernst gemeint, aber solange nicht besonders erbittert, wie die betroffenen Afrikaner – die Beherrschten mehr noch als die Machthaber – von einer Niederlage der bisherigen Ordnung eher einen Austausch der Herrschaft als die Entwurzelung ihrer ganzen Lebensweise erwarteten. Einige Jahre genügten zumeist, um die Menschen zu belehren, daß genau dieses, daß eine Umstülpung der gemeinschaftlichen Existenz die Auswirkung der Kolonisation war. Aufstände, die dieser neuen Erkenntnis folgten, hatten eine neue Qualität. Sie wurden von beiden Seiten mit viel mehr Erbitterung ausgekämpft.

Besonders deutlich wird das im Falle des Orlam-Kapitäns Hendrik Witbooi in Südwestafrika, der gegen die deutschen Eindringlinge zunächst 1893–94 seine Souveränität verteidigte, dann unter Zwang den Unterwerfungsvertrag abschloß, ihn zehn Jahre lang einhielt und der deutschen Schutztruppe Waffenhilfe im Kampf gegen andere Gruppen leistete, um schließlich im hohen Lebensalter Ende 1904 doch noch die Auflehnung zu befehlen, in deren Verlauf er ein Jahr später fiel.

Am 4. Mai 1894 erklärte Hendrik Witbooi im Zuge seines Briefwechsels mit dem deutschen Landeshauptmann Major Theodor Leutwein seine Vorstellung von Souveränität:

„. . . Ich habe immer mit Von François (Leutweins Vorgänger, F. A.) und allen weißen Männern Frieden gehalten. Von François griff mich nicht um des Friedens willen an. Weil ich mit ihm Frieden hatte, lag ich arglos im Schlaf, als er kam und mich wach schoß. Das geschah nicht um der Sache des Friedens willens, oder wegen irgendeiner Beleidigung von meiner Seite in Wort oder Tat, sondern weil ich nicht aufgeben wollte, was mein ist und worauf ich einen rechtmäßigen Anspruch habe.

Von François verlangte von mir, was mir gehört, und ich lehnte ab: denn ich allein habe das Recht, darüber zu verfügen, was mein ist. Wenn jemand es haben will, kann ich es ihm geben, oder auch nicht, wie es mir gefällt . . .“[2]

Zehn Jahre später ist der Ton von Witboois Briefen ein ganz anderer, und das ist sicher nicht nur eine Folge seines Alterns. Der bibelfeste Hendrik Witbooi faßt die Rechtfertigung für seinen Bruch des Protektoratsvertrages mit dem Deutschen Kaiser fundamentalistisch, eschatologisch an:

„. . . Ich habe mich jetzt seit langer Zeit gebeugt unter dem Gesetz und das Gesetz befolgt, wie wir alle es taten, in Gehorsam – aber auch in der Hoffnung und im Glauben, daß Gott unser Vater uns in der Fülle der Zeit von der Verderbtheit dieser Welt erlösen wird . . . Meine Arme und Schultern sind jetzt müde geworden, und ich sehe und glaube, daß jetzt die Zeit gekommen ist, da Gott Vater die Welt durch seine Gnade erlösen wird . . . Ich sage dir, daß ich meine Stellung aufgegeben habe. Das ist der Hauptpunkt: ich bin ans Ende gekommen . . .“

So schreibt Hendrik Witbooi am 1. Oktober 1904 an Hermanus van Wyk, Kapitän der Rehobother Baster, seinen Nachbarn;[3] und an Leutwein am 14. November 1904:

„. . . Ich habe zehn Jahre lang in eurem Gesetz gestanden, unter eurem Gesetz, und hinter eurem Gesetz – und nicht ich allein, sondern alle Führer Afrikas. Aus diesem Grunde fürchte ich Gott den Vater. Alle die Seelen, die in den letzten zehn Jahren umgekommen sind aus allen Nationen Afrikas und von allen seinen Führern, ohne Schuld und ohne Grund, ohne die Rechtfertigung des Krieges, in Friedenszeiten und unter Friedensverträgen, klagen mich an. Ich werde auf eine große Anklage zu antworten haben vor Gott unserem Vater im Himmel. Er hat unser Weinen gehört und die Gebete und Seufzer, und hat uns erlöst. Denn ich habe vor ihm gestanden und rief ihn an, unsere Tränen zu trocknen zu seiner eigenen Zeit. Gott vom Himmel hat jetzt den Vertrag gebrochen . . .“[4]

Kapitän Hendrik Witboois politisches System blieb identisch, während seine Strategie sich von der rationalen Verteidigung der Souveränität zur fundamentalistischen Auflehnung wandelte. Es war ein sehr kleines und einfaches politisches System, dieser auf den Befehlshaber zugeschnittene Zusammenhalt einiger Dutzend Reiter-Familien, die zutreffender als „Kommando" zu bezeichnen sind denn als „Stamm".[5]

Viele andere Beispiele für diesen Typ von Auflehnung, bei dem etablierte politische Systeme ihren Widerstand erneuern, transformieren und dabei ihre Identität wahren, könnten hier angeschlossen werden. Althergebrachter Kampf- und politischer Organisationsmethoden bediente sich auch Sayyid Muhammad in Somalia, der von der Jahrhundertwende bis zu seinem Tode im November 1920 den Briten zu schaffen machte. Allerdings sammelte er seine Anhänger aus verschiedenen Somali-Stämmen.

Die Baúle im Hinterland der Elfenbeinküste kannten kein dem modernen Staat vergleichbares politisches System. Dennoch lehnten sie sich (nach dem Scheitern ursprünglicher Verteidigung) bewaffnet gegen die französische Kolonisation auf – mit mindestens ebenso schlimmen Konsequenzen, wie sie 1904 in Deutsch-Südwestafrika den Herero widerfuhren. Frankreich hatte die Baúle-Verteidigung 1900–02 besiegt. 1908 brach der Aufstand aus, der bis 1910 als Guerilla andauerte. Von 1,5 Millionen Baúle sollen nur 260000 Verteidigung und Auflehnung in ihrer Heimatregion überlebt haben:[6] Frankreich konnte die Guerilla nur „austrocknen", indem es die Äcker verwüstete, um die Nahrungsversorgung zu blockieren. Das dezentrale politische System der Baúle überlebte selbst diese Kriegführung.

In vielen anderen Fällen ging jedoch mit dem Wandel der Einstellung gegenüber den Europäern, mit der Änderung der Widerstandsform auch eine Umwälzung des politischen Systems Hand in Hand. In aller Regel beobachten wir seine Erweiterung. Diese Ausdehnung in Raum und Volkszahl (häufig, aber nicht notwendig in Gestalt eines Staates) ist allerdings eine generelle Erscheinung der afrikanischen Geschichte des 19. Jahrhunderts, also auch schon vor der weißen Eroberung festzustellen. Wir finden sie quer durch den Kontinent vom Westen (man denke an die Gründung des Kalifats von Sokoto durch Usman dan Fodio) bis in die äußersten Süden (man denke an Chakas Nationsbildung bei den Zulu) fast genau zur gleichen Zeit. Mit einer solchen quantitativen Veränderung gehen notwendig auch qualitative, gesellschaftliche Schübe einher, ob es sich nun bei den Zulu um die forcierte Militarisierung handelt oder bei den islamischen Völkern des Sudan um die Ergreifung politischer Macht durch literarisch-religiös gebildete Männer.

Drei Beispiele aus dem östlichen und südlichen Afrika zeigen, wie Auflehnungen gegen die frisch etablierte Kolonialherrschaft im frühen 20. Jahrhundert afrikanische Politik einen großen Schritt näher an jene Struktur der „nationalen Befreiungsbewegungen" heranbrachte, die dann in der Mitte des Jahrhunderts die Entkolonisierung bewirkten und zu Erben der weißen Herren wurden.

Im heutigen Zimbabwe lehnten sich 1896 gleichzeitig die Ndebele und die Shona gegen die von Cecil Rhodes zum Zweck ihrer Unterwerfung gegründete *British South Africa Company* auf. Die Ndebele waren selbst Eroberer, eine Absplitterung der Zulu, in einer Militärmonarchie staatlich straff organisiert; die von ihnen einst besiegten Shona kannten schon lange kein gemeinsames politisches System mehr, ihre Auflehnung wurde wesentlich von religiösen Autoritäten („Geister-Medien"), angesiedelt in rivalisierenden „Schreinen", inspiriert.[7] Dennoch oder vielleicht gerade deshalb zog sich der Widerstand der Shona bis 1903 hin, während die Auflehnung der Ndebele schon nach einigen Monaten zusammenbrach.

In Deutsch-Ostafrika (heute Tanzania) erschütterte wenig später – 1905 – der Maji-Maji-Aufstand die koloniale Ordnung. Auch an ihm beteiligten sich, inspiriert durch einen Propheten namens Kinjikitile, mehrer Volksgruppen, die früher nie gemeinsam politisch oder gar militärisch gehandelt hatten;

„... eine Explosion afrikanischen Hasses gegen europäische Herrschaft. Es war ein letzter Versuch der alten Gesellschaften Tanganjikas, die koloniale Ordnung durch Gewalt zu zerstören, und sein Scheitern machte den Tod der alten Gesellschaften unausweichlich."[8]

Dieses Urteil aus einem maßgeblichen Geschichtsbuch ist allerdings zu relativieren: wenn man aus der Betrachtung der afrikanischen politischen Gegenwart lernt, daß die alten Gesellschaften Afrikas keineswegs tot sind, daß sie vielmehr oft als das einzig Solide dastehen, an das die Menschen sich im Strudel sozialer und politischer Mißlichkeiten, ausgemünzt in

Gestalt ökonomischer Krisen, klammern können, dann wird man auch Maji-Maji nicht nur als Ende einer Epoche verstehen. Das gemeinsame politische Schicksal heterogener Gruppen setzte sich ja durch die Kolonialzeit bis in die Gegenwart fort, wie ein Zeitzeuge von Maji-Maji 1967 bei der Sicherung der mündlichen Geschichtsquellen sehr klar aussagte:

„. . . Als die TANU anfing, riefen manche Leute ‚So hat es auch mit Maji Maji angefangen. Es mißlang uns, die Europäer durch Krieg zu vertreiben. Wie sollen wir das mit bloßen 50 Cents schaffen? Glaubt ihnen nicht, das sind Betrüger. Das ist ein neuer Kinjikitile.‘ Nicht alle nahmen (damals) das neue Maji (swahili: Wasser, F. A.) an. Aber die es nicht taten, litten ebenfalls. Die Maji-Maji-Krieger haßten und töteten sie, und der deutsche Askari (swahili: Soldat, F. A.) machte keinen Unterschied – er tötete jeden Afrikaner, dem er begegnete. Das war ähnlich wie (jetzt) mit TANU. Manche sind beigetreten, andere nicht, aber wir sind alle unabhängig geworden. Ist es nicht so?"[9]

Im sozialwissenschaftlichen Jargon nennen wir das die Perzeption einer erweiterten sozio-politischen Identität. Ob die Maji-Maji-Auflehnung und die geschichtliche Erinnerung an sie wirklich eine Vorstufe für die ideelle Konstruktion der tanzanischen Nation bilden? Das ist es, was die heutigen Politiker gern glauben und ihr Volk glauben machen wollen. Wenn etwas Wahres dran ist, dann hat die Erinnerung an Maji Maji abschreckend gegen Gewalteinsatz im „modernen" antikolonialen Kampf gewirkt.

Im südafrikanischen Zululand schließlich war es 1906 (zeitgleich mit Maji Maji weit im Norden) nicht mehr der König, Chakas Erbe Dinuzulu, der den vorerst letzten Krieg gegen die Weißen entfesselte und führte; Dinuzulu taktierte (nach dem Urteil eines Zeitgenossen) wie ein zögernder Hamlet.[10] Die Auflehnung erfaßte Regionen, wo die Zulu durch weiße Grundeigentümer (sie führten Plantagenwirtschaft ein und brauchten dafür Lohnarbeiter) von einer Verwandlung in Proletarier bedroht waren. Teile der Aristokratie mußten in die Auflehnung hineingezerrt werden, denn ihr, den „Häuptlingen", mutete die Kolonialregierung nicht zu, Proletarier zu werden. Die erste Gewalttat im Februar 1906, als eine neu eingeführte Kopfsteuer eingesammelt werden sollte, geschah gegen den Willen des örtlichen „Häuptlings". Den Anstoß gaben Prediger einer eigenständigen presbyterianischen Zulu-Kirche. Als ein Missionar wenig später gefangene Aufständische nach ihren Motiven befragte, gewann er folgenden Eindruck:

„... Eingeborene Prediger und Evangelisten hatten sie gelehrt, die ganze Heilige Schrift weise auf das Faktum hin, daß der Fluch über die schwarze Rasse, der sie unten halten sollte, jetzt aufgehoben wäre, und daß es Zeit für die Schwarzen wäre, nach oben zu kommen und die Weißen in Unterordnung zu bringen ... Sie waren außergewöhnlich gut vertraut mit den Hauptfakten speziell des Alten Testaments ..."[11]

... in dessen Zentrum bekanntlich die Befreiung des Volkes Israel aus der Knechtschaft Ägyptens steht. Der fundamentalistisch-christliche Grundzug könnte nicht deutlicher sein. Abstrakt gesehen, bedeutet er gleichfalls eine extreme, nämlich „panafrikanische" Ausweitung des Rahmens politischer Solidarität und Aktivität. Konkret allerdings beteiligte sich nur ein Teil der Zulu an der Auflehnung, sie spaltete also diese südafrikanische Partikular-Nation räumlich und vor allem (durch die Diskreditierung des schwankenden Königshauses) gesellschaftlich.

In der Dimension sind der Maji-Maji-Aufstand und die Zulu-Revolte unvergleichbar. In Zululand fielen 1906 zwischen 3000 und 4000 Kämpfer, im Süden Deutsch-Ostafrikas starben unmittelbar im Aufstand zwischen Juli 1906 und Juni 1907 nach amtlicher Schätzung 75000 Rebellen, einschließlich der Opfer des Hungers, der den Kämpfen folgte (denn auch die Deutschen zerstörten die Ernten, wie die Franzosen an der Elfenbeinküste). Nach dem Urteil eines heutigen tanzanischen Wissenschaftlers starben 250000–300000 Afrikaner. Vergleichbar allerdings war die Zahl der weißen Todesopfer: 24 in Zululand, 15 in Deutsch-Ostafrika.[12]

Eine soziale Dimension, die man fast als Element eines Klassenkampfes eines Proto-Proletariats kennzeichnen möchte (insofern verwandt dem Widerstand der Zulu gegen Proletarisierung), hat eine frühe historische Untersuchung auch in dem

Aufstand John Chilembwes 1915 in Malawi (damals Njassaland) ermittelt. Hier trat ein Geistlicher einer schwarzen (ursprünglich amerikanischen) Baptistenkirche an die Spitze des Aufstandes und sah sich als künftiges Oberhaupt eines befreiten afrikanischen Gemeinwesens. Chilembwes unmittelbares Motiv war der Protest gegen die Einberufung von politisch rechtlosen Njassaland-Afrikanern zum Kriegsdienst gegen Deutsch-Ostafrika. Die Historiker richteten ihr Augenmerk jedoch auch auf die Zusammensetzung seiner Gefolgschaft, und sie ermittelten sechs Gruppen:

„... Die ‚*educated natives*‘ oder ‚Proto-Intellektuellen‘, welche die Führung und den Generalstab des Aufstands bildeten; eine ähnliche, aber weniger qualifizierte Gruppe aus den unabhängigen afrikanischen Kirchen, die untergeordnete Kommandoposten einnahmen; die Nguru und andere afrikanische Wanderarbeiter aus Portugiesisch-Ostafrika, die einen Großteil der einfachen Kämpfer stellten; die Ngoni, von denen besondere Hilfstruppen kamen, und deren Angehörige sich auch unter den beiden erstgenannten Gruppen fanden; Häuptlinge, Dorfvorsteher und andere Personen und Gruppen aus anderen Stämmen, die Chilembwe um Hilfe anrief, was manchmal erfolgreich war; endlich vielleicht einige wenige bloße Abenteurer ...“[13]

Rekrutierung besonders stark benachteiligter Schichten durch eine Bildungselite: das Grundmuster der erfolgreichen Antikolonialbewegungen Afrikas, seien sie gewaltfrei oder durch bewaffneten Kampf an ihr Ziel gelangt, ist hier bei John Chilembwe bereits gegeben.

Extremer und weniger erfolgreich zeigt sich uns die künftige Staatsklasse Afrikas in der Rolle des Organisators einer „altmodischen“ Auflehnung um dieselbe Zeit des Ersten Weltkriegs auf Madagaskar. Ende 1915 verschworen sich ungefähr 300 Medizinstudenten, Missionslehrer und andere Intellektuelle zur Geheimgesellschaft VVS (Vy *Vato Sakelika*, madegassisch für „Eisen/Fels/Verzweigung“); ein renommierter französischer Kolonialhistoriker nennt sie im Jahre der Unabhängigkeit 1960 herablassend „... une parlote d'étudiants jouant aux conspirateurs ...“,[14] die sich für Japan begeistert hätten. Offenbar gelang es der VVS wirklich nicht, einen politischen Kontakt zu Bauernrevolten herzustellen, die gleichzeitig im Süden der Großen Insel die französische Kolonialmacht herausforderten.[15] Diese ließ gleichwohl ihrem Repressionsapparat gegen VVS ebenso freien Lauf wie die britische in Malawi gegen Chilembwe: 34 VVS-Verschwörer wurden zu langjährigen Zuchthausstrafen verurteilt (darunter ein Medizinstudent namens Ravoahangy, nach dem Zweiten Weltkrieg Abgeordneter Madagaskars im französischen Parlament und wiederum als angeblicher Anstifter des Aufstands von 1947 verurteilt), 247 weitere für die Dauer des Krieges interniert.

Allmählich sichert die Geschichtsforschung eine beeindruckende Menge von Fakten und Quellentexten über die Auflehnung der afrikanischen Völker gegen Europas Herrschaft. Vordergründig erscheint die Bilanz eindeutig: alle diese Auflehnungen scheiterten, endeten mit militärischen Niederlagen. Aber das ist nur der Vordergrund. Wesentlich schwieriger zu erforschen ist die geistige Verarbeitung der Niederlagen durch die afrikanischen Völker. Sie manifestiert sich einerseits in der Anpassung an das Kolonialsystem und seine ökonomischen sowie kulturellen Begleiterscheinungen; davon ist im folgenden Kapitel die Rede. Mindestens für das eine Volk der Herero Namibias, das dem Deutschen Reich 1904 seinen Auflehnungskrieg lieferte und dafür ähnlich grausam bestraft wurde wie die Baúle der Elfenbeinküste, wie die Süd-Tanzanier, besitzen wir eine Analyse ihrer „psychosozialen Desintegration und ihres Überlebens" (Poewe 1985) nach der mit deutscher Gründlichkeit betriebenen scheinbaren Endlösung dieser „Eingeborenen-Frage".

Herero flüchteten aus der Vernichtung ihrer bisherigen Lebensweise nicht nur massenhaft in die Arme der Lutherischen Kirche. Sobald das Deutsche Reich als Kolonialmacht durch die Südafrikanische Union abgelöst war (1915 bzw. offiziell 1920), symbolisierten gerade die engeren Gefolgsleute Samuel Mahareros, des Aufstandsführers von 1904, ihr kollektives Wiederaufleben in einer Nachahmung der deutschen Militär-Organisation. Bis heute existieren diese „Truppenspiele" der Herero, wie sie selbst sie nennen, mit einer uniformierten

Ämterfolge bis hinauf zu zwei Feldmarschällen (zwei, weil es die beiden Hererogruppen der Maharero- und der Zeraua-Leute gibt). Ähnlich wie die rheinischen Karnevals-Garden das preußische Militär verspotteten und doch gleichzeitig die Hinnahme der preußischen Annexion von 1815 ausdrücken, verstehen die Herero anscheinend ihre Truppenspiele als Betonung der Gleichrangigkeit mit den unheimlichen Deutschen. *Otjiserandu*, das „Rote Banner" der Maharero-Leute, wurde 1923 gegründet, als Samuel Mahareros Leichnam aus dem Exil nach Südwestafrika heimgebracht und in Okahandja unter dem schwarz-weiß-roten Tuch des Bismarckreiches beigesetzt wurde.[16] Das Rote Banner erhielt nie einen Kampfauftrag. Es betätigt sich als Sozial-Hilfswerk. Die Kraft dazu soll offenbar aus dem entlehnt werden, was die Herero an ihren deutschen Überwindern als wichtigste Kraftquelle ausmachten – dem militärischen Organisationstalent (oder Imponiergehabe?).

2. Anpassung

Der Gegenpol zum Widerstand ist die Kollaboration. Ich verwende absichtlich das Fremdwort, weil es in der Geschichte Europas durch den Zweiten Weltkrieg ebenso negativ besetzt wurde wie der Widerstand positiv, jedenfalls mit Bezug auf das Verhalten der Völker, deren Länder von Hitler-Deutschland erobert waren. Die Kolonialgeschichte Afrikas wurde in den letzten dreißig Jahren aus einer ebensolchen Perspektive geschrieben, und so hatten auch hier die Kollaborateure keine gute Presse. Es hat sie jedoch gegeben, und ich wage die These aufzustellen, daß sie die heutigen politischen Systeme Afrikas mindestens so stark geprägt haben wie die Widerständler. Es wird Zeit, sich intensiver mit ihnen zu beschäftigen.

Einen bestimmten Typ afrikanischer Gesellschaft, der eher zur Kollaboration mit der Kolonialherrschaft geneigt gewesen wäre als andere, kann ich nicht erkennen. Am Beispiel Hendrik Witboois sahen wir, daß ein und derselbe Staat von Verteidigung auf Kollaboration und dann wieder Auflehnung umschalten konnte. Wichtiger erscheint die Frage, welche Auswirkungen langfristige Kollaboration mit dem Kolonialismus auf afrikanische politische Systeme hatte. Grundsätzlich liegt die Antwort auf der Hand: Anpassung. Der Kontakt zwischen den beiden Gesellschaften, wenn es auch eine „Partnerschaft" wie zwischen Pferd und Reiter war, mußte bewirken, daß die Afrikaner sich in jenen Lebensbereichen den Europäern anpaßten, in denen diese ihnen überlegen vorkamen. Wir haben am Ende des vorigen Kapitels genau diese Einstellung an den Herero Namibias beobachtet, nachdem ihre exemplarische Auflehnung gegen die Deutschen gescheitert war. In diesem Falle war der subjektive Eindruck, den die Herero von der Machtquelle der Deutschen gewannen, objektiv (oder sagen wir: nach heutigem Wissensstand) richtig. Das Wilhelminische Reich war wirklich ein militaristisches Gebilde.

Es bleibt Aufgabe historischer Forschung, auch in den vielen anderen Fällen afrikanischer Kollaboration mit der Kolonialmacht Fragen zu stellen, deren Beantwortung dem Tatbestand der Anpassung jeweils konkrete Kontur verleiht. Was für Europäer, was für „Repräsentanten" der Kolonialmacht erlebten die Afrikaner? Was fiel ihnen an deren sozialem und politischem Verhalten auf? Das Buch über die „Forschungsreise des Afrikaners Lukanga Mukara ins innerste Deutschland" (Paasche 1984) wurde natürlich 1912 von einem Deutschen verfaßt, aber durchaus nicht ohne reale Erfahrungen des Verfassers mit afrikanischen Urteilen über die Weißen: 1909 lernte er auf seiner ostafrikanischen Hochzeitsreise nach eigener Aussage das Urbild seines Lukanga Mukara kennen. Welche Schicht innerhalb der afrikanischen Gesellschaft öffnete sich der Anpassung? Verloren die kollaborierenden afrikanischen Gesellschaften durch die Anpassung ihrer Eigenständigkeit, speziell ihre Fähigkeit zu eigenem politischem Handeln, oder bewahrten sie diese Fähigkeit trotz des Verlustes der Unabhängigkeit – womöglich in einem neuen, räumlich und demographisch erweiterten Rahmen?

Wir müssen hier innehalten und abstrakt festlegen, was wir unter „politischem Handeln" verstehen wollen. Ich orientiere mich dafür am historischen Begriff der griechischen Polis; sie war für ihre Bürger nicht die einzige Ebene gesellschaftlichen Bewußtseins (man kannte die höhere Ebene der hellenischen Gesamtheit und natürlich die niederen Ebenen der Kaste, Partei usw.), auch nicht unbedingt eine souveräne Gesellschaft (eine Polis konnte andere unterwerfen), wohl aber der Brennpunkt gesellschaftlicher Existenz, das heißt jene Gemeinschaft, der primär Loyalität gebührte. Politik ist das gesellschaftliche Handeln, das aus dieser primären Loyalität entspringt. Es artikuliert und vertritt die *Interessen,* die dieser Gesellschaft gemeinsam sind, es legt ein *Programm* ihrer künftigen Entwicklung fest, es fixiert die *Regeln,* nach denen über Interessen und Programme entschieden wird. Im neuzeitlichen Europa wurde immer eindeutiger der Territorialstaat jene Ebene, auf der sich der Primat der Loyalität durchsetzte, und damit monopolisierte der Staat das politische Handeln. Die Römische Kirche fand sich damit niemals ab; die sozialistische Arbeiterbewegung kämpfte im späten 19. Jahrhundert gegen das staatliche Loyalitätsmonopol an, träumte mit Karl Marx vom „Absterben" des Staates nach siegreicher proletarischer Revolution, und versuchte, schon vorher selbst den Loyalitäts-Primat bei ihren Aktivisten in Anspruch zu nehmen; im August 1914 erlebte sie ihr Waterloo. Staatliches Politikmonopol ist aber keineswegs selbstverständlich und muß nicht auf ewig bestehen bleiben. Ein Europäer des Mittelalters hätte gar nicht verstanden, was damit gemeint sein könnte. Heute fangen wieder viele Europäer an, ihr politisches Handeln primär auf andere Gemeinschaften zu beziehen, etwa auf ihr Geschlecht (Feministinnen) oder ihre Gewerkschaft. Einige gewähren vielleicht sogar dem „Europäischen Haus" Vorrang, es könnten ruhig mehr sein. Die Kolonialherrschaft über Afrika fällt allerdings in die Epoche unbedingten Loyalitäts-Primats des europäischen Staates. Es ist daher objektiv richtig, wenn die Afrikaner ihre weißen Herren primär als Briten, Franzosen, Deutsche usw. wahrnahmen.

Kolonisierte afrikanische Gesellschaften konnten in der Anpassung an die neuen Machtverhältnisse durchaus eigene gemeinsame Interessen erkennen, artikulieren, und sie konnten wenigstens versuchen, diese zu vertreten (die Bauern der britischen Goldküste z.B. ihr Interesse, Kakao anzubauen, um ihn auf dem Weltmarkt zu verkaufen). Programme für ihre zukünftige Entwicklung auszudenken und auszudiskutieren, blieb ihnen unbenommen, solange sie nicht zu neuer Aufsässigkeit führten. Zum eigenständigen politischen Handeln fehlt dann nach unserem Konzept noch die Fixierung der Regeln oder Gesetze, das heißt die *Autonomie*. Dies ist der kritische Punkt. Oberflächlich betrachtet, waren die Afrikaner unter der Kolonialherrschaft natürlich nicht autonom, sondern mußten sich die Regeln von den Kolonialregierungen vorschreiben lassen, vom Landfrieden über das Strafrecht bis zur Lohnarbeit.

Gerade darein setzten die Kolonial-Eroberer ja ihren „zivilisa-torischen" Stolz! Aber ob in der Praxis der Kolonialpolitik wirklich die weißen Regierungen immer die Regeln bestimmten, wer in Wirklichkeit wen manipulierte, das ist eine Frage, die wir von Fall zu Fall und von Periode zu Periode zu stellen haben.

Das klassische Beispiel enger Kollaboration afrikanischer politischer Systeme mit einer Kolonialregierung ist die *Indirect Rule,* die Großbritannien aus dem Modell der indischen Fürstenstaaten entwickelte; für Afrika verkündete sie Lord Lugard nach dem Ersten Weltkrieg als Doktrin. Besonders klar läßt sich die Praxis „indirekter Herrschaft" in den Emiraten Nord-Nigerias oder in den Königreichen Süd-Ugandas studieren. Die Unterordnung der afrikanischen Strukturen unter britisches Kommando erscheint auf den ersten Blick eindeutig. Den Makel der Kollaboration hat Mutesa II., Kabaka von Buganda, 1966 mit Sturz und Vertreibung bezahlt, obwohl er sich in den fünfziger Jahren widerborstig gegen die bereits wankende koloniale Autorität gezeigt hatte. Der Sardauna von Sokoto, Alhadj Sir Ahmadu Bello, wurde am 15. Januar 1966 beim ersten Militärputsch in Nigeria an die Wand gestellt, gerade weil er sich bei der Entkolonisierung des volkreichsten Staates in Afrika, im Einvernehmen mit den Briten, die Schlüsselstellung der politischen Macht (als Premierminister der dominierenden Nordregion) gesichert hatte und den revolutionären Offizieren als Prototyp des Ancien Régime in doppeltem Sinne galt.

Der Sardauna hat selbst formuliert, wie er das Zusammenwirken der britischen und der eigenen Herrschaft beurteilte. In seiner Autobiographie schreibt er über den Zustand des Sokoto-Kalifats zur Zeit der britischen Eroberung um 1900:

„Wenn ich das alles mit meinem heutigen Wissen betrachte, dann sehe ich, daß die beständigen Kämpfe schwer auf dem Volk lasteten; daß die Gerichte gerecht waren und das Gesetz treu innerhalb ihrer Rechte ausführten; daß die Besteuerung zwar im Prinzip nicht ungerecht, wohl aber manchmal in der Praxis unfair war, sodaß ... die unterste Klasse, weil sie am wenigsten Einfluß besaß und sich nicht ausdrücken konnte, mehr litt, als angemessen war. Veränderungen mußten kommen, das lag in der Natur der Dinge...

Die Briten waren das Werkzeug des Schicksals, sie erfüllten den Willen Gottes. Auf ihre Weise taten sie es gut. Selbst zu der damaligen Zeit gab es keinen Widerwillen nach der Besetzung. Wir waren Eroberer gewöhnt, und diese Eroberer waren anders: sie waren höflich und offensichtlich bestrebt, uns zu helfen, mehr noch als sich selbst... Sie führten keine drastischen Veränderungen aus, und was sie taten, trat erst nach Konsultation in Kraft. Alles ging mehr oder weniger so weiter wie bisher, denn was konnte ein einzelner Resident mit einem Assistenten und ein paar Soldaten in Sokoto tun, um einen so riesigen Raum wie das Emirat von Sokoto zu verändern?...«[17]

Man kann auf dieser Basis die Einpassung der Emire in das Britische Empire durchaus als eine Politik sehen, mit der sie ihre Macht zu stabilisieren strebten und das auch für mehr als ein halbes Jahrhundert erreichten. Freilich erlaubte es das Empire nicht, jetzt noch dem ursprünglich primären Staatszweck des Sokoto-Kalifats nachzueifern, nämlich den „gereinigten" Islam benachbarten heidnischen und verderbt-islamischen Völkern aufzuzwingen. Die Stabilisierung der Emirate bedeutete ipso facto auch eine Zementierung ihrer Strukturen, Erstarrung ihres politischen Systems. Im Laufe der Zeit verkümmerten dabei die Impulse zur inneren, spirituellen Reform des nord-nigerianischen Islam. In der Gegenwart jedenfalls scheint der fundamentalistische Reinigungs-Eifer etwa in Kano nicht mehr der traditionellen Autorität zu entspringen, sondern gegen sie aufzubegehren.

War das Korsett des Kolonialismus, dessen sich bestimmte afrikanische Oligarchien bedienten, also auf längere Sicht ein Nessus-Hemd, an dem sie sich die Haut verbrannten? Wir können eine solche Frage natürlich nicht an einem oder zwei Beispielen entscheiden.

Wie erlebten, wie überstanden andere politische Systeme Afrikas, als es die monarchisch-oligarchischen Staaten des Sudan und der ostafrikanischen Seen-Zone waren, ihre Anpassung an die Kolonialherrschaft? Was motivierte bestimmte Gesellschaftsklassen zur Anpassung, und in welchem Ausmaß erfüllten sich ihre Erwartungen? Diese Fragen sind miteinander verknüpft, denn nicht überall im kolonialen Afrika sahen die Europäer (wie Lord Lugard) in einem Quasi-Feudaladel den idealen Kollaborationspartner.

Bei den Dschagga an den Abhängen des Kilimandscharo (Tanzania) können wir beispielhaft den Umgang afrikanischer Kleinfürsten mit der Kolonialmacht studieren. Die wesentliche wirtschaftliche Ressource, die von diesem Volk kontrolliert werden muß, ist das Wasser, das in zahlreichen Flußsystemen den Berg herabkommt. In relativ schmalen Geländestreifen haben sich die Dschagga-Fürstentümer nebeneinander angesiedelt, um jeweils einen Anteil an den Wasserläufen zu sichern. Rivalitäten sind also von der Natur vorgegeben.

Die erste Kolonialmacht, die sich bei den Dschagga einfand, war das Deutsche Reich, zeitweilig (1891) in Gestalt des Dr. Carl Peters. Aber die Drähte der Politik zog am Kilimandscharo um diese Zeit, bis mindestens 1900, keiner der deutschen Offiziere und Beamten, sondern der Mangi (Fürst) Marealle von Marangu: Durch eine Kette von Intrigen schwächte er mit Hilfe der Deutschen seine von Hause aus erheblich stärkeren Rivalen in Moshi und Kibosho und brachte insbesondere Peters dazu, in ihm selbst den treuesten Bundesgenossen zu sehen.

Auf die Spitze wurde diese Umkehrung der Kolonialordnung getrieben, als die Deutschen Anfang 1900 die Fürsten von Moshi und Kibosho wegen angeblichen Verrats nach einem Prozeß, der diesen Namen nicht verdient, henkten. Vier Jahre lang flossen nun die Tribute aus erheblichen Teilen des Dschagga-Landes nach Marangu, bis Marealles verbleibende Rivalen die Waffe der Intrige erfolgreich auch gegen ihn kehrten: Durch Gerüchte, Marealle bereite einen Aufstand vor, veranlaßten sie ihn zur Flucht nach Kenia, wonach die deutsche Regierung ihn zwar wieder in Gnaden aufnahm, jedoch die anderen Fürstentümer seiner Macht entzog; 1912 resignierte „der brillanteste unter allen *Chiefs*, welche die Deutschen manipulierten . . ."[18] und dankte ab.

Das Interesse afrikanischer Herrscher, sich der Kolonialordnung anzupassen, ist überall so deutlich sichtbar, daß es kaum der Erläuterung bedarf. Sie strebten nach Steigerung und Sicherung ihres Wohlstandes, und dafür öffneten sich ihnen drei Wege. Zwei davon waren seit altersher vertraut: erstens Zurückdrängung gleichrangiger, in der Regel benachbarter Rivalen, zweitens härterer Zugriff auf den traditionellen Tribut der Untertanen. Der dritte Weg bestand darin, die Kolonialordnung für eine Änderung der materiellen Produktionsbedingungen in Anspruch zu nehmen.

Sobald bekannt wurde, daß an den Abhängen des Kilimandscharo Kaffee-Sträucher zusammen mit den einheimischen Bananen (Hauptnahrungsmittel der Dschagga) gut gediehen, finden wir, nach allem vorher Gesagten ohne Überraschung, einen Berater des Mangi Marealle im Jahre 1900 als ersten afrikanischen Kaffee-Pflanzer von Format, und den Herrscher selbst samt anderen „Häuptlingen" dichtauf in seinen Fußstapfen. Der deutsche Gouverneur von Rechenberg (1906–1911) schrieb zwar die Pflege eines schwarzen Bauernstandes auf seine Fahne (er stammte aus der katholischen Soziallehren verpflichteten Zentrumspartei), aber mindestens bei den Dschagga verhalf er faktisch nur der Oberschicht zu Produktiveigentum.

Allerdings mußten afrikanische Aristokraten auch ihrer gesellschaftlichen Funktion als Verteiler von Gütern gerecht werden, um sich die Loyalität der Untertanen zu sichern, sonst drohte ihnen Unheil. Am besten eignete sich natürlich eine wachsende Wirtschaft für großzügiges Spendieren, für ein „Recycling" der traditionellen Tribute wie der modernen Profite im Rahmen des politischen Systems. Es bliebe zu klären, ob sich diese Strategie nennenswert von der Politik heutiger Unternehmen in einer entwickelten Industriegesellschaft gegenüber der Belegschaft unterscheidet.

Wie sieht es vom anderen Ende der Gesellschafts-Skala her aus? Haben die Unterschichten des kolonialen Afrika unter dem verdoppelten Druck ihrer alten und der neuen Herren vielleicht doch doppelt gelitten? Zu den traditionellen Tributen kam noch in der Regel eine Kopf- oder Hüttensteuer in Geld hinzu, mit der alle Kolonialregierungen bezweckten, die

Masse der Afrikaner zur „produktiven", das heißt für die europäische Wirtschaft profitablen Lohnarbeit zu zwingen. Oder stand für erhebliche Teile der Bauern Afrikas ebenso wie für ihre Großleute (so nannten die Deutschen einst in Namibia die „Häuptlinge"; ein schönes Wort, warum es nicht wieder einführen?) mit der Kolonialordnung eine Verbesserung ihrer Lebensqualität ins Haus?

Sicher ist, daß die Bauern Afrikas auf Verbesserung ihrer Lage hofften und bereitwillig zugriffen, wann immer das Kolonialsystem ihnen dafür eine Chance bot. Der klassische Fall ist die massive Einführung des Kakaoanbaus im heutigen Ghana durch jene Leute, die Polly Hill 1962 kennzeichnete als „... echte Wirtschaftserneuerer – Menschen, die ihre Energie und Intelligenz mit äußerstem Erfolg in das Geschäft des Kakao-Anbaus einspannten..."[19] – und die zum Schaden ihres Landes in den folgenden Jahrzehnten zwar reich, aber nie wirklich politisch mächtig wurden.

1879 soll ein Ghanaer aus der Gegend der heutigen Hauptstadt Accra nach einer Zeit als „Gastarbeiter" auf der spanischen Insel Fernando Po (heute Äquatorial-Guinea) Kakaopflanzen-Setzlinge heimgeschmuggelt haben. Es ist umstritten, in welchem Ausmaß die Baseler Mission oder koloniale Ämter zum raschen Aufschwung der Exportkultur beitrugen;[20] auf jeden Fall lag die entscheidende Initiative bei den afrikanischen Bauern, zumal bei solchen, die ihre engere Heimat verließen, um bei den Nachbarn besser geeignete Böden für Kakao-Pflanzungen zu kaufen. Sie investierten Erträge aus älteren Exportkulturen (Ölpalmen-Produkte) und aus den ersten Kakao-Verkäufen in Privateigentum an Grund und Boden, ohne auf die künftigen Forschungsergebnisse europäischer Ethnologen und Politökonomen Rücksicht zu nehmen, wonach Afrika von Natur und Tradition „sozialistisch" ist und folglich nur Volkseigentum an Land kennt. Auch Lohnarbeit nahm in der Kakao-Industrie alsbald einen bedeutenden Platz ein, nachdem schon Mitte des 19. Jahrhunderts z.B. die Krobo (später besonders aktive Kakao-Bauern) die Haussklaverei abgeschafft hatten.

Mit Recht wies Polly Hill genau um die Zeit kurz nach 1960, als das unabhängige Ghana unter Präsident Nkrumah einen Weg in den Sozialismus suchte, auf diesen spontanen und eigenständigen Agrar-Kapitalismus hin. In einem Jahrzehnt (vom Nullpunkt kurz nach 1890 bis 1903) kultivierten die Bauern 17000 ha mit Kakao, bis 1928 waren es 364000 ha; die Jahresdurchschnittsmenge des Kakao-Exports stieg von 12 t (1892–96) auf 4800 t (1902–06) und 206000 t (1922–26), um dann unter den Auswirkungen der Weltwirtschaftskrise, der *Swollen-Shoot*-Krankheit und des Krieges zu stagnieren.[21] Der ökologische Raubbau am Tropenwaldgürtel Süd-Ghanas, den der Kakao-Anbau mit sich brachte, steht freilich auf demselben kapitalistischen Blatt.

Es verwundert, daß aus den fortschrittsbereiten Bauern Afrikas so wenig Initiative – über die Bildung von Marktgenossenschaften hinaus – zur Reformierung der politischen Systeme entsprang. Der schwedische Forscher Goran Hyden, dessen empirische Erfahrungen vor allem aus Tanzania stammen, hat aus dieser Tatsache eine eigene Theorie entwickelt; es spricht von der *uncaptured peasantry* Afrikas, das heißt von Bauern, die sich der Vereinnahmung durch die Moderne – sei es in kapitalistischem oder sozialistischem Gewande – entziehen. Stattdessen betreiben sie weiter ihre – wie Hyden es nennt – *economy of affection,* die auf Erzeugung und Verteilung von Gebrauchswerten stärker abzielt als auf Tausch oder Akkumulation. Das politische System, das einer so wirtschaftenden Gesellschaft am ehesten entspräche, wäre das, was andere Forscher „anarchische" oder „akephale", genauer gesagt politische Systeme ohne zentrale Regierungsgewalt, genannt haben (die Klassiker sind Fortes und Evans-Pritchard (Hg.) 1940). Aber niemand kann übersehen, daß vor und während der europäischen Kolonisierung die meisten Afrikaner nicht in solchen Systemen lebten, sondern in Ordnungen, die dem neuzeitlichen Staat Europas durchaus vergleichbar sind und über die sich dann die neue koloniale Regierungsgewalt stülpte.

Es mag schon sein, daß die Bauern sich vor dieser verdoppelten Staatsgewalt so weit zurückzogen wie irgend möglich, anstatt unter Parolen ähnlich wie „Wir sind das Volk" politisch aufzubegehren. Gewiß gab es weniger demokratische Elemente in den althergebrachten politischen Systemen Afrikas, als die Mythologie der antikolonialen Befreiungsbewegung später behauptet hat. Aber sie fehlten doch nicht völlig. Mit demokratischen Elementen meine ich politische Impulse „von unten", die Interessen der „kleinen Leute" zu artikulieren und bei den Großleuten zu vertreten. Diese Impulse von unten lassen sich oft in bestimmten Ritualen erkennen, mit denen man Großleute absetzen konnte, und solche Rituale waren naturgemäß bei den Kolonialregierungen nicht beliebt, da die weißen Super-Großleute selbst bestimmen wollten, wer in ihrem Auftrag das Volk verwaltete. Aber afrikanische Demokratie verkörperte sich wohl gelegentlich auch in beständigeren Institutionen, als es die Vergiftung oder sonstwie vollzogene Absetzung eines „Häuptlings" ist. Es gab zum Beispiel in vielen Völkern funktionierende Altersklassen, es gab Geheimbünde, es gab religiöse Autoritäten („Schreine", sagten die Europäer), welche die Kolonialzeit intakt überdauert haben. Warum gab es so selten politisch wirksame Bauern-Organisationen? Oder wissen wir nur zu wenig davon, da Bauern (in aller Welt) selten schreiben und fast ebenso selten willens sind, Schreiberlingen viel von sich zu erzählen?

Moderne Demokratie hat Afrika aus der Anpassung seiner Bauern an die Nachfrage des Weltmarktes nicht entwickelt, so gut diese Anpassung auch verschiedentlich funktioniert hat. Moderne Demokratie gewann ihre ursprüngliche Erscheinungsform (und das heißt: die Gestalt der „nationalen" Befreiungsbewegung) vielmehr aus dem Entschluß, Kinder in die neue Schule der Europäer zu schicken. Auch das war natürlich eindeutige, bewußte Anpassung an die Kolonialordnung. Der Weg zur Schule kann nirgends, kann niemandem leicht gefallen sein. Nicht von ungefähr hieß z.B. in Senegal das Institut der französischen Kolonialregierung, aus dem sich später die *Ecole William Ponty* entwickelte (jene „Pflanzstätte des afrikanischen Nationalismus", aus der so viele Unabhängigkeits-Führer der ersten Generation hervorgingen), ursprünglich *école des otages* – also für Geiseln, welche die „Bundesgenossen" stellen mußten. Völker, die ihre Großleute vor den Eroberern versteckten, soweit das möglich war, schickten denn auch lieber Sklaven als die Söhne einflußreicher Familien in die neuen Schulen. Bei den islamischen Völkern kam hinzu, daß oft christliche Missionen und nicht der Staat die ersten oder die meisten modernen Schulen anboten, und ohnehin konnte nicht einmal die antiklerikale Dritte Französische Republik sich in den Augen eines Moslem ihres christlichen Charakters so einfach entledigen. Hürden genug auf dem Weg zur Schule ...

Wirtschaftliche Erwägungen sprachen ebenfalls gegen die neuen Schulen, werden doch in allen bäuerlichen Gesellschaften die Kinder als Arbeitskräfte benötigt. Mit der Entsendung der Mädchen in Schulen, wo sie womöglich schwanger wurden (und das werden afrikanische Schülerinnen bis heute häufig), ließen sich viele und nicht nur islamische Völker erheblich mehr Zeit als mit der Einschulung von Jungen.

Trotzdem brach sich die europäische Schule in Afrika frühzeitig und bald immer entschiedener Bahn als wirksamste und deshalb besonders erklärungsbedürftige Form der Anpassung an die Kolonialherrschaft. Was waren die Motive? Mit der Prägnanz des Künstlers hat Cheikh Hamidou Kane, 1928 geborener Moslem aus Senegal, in einem autobiographischen Roman den Entschluß seines Volkes geschildert; er nennt es die Diallobé und sieht das Ereignis durch die Augen der Schwester des *chef*, der *Grande Royale*:

„... Die da aus den Schiffen stiegen, waren weiß und wildenergisch. Man hatte bisher nichts dergleichen gekannt. Der *fait accompli* war da, bevor einem bewußt wurde, was da kam.

Manche, so die Diallobé, reckten ihre Schildbuckel, senkten ihre Speere oder luden ihre Flinten. Man ließ sie herankommen, dann ließ man die Kanone brüllen. Die Besiegten begriffen nichts.

Andere wollten palavern. Man schlug ihnen vor, zwischen Freundschaft und Krieg zu wählen. Sehr vernünftig wählten sie Freundschaft: sie hatten keinerlei Erfahrung.

Das Resultat war nämlich dasselbe, überall.

Jene, die gekämpft und jene, die sich ergeben hatten, jene, die Verträge schlossen und jene, die sich geweigert hatten, fanden sich am nächsten Tage wieder als Volksgezählte, Eingeteilte, Klassifizierte, Etikettierte, Eingezogene, Administrierte.

Denn die gekommen waren, verstanden nicht nur zu kämpfen. Sie waren sonderbar. Wenn sie wirkungsvoll zu töten verstanden, wußten sie auch mit gleicher Kunstfertigkeit zu heilen. Wo sie Unordnung gestiftet hatten, errichteten sie eine neue Ordnung. Sie demolierten und konstruierten. Auf dem schwarzen Kontinent begann man zu begreifen, daß ihre wahre Macht nicht in den Kanonen der ersten Morgenfrühe steckte, sondern in dem, was den Kanonen folgte. So sah der klare Blick der *Grande Royale* der Diallobé hinter den Kanonenbooten die neue Schule.

Die neue Schule hatte gleichermaßen Anteil an der Natur der Kanone und des Magneten. Von der Kanone erhielt sie ihre Wirksamkeit als Kampfwaffe. Besser als die Kanone verewigt sie die Eroberung. Die Kanone zwingt den Körper, die Schule fasziniert die Seelen. Wo die Kanone ein Loch aus Asche und Tod erzeugte, und bevor noch der Mensch – ein zähes Gewächs – aus den Ruinen sich wieder erhebt, etabliert die neue Schule ihren Frieden . . ."[22]

Dieser Hymnus auf die moderne Schule klammert ein Problem aus, das im islamisch geprägten Senegal keine Rolle spielte, wohl aber in den meisten weiter südlich gelegenen Teilen des Kontinents: die Rivalität zwischen Kolonialregierungen und christlicher Mission.

Sie war nur selten grundsätzlicher Natur. Erst nach 1960 gingen in Südafrika christliche Kirchen (und dann immer noch über zwanzig Jahre lang ohne die Reformierten Kirchen der Weiß-Afrikaner) auf einen Konfrontationskurs gegen die Apartheid, jene spezifische Form europäischer Kolonialpolitik. Vorher finden wir nur im Westafrika des 19. Jahrhunderts, um die Zeit des *scramble* (des „Wettraufens" der Europäer um Afrika), prinzipielle Kritik. Afrikanische Geistliche wie z.B. „Holy" Johnson[23] sahen sich innerhalb ihrer Kirchen jetzt plötzlich nicht mehr gleichberechtigt mit europäischen Missionaren; sie stiegen nicht mehr auf wie eine Generation vorher der Yoruba Samuel Ajayi Crowther, der anglikanischer Bischof wurde; so protestierten sie gegen rassische Diskriminierung. In der Folgezeit blieb politisch selbstbewußten afrikanischen Christen unter kolonialer Herrschaft kaum etwas anderes übrig, als eigene unabhängige Kirchen zu gründen, ob das 1921 in Zaire Simon Kimbangu[24] war oder 1955 in Namibia Leonard Ruzo, Gründer der *Oruuano*-Kirche unter den Herero.[25] In Südafrika gehören heute fast die Hälfte aller Christen zu „unabhängigen schwarzen Kirchen".

Europäische Mission und europäische Kolonialregierung kollidierten dennoch gelegentlich, manchmal aus patriotischen Motiven, wenn z. B. britische Missionare in Deutsch-Ostafrika in den Ruf gerieten, daß ihre Zöglinge „... außer äußeren Formeln der christlichen Religion keinerlei Arbeit gelernt haben und sich durch Frechheit, Heuchelei, Lügen und Faulheit auszeichneten ..."[26] Es spielte aber auch eine Rolle, daß Missionare Wert darauf legten, ihre Bekehrten abzukapseln, um sie vor der bösen Welt zu schützen, sowohl vor den „Unsitten" des alten „Heidentums" wie vor den verderblichen Einflüssen der Moderne; um eben diesen zu entfliehen, hatten sich ja viele Europäer zum Missionsdienst in Afrika gemeldet. Die Regierungsbeamten sahen darin Eigenbrötelei der Missionen, die der „Erschließung" des Landes dringend benötigte schwarze Hilfsarbeiter streitig machten. Als Beleg zitieren wir, wiederum aus der Kolonialgeschichte Deutsch-Ostafrikas, das vielleicht noch vom Geist des Kulturkampfes beeinflußte Protokoll des Regierungslehrers Andres aus Lindi, vom 10. Dezember 1903, über seine Querelen mit dem katholischen Benediktiner-Bruder Wilhelm, der ihn (über den Bischof) beim Gouverneur angeschwärzt hatte:

Folgendes zwischen mir, dem Lehrer Khalifa und dem Missionszögling Petrus stattgefundene, mit durchaus religiösem Ernste geführte Religionsgespräch habe ich nicht als ein Vergehen gegen meine amtlichen Vorschriften betrachtet. Der Lehrer Khalifa führte Klage über die schlechten Leistungen im Lesen des Missionszöglings Petrus.
Andres: ‚Natürlich, singen und beten gut, lesen und rechnen schlecht!' (Ich bedaure, daß diese so häufig gebrauchte, auch von mir ohne alle religiöse Anspielung zitierte Redensart anders ausgelegt worden ist.)
Andres: ‚Wann betest du?'
Petrus: ‚Früh, morgens, abends.'
Andres zu Khalifa: ‚Du betest in einer anderen Weise, wann gehst du denn zur Moschee?'
Khalifa: ‚Dreimal täglich.' Khalifa fragt: ‚Betest du auch so?'

Andres: ‚Nein.‘ (Andres evangel. Konfession) Andres: ‚Ich habe meinen Gott noch nie gesehen, hast du deinen Gott schon gesehen?‘
Khalifa: ‚Nein.‘
Andres: ‚Warum nicht?‘
Khalifa: ‚Weil er oben wohnt.‘[27]

Daß in jeder Gesellschaft eine am Überlieferten zerrende Spannung Schmerzen und Verkrampfung auslösen muß, ist offenkundig. Ein Mensch wie dieser Petrus sah sich gleichzeitig konfrontiert mit dem deutschen Benediktinermönch, dem islamischen Hilfslehrer aus der Swahili-Kultur, und dem Freigeist Andres als Chef seiner Schule, die ihn zum Hilfsbeamten des im legendären Berlin thronenden Kaisers Wilhelm ausbilden sollte. Irgendwo mußte er sich festhalten; anscheinend hatte er zum Bruder Wilhelm noch am ehesten Vertrauen – vielleicht litt der auch unter dem Kulturschock des anbrechenden neuen Jahrhunderts.

Wie üblich bei Fragen der Kolonialgeschichte, können wir aus den schriftlichen Quellen die afrikanische Einstellung und Motivation nur schemenhaft herauslesen, während die Gedanken der schreibenden Europäer im Detail hervortreten. Sie haben sich übrigens, was die Chancen und Gefahren der modernen Schulbildung für Afrikas gesellschaftlichen Wandel anbelangt, während des ganzen 20. Jahrhunderts kaum verändert. Im Milieu Deutsch-Ostafrikas verharrend, belege ich die Bildungsbegeisterung, die bis heute von möglichst 100-prozentiger Alphabetisierung einen Entwicklungseffekt erwartet, und den Bildungspessimismus, der sich jetzt wieder beim IWF und andernorts mit „Gesundschrumpfungs"-Kuren u. a. für Schulbudgets zu Wort meldet, beide mit Zitaten aus den Schulakten des Kaiserlichen Gouvernements in Dar Es Salaam.

Die optimistische Variante: Rektor Blank von der Oberschule in Tanga, langjähriger dienstältester Regierungslehrer in Deutsch-Ostafrika, schrieb in seinen Vorschlägen zum Etat 1912/13 am 10. April 1910 an das Gouvernement:

„. . . Ein frischer, energischer Zug und Drang nach Licht, angefacht durch die immer mehr nach dem Inneren vorwärtsschreitende Kultur, durchweht die Eingeborenenwelt und setzt sich in starkem Vorwärtsdrängen in breiten Wellen in das innere Afrika fort. Die Kräfte und Mittel der Mission, der Gehilfin auf dem Schulgebiet, reichen zur Bewältigung der Anforderungen bei weitem nicht aus, die Lösung der großen Aufgabe der Volksbildung und die Erreichung weit gesteckter Ziele werden auch durch die fast ausschließlich auf die Christianisierung gerichtete Tendenz stark beeinträchtigt . . ."[28]

Allerdings schrieb irgendein Beamter an den Rand des Aktenstücks ein lakonisches „na na!" – wohl im Sinne der pessimistischen Variante, die kurz zuvor, am 29. März 1905, das Bezirksamt Kilwa formuliert hatte:

„. . . Haben wir Überproduktion an ausgebildeten, intelligenten Schülern, so schaffen wir . . . ein Proletariat, das für die Kolonie eher von Schaden als von Nutzen ist . . . Denn wie bisher jeder Swahili, der nur Arabisch oder Kiswahili lesen konnte, sich als ‚Mwalimu' ausgab, und nicht daran dachte, seinen Unterhalt durch Handarbeit zu erwerben, glaube ich bestimmt annehmen zu können, daß die an unseren Schulen . . . ausgebildeten Schüler sich viel zu vornehm dünken werden, noch zu arbeiten. Ein . . . großer Teil wird verbummeln . . ."[29]

Mit Sicherheit führte die menschliche Natur dazu, daß Afrikaner, soweit sie erfuhren, was die Europäer über sie dachten und schrieben (und sie werden schon darauf aufgepaßt haben!), eher bereit waren, sich an die optimistische als an die pessimistische Variante der Pädagogik anzupassen. Ich wage die These, daß die Romanpassage von Cheikh Hamidou Kane und die Schwärmerei des Rektors Blank Aussagen über ein und dieselbe Grundwelle afrikanischer Reaktion auf die europäische Kolonialeroberung sind. Hier fand nicht nur sozialer Wandel statt. Diese Anpassung hat eine eminent politische Kraft entfesselt. Afrika verstand das Kolonialsystem unter anderem als eine Chance, seine Lebensqualität – und zwar die Existenz breiter Volksschichten von den Großleuten bis zu den freigelassenen Sklaven, die sich von den Missionaren aufgreifen ließen – zu verbessern. Der Weltmarkt der Europäer und die Schule der Europäer waren die beiden Instrumente, die Afrika zu diesem Zweck in die eigenen Hände zu nehmen sich anschickte. Im Endergebnis gelang der Versuch. Jedoch fiel die politische Macht dabei nicht den Bauern zu, die für den Weltmarkt produzierten (bildlich mögen wir sagen: dieses Instrument nahm Afrika leider in seine linke Hand), sondern den Absolventen der Schulen. Aus ihnen, die während Generationen aus sehr verschiedenen Völkern und Schichten stammten, entstand um die Mitte des 20. Jahrhunderts die herrschende Klasse des nachkolonialen Afrika.

3. High Noon der Kolonialreiche

Nach dem Ende des Ersten Weltkriegs schien in Afrika die politische Entwicklung den Atem anzuhalten. Zwar hatte der Krieg eine bedeutende Kolonialmacht aus Afrika vertrieben – das Deutsche Reich. Aber das geschah ohne Zutun von selbständig handelnden Afrikaneren (nur Blut und Schweiß afrikanischer Untertanen war auf beiden Seiten gefragt). Für die siegreichen Mächte, die in Afrika tonangebend waren, für Frankreich, Großbritannien und in zweiter Linie für Italien, Belgien und Portugal stand die Sonne kolonialer Machtentfaltung 1919 im Zenit. Was bedeutete das verlorene Häufchen schwarzer „Panafrikanisten", vorwiegend aus Amerika, das sich am Rande der Pariser Friedenskonferenzen zu einem „1. Kongreß" traf? Niemand unter den Diplomaten nahm ihre Wünsche ernst. Was bedeuteten schon die völkerrechtlichen Spitzfindigkeiten, mit deren Hilfe die deutschen Kolonien nicht einfach als Beute unter den Siegern verteilt, sondern als „Mandate" vom Völkerbund eben diesen Siegern übergeben wurden? Erst rückblickend gewinnt diese Konstruktion als Vorbereitung der Entkolonisierung Kontur.

Es scheint, als hätte die überwältigende Mehrheit der Afrikaner, Großleute genau wie Unterworfene der alten vorkolonialen, allmählich verblassenden politischen Systeme, frischgebackene „Intellektuelle" wie einfache Bauern, um diese Zeit mit stabilem Fortbestand der Kolonialreiche auf Dauer gerechnet. Von den Europäern wissen wir genau, daß sie nur noch über Details debattierten, wie man in Afrika am zweckmäßigsten kolonisieren solle, nicht mehr über das Prinzip. Das paradoxeste Beispiel für diesen Geisteszustand liefert Deutschland, wo die Kolonien jetzt erst (schon während der Weimarer Republik, betont nach 1933), da sie verloren waren, wirklich populär wurden, und zwar von rechtsaußen bis weit in die sozialdemokratische, katholische und liberale Linke hinein, die unter dem Kaiser die Kolonialpolitik beharrlich und zeitweise grundsätzlich kritisiert hatte.

Der High Noon des Kolonialismus währte freilich nur einen unwägbaren Augenblick, genau wie sein astronomisches Urbild. Die wirtschaftlichen Belastungen der Kriegsjahre wirkten sich alsbald krisenhaft aus, vorab bei jenen Afrikanern im „modernen Sektor", die bereits abhängig von Löhnen waren, sekundär natürlich dann auch auf die „Subsistenzwirtschaften", aus denen sie stammten und deren soziales Netz sie beanspruchen mußten, da die Kolonialherrschaft kein anderes (Sozialversicherung, Gewerkschaften …) für sie bereithielt bzw. tolerierte. Die Weltwirtschaftskrise ab 1930 traf dann Afrikas vom Weltmarkt abhängige Rohstoff-Produzenten, also gerade die „fortschrittlichen" Kaffee-, Kakao-, Zuckerrohr-, Erdnuß- oder Baumwollpflanzer, durch Preisverfall besonders hart und langfristig – genau genommen, bis heute. Diese wirtschaftlichen Rückschläge und ihre sozialen Auswirkungen mußten politische Gärung bewirken. Die Keime der prinzipiellen Ablehnung des Kolonialsystems, seiner Herausforderung mittels neuer Organisations- und Aktionsmethoden, und damit der nach 1945 manifest hervortretenden Auflösung der Kolonialreiche machten sich bemerkbar und begannen sich zu vermehren.

Kehren wir zurück zum Augenblick des scheinbaren Triumpfes der kolonialen Ordnung nach dem Ersten Weltkrieg: welche Ansatzpunkte boten sich in dieser Situation für konkrete afrikanische Politik? Sie konnte nur aus der Tradition der „Anpassung" erwachsen. Dabei lag der Akzent jetzt kaum noch auf der Manipulierung der Kolonialmacht durch (unter dem Deckmantel der Unterwerfung) unabhängig agierende Großleute. Denn diese konnten um so weniger selbständig handeln, je länger die Kolonialherrschaft dauerte, je präziser ihr der Zugriff auf die Ressourcen Afrikas gelang. Überall, wo die Kolonialregierung jetzt wirklich bis in die Dörfer durchstieß (und das galt nach 1918 für fast ganz Afrika, mit Ausnahme einiger Hirtenvölker der Sahara und der bis zum Machtantritt

Salazars vernachlässigten Kolonien Portugals), flossen die herkömmlichen Abgaben nunmehr in die Staatskassen, aus denen dann die Kolonialmacht die traditionellen Großleute mehr oder weniger großzügig als eine Art Beamte minderer Ordnung „alimentierte" – die Franzosen strikt, die Briten in Gestalt variabler Kompromisse mit ihrer Doktrin von *indirect rule*. Wer auch immer auf afrikanischer Seite politisch etwas ausrichten wollte, mußte sich der Mechanik des kolonialen Staates selbst bedienen. Zu dieser Mechanik gehörte notwendig die koloniale Ideologie vom Fortschritt durch Übernahme der zivilisatorischen „Errungenschaften" Europas, als da insbesondere sind das Privateigentum an Grund und Boden, die literarische Bildung als Voraussetzung der ökonomischen Arbeitsteilung, Rationalisierung der Verwaltung – alles das gipfelnd in der Akkumulation von Kapital.

Die Allgemeingültigkeit von Menschen- und Bürgerrechten freilich, eine unabhängige Gerichtsbarkeit und die allmähliche Durchsetzung der Demokratie im Staat, die in Europa wesentlich zu dieser „kapitalistischen" Entwicklung dazu gehörten, versuchte das Kolonialregime Afrika vorzuenthalten. Vergeblich hatten die Duala (Kamerun) kurz vor 1914 versucht, ihre Rechte aus dem alten „Schutzvertrag" von 1884 in Berlin juristisch und durch politische Appelle an den Reichstag einzuklagen.[30] An dieser Inkonsequenz rieb sich die „moderne" afrikanische Politik sehr bald, sehr schmerzlich allenthalben.

Zweitens mußte afrikanische Politik jetzt in dem neuen geographischen Rahmen der Kolonial-Territorien operieren, die in aller Regel erheblich größer waren als die vorkolonialen politischen Systeme. Appelle an politisches Zusammenwirken (möglichst) aller Kolonisierten innerhalb eines Territoriums konnten sich aber in diesem frühen Stadium keines „belgisch-kongolesischen" oder „kenianischen" oder „ivorischen" Identitätsbewußtseins bedienen, das noch nicht existierte. Die vermutlich einzige gewichtige Ausnahme: in der Südafrikanischen Union gab es bei Intellektuellen bereits ein deutliches Zusammengehörigkeitsbewußtsein aller Schwarzen, spätestens seit Gründung des späteren *African National Congress* (ANC)

1912, geschaffen durch die rassistische Segregation und den exklusiven Machtanspruch der Weißen. Überall sonst in Afrika blieb als ideologischer Appell für eine „stammesübergreifende" Politik nur der Panafrikanismus übrig, das heißt die Postulierung gemeinsamer Identität aller Menschen schwarzer Hautfarbe. Er konnte aber politisch nicht viel ausrichten, eben weil die von den Kolonialmächten gezeichnete politische Landkarte den Kontinent in voneinander abgeschottete Territorien zerlegt („balkanisiert") hatte.

Proletarischer Internationalismus als theoretisch denkbarer Impuls entfiel praktisch mangels einer real existierenden Industrie-Arbeiterklasse – wiederum mit Ausnahme der Südafrikanischen Union, wo wir seit Mitte der 1920er Jahre eine orthodoxe Kommunistische Partei an der Arbeit sehen, mit mehrheitlich schwarzer Mitgliedschaft und überwiegend weißer Führung, in zeitweilig kooperativer und zeitweilig feindlicher Spannung zum ANC.

Die neue afrikanische Politik befand sich in einem Dilemma. Ideologisch (das Wort hier völlig wertfrei gemeint: gemäß der Logik ihrer Ideen) war sie auf die Gedankenwelt der europäischen Moderne seit der Aufklärung angewiesen, auf die Konzepte der Menschenrechte, großräumiger Solidarität, der Demokratie.

Zur Vorbereitung der Gründungskonferenz des südafrikanischen ANC (sie trat am 8. Januar 1912 in Bloemfontein zusammen) schrieb der Zulu-Intellektuelle Pixley kaIsaka Seme (nach Studium in New York und Oxford 1910 in London als Rechtsanwalt zugelassen) im Oktober 1911 einen Aufruf in seiner Zeitung *Imvo Zabantsundu;* darin heißt es:

„... Der Teufel des Rassismus, die Verirrungen des Xhosa-Fingo-Streits, die Feindschaft zwischen Zulu und Tonga, zwischen den Sotho und allen anderen Schwarzen müssen begraben und vergessen sein; es ist genug Blut zwischen uns geflossen! Wir sind ein Volk. Diese Spaltungen, diese Eifersüchteleien sind die Ursache aller unserer Klagen, all unserer heutigen Rückständigkeit und Unwissenheit ..."[31]

Praktisch kam auch die moderne Politik Afrikas an den althergebrachten Großleuten nicht vorbei; auch bei der ANC-Grün-

dung waren unter rund hundert Teilnehmern neun „einflußreiche *chiefs*", darunter ein Vertreter des Königs von Lesotho.
Sie allein konnten ein Scharnier zwischen den Intellektuellen
und dem einfachen Volk bilden. Das galt natürlich nur da, wo
die Großleute ein Quentchen legitimer Autorität in den Augen
des Volkes bewahrt hatten, nicht im Falle von „Häuptlingen",
welche die Kolonialmacht per Ukas ohne Rücksicht auf lokale
Tradition eingesetzt hatte. Das bekannteste Beispiel hierfür
lieferte Südost-Nigeria: Lord Lugard selbst war im Lande der
traditionell (für die Augen des Europäers) „anarchisch", nämlich in äußerst komplizierten, pluralistischen und auf Streuung
der Macht bedachten politischen Systemen organisierten Ibo
und Ibibio noch vor dem Ersten Weltkrieg mit der Ernennung
von *warrant chiefs,* also Ukas-Großleuten, gescheitert; diese
Männer erwiesen sich als „... außerordentlich unpopulär beim
Volk" und „... generell korrupt";[32] 1929 führte die Ignoranz
sowohl der Briten als auch ihrer schwarzen Handlanger über
das wirkliche Funktionieren der Ibo-Gesellschaft zu blutigem
Aufruhr vor allem von Frauen, die eine Volkszählung als Vor-
boten neuer Besteuerung beargwöhnten.

Wo respektierte Großleute weiterexistierten, war die Lage
völlig anders. Shula Marks hat in biographischen Essays das
ambivalente Zusammenwirken moderner Politiker mit dem
Königshaus der Zulu nachgezeichnet und bis auf die heute so
umstrittene Figur Mangosuthu Buthelezi hingeführt, in dessen
Seele die beiden politischen Welten zusammentreffen (und
eben eher streiten als verschmelzen!). Sie schreibt:

„... Trotz – und, vielleicht, wegen – der Eroberung blieb der König
symbolisch zentral. Im Zulustaat hatte er, wie wir sahen, *idealiter* die
Einheit des Volkes repräsentiert, war er sein Vater und der Umvertei-
ler gewesen. Er und seine Ahnen, so glaubte man, sicherten die Unver-
sehrtheit und den Wohlstand der Menschen. In einer Zeit wachsender
Ausbeutung, in der Unterhäuptlinge zunehmend als Dienstboten für
weiße Forderungen erschienen, was konnte da natürlicher sein, als daß
die Menschen sich an den König um Schutz wandten – eine durchaus
übliche Erscheinung bei vorindustriellen Protesten. Sicher sah Max
Gluckman es so in den 30er Jahren. Zu einer Zeit, als die Unterhäuptlinge zunehmend unpopulär wurden, weil sie Macht mißbrauchten,

argumentierte er, besaß der König ‚keine Macht, die er hätte mißbrauchen können'; er konnte weiterhin das Gefühl der Nation ausdrücken, und eben deshalb, weil der Staat sich hartnäckig weigerte, ihn anzuerkennen, konnten die Menschen ihren Widerwillen gegen die weiße Herrschaft ausdrücken, indem sie dem Zulu-Königshaus huldigten."[33]

Dieses hervorgehobene Beispiel von Konzentration moderner afrikanischer Politik auf vorkoloniale Autorität findet sein Gegenstück am entgegengesetzten Ende des Kontinents, in Marokko, wo genau in den 30er Jahren, da die Macht Frankreichs im Zenit stand, die bürgerliche Antikolonialbewegung sich um den jungen, scheinbar auf die Funktion eines Gummistempels reduzierten Sultan Mohammed V. scharte.

Marokko (und Tunesien) waren freilich Sondergebilde im französisch-afrikanischen Kolonialreich, ausdrücklich als Protektorate gekennzeichnet, in denen die einheimische Staatsgewalt unter der Oberhoheit Frankreichs erhalten blieb. Auch dem Mogho Naba der Mossi in Obervolta (dem heutigen Burkina Faso) beließ Frankreich einige Attribute seiner vorkolonialen Autorität. Ansonsten waren für die französischen Afrika-Kolonien Ukas-Großleute in Gestalt insbesondere der *chefs de canton* typisch, wobei die Verwaltungseinheit „Kanton" ebenso nach technischem Kalkül abgezirkelt wurde wie im Mutterland während der Großen Revolution das Departement.

Joost van Vollenhoven, Generalgouverneur von Französisch-Westafrika (AOF) während des Ersten Weltkriegs, schärfte zwar in seinem berühmten *Circulaire au sujet des chefs indigènes* vom 15. August 1917 seinen Untergebenen (den französischen Kreiskommandanten) ein, am besten solche Personen zu „rekrutieren", die bereits vorher „über die von ihnen kontrollierte Bevölkerung eine echte Autorität" ausgeübt hätten. Aber was er so mit der einen Hand den realen politischen Systemen zubilligt, reißt er mit der anderen sofort wieder ein, indem er verordnet:

„... Die Regel, welche die Funktionen der *chefs indigènes* bestimmt, muß folgende sein: sie besitzen keinerlei eigene Macht irgendwelcher Art, denn im *cercle* gibt es nicht zwei Autoritäten, die französische

Autorität und die einheimische Autorität; es gibt nur eine! Der *commandant de cercle* allein kommandiert; er allein ist verantwortlich. Der *chef indigène* ist nur ein Werkzeug, ein Helfer. Es ist wahr, daß dieser Helfer kein bloßer Transmissions-Agent ist, und daß er in den Dienst des Kreiskommandanten nicht nur seine Aktivität und Treue stellt, sondern auch seine Landeskenntnis und den realen Einfluß, den er auf die Landesbewohner nehmen kann. Der *chef indigène* spricht und handelt nie im eigenen Namen, sondern immer im Namen des Kreiskommandanten und in dessen formellem oder stillschweigenden Auftrag. Ich denke, daß dieser absolute Grundsatz mit genügender Klarheit formuliert ist, um in der Ausführung keinen Anlaß zu irgendwelchem Zweifel zu geben ... Sie (die *chefs*, F. A.) sind keine früheren Könige, deren Throne wir schonen wollen; entweder existierten solche nicht, oder wir haben sie umgestürzt, und sie werden nicht wieder aufgerichtet. Die Gründe (warum Häuptlinge eingesetzt werden sollen, F. A.) leiten sich allein vom Interesse der Bevölkerung ab, die unserer Autorität unterworfen ist. Zwischen uns und dieser Bevölkerung muß es ein Scharnier geben: dieses Scharnier ist der *chef;* nicht, weil er uns aufgedrängt wird, sondern weil wir ihn ausgewählt haben, und wir haben ihn ausgewählt, weil er der Beste ist."[34]

Die Konsequenzen dieser Richtlinie waren ebenso klar wie ihr Wortlaut. Die meisten *chefs in* Französisch-Afrika konnten kein politischer Faktor werden, weil sie das nicht durften. Sie waren als „Scharniere", als Erfüllungsgehilfen der Kolonialregierung konzipiert. In den 1950er Jahren versuchten sie, sich als Interessenverband „modern" zu organisieren, um ihren Besitzstand aus der Konkursmasse des Kolonialsystems zu retten. Stellenweise gelang ihnen das. Denn auch die neuen Herren der unabhängigen Staaten brauchten Erfüllungsgehilfen. Nur der radikale Sekou Touré schaffte in Guinea 1957 mit einem Federstrich die gesamte *chefferie* ab.

War der Unterschied zwischen den Strukturen in französischen und in britischen Kolonien tatsächlich so einschneidend, wie die Literatur und insbesondere die Kontroversen der Kolonialherren oder Ex-Kolonialherren, wer denn nun das bessere System erfunden habe, unterstellen? Von Lord Hailey besitzen wir einen vertraulichen Untersuchungsbericht über *Native Administration und Political Development in British Tropical Africa* aus den Anfangsmonaten des Zweiten Weltkriegs; Hailey war damals bereits durch die Erstauflage seines *African Survey* (1938) als Experte ausgewiesen. Der Tonfall seines Berichtes ist nicht weniger von patriarchalischem Autokratismus geprägt als das 20 Jahre ältere Zirkular des französischen Generalgouverneurs Van Vollenhoven. „Wir", „unsere Aktion" usw. stehen im Mittelpunkt, laufend ist vom „Nutzen" oder „Einsatz" der afrikanischen politischen Systeme für die Ziele der Kolonisierung die Rede. Ungehemmt von wissenschaftlichen Skrupeln legt Lord Hailey sein mit europäischen Augen gewonnenes Bild von afrikanischen Meinungen und Institutionen als evidente Tatsache nieder:

„. . . Die Völker Afrikas variieren stark in ihren politischen Einstellungen, und während manche autoritäre Regime als angemessen empfinden, halten andere eifersüchtig an den Rechten von Familien oder Clan-Gruppen fest. Eine flexible Durchführung ist die Hauptforderung für die Technik der *native authority policy* . . .

Die normale afrikanische Vorstellung von *chiefship* ist nicht die einer Autokratie. Der *chief* war immer, in größerem oder geringerem Maße, von der Zustimmung seiner Ratsherren abhängig. Es gibt Fälle, wie an der Goldküste (jetzt Ghana, F. A.), wo Verfassungsmechanismen existierten – und sie werden immer noch angewandt –, um Häuptlinge loszuwerden, die unabhängig von ihren Ratsherren zu handeln versuchten. Die Herrscher waren zwar in fast allen Fällen Vertreter von Häuptlings-Familien, wurden in vielen Gegenden aber durch einen Selektionsprozeß ausgewählt, und er hatte manchmal einige Eigenschaften einer echten Volkswahl. Im Normalfall besaß der *chief* keine Exekutivgewalt eigenen Rechts. Soweit eine Exekutive ausgeübt wurde, lag sie bei den Dorf-Autoritäten, deren Einsetzung durch Brauchtum geregelt war und die vom Häuptling weder bezahlt noch kontrolliert wurden. In manchen Fällen, so in Westafrika, lag sie bei Clubs oder Gesellschaften oder anderen Traditionsverbänden, oder bei Arbeiterzünften. Das alles ist nicht demokratisch im Sinne einer Staatsverfassung, aber es ist auch keine Autokratie . . ."[35]

Mögen wir heute als kritische Sozialwissenschaftler noch so stark zögern, dieses von einem britischen Gentleman 1939/40 gewonnene Bild Afrikas für bare Münze zu nehmen, es bleibt doch historisch wichtig, welche Schlußfolgerungen Lord Hailey daraus für die Weiterentwicklung der britischen Politik zog. Diese Ratschläge erlaubten in der Tat erheblichen Teilen der *native authorities,* die Brücke zu beschreiten, auf der sie sich dann bald nach dem Ende des Zweiten Weltkriegs von Werkzeugen der Fremdherrschaft in Faktoren, wenn auch meistens nicht in Führungsorgane der antikolonialen Befreiungspolitik verwandelten. Lord Hailey empfahl insbesondere, wo immer es angezeigt erscheine, den Akzent von der Arbeit mit einzelnen *chiefs* auf den Einsatz regionaler Beratender Versammlungen zu verlegen und in ihre Zusammensetzung Elemente von Wahl einfließen zu lassen. Praktisch experimentiert wurde mit einem solchen System vor 1939 bereits in Kenia und Süd-Rhodesien (heute Zimbabwe). Der Dogmenstreit um *direct* oder *indirect rule,* dem 1939 noch viele Briten huldigten, spielte für Lord Hailey keine praktische Rolle mehr.

Die maßgeblichen Stimmen Afrikas, die vor dem Zweiten Weltkrieg die Befreiungspolitik ankündigten, kamen allerdings weder von Großleuten noch von ihren Ratsherren, sondern von den Absolventen jener modernen Schulen, die Mission und Kolonialismus nach Afrika verpflanzt hatten. Nnamdi Azikiwe aus Nigeria hatte seit 1925 in USA studiert; 1934 erschien in London sein Buch über *Liberia in World Politics,* 1937 (bereits in Afrika, in Accra/Ghana, im Selbstverlag gedruckt) sein politisches Manifest *Renascent Africa.* 1938 veröffentlichte Jomo Kenyatta seine anthropologische Studie über das eigene Volk der Kikuyu, *Facing Mount Kenya,* mit einem Vorwort seines Londoner akademischen Lehrers Malinowski.

Auch bei der Einschätzung dieser Stimmen müssen wir freilich fragen, ob sie nicht vornehmlich in europäischen Ohren Anklang fanden, ja vielleicht für die Ohren Europas geschrieben wurden. Diesem „Verdacht" ist jedoch entgegenzuhalten, daß Azikiwe ab November 1937 seine Zeitung *West African Pilot in* Lagos sicher nicht für die Archive der Kolonisatoren herausgab, sondern zur politischen Aufrüttelung seiner Landsleute im Sinne des 1934–41 in Nigeria aktiven *Youth Movement.*

Der Resonanzboden für die politischen Fanfarenstöße der Intellektuellen war die in rascher Entstehung und Gärung begriffene neue afrikanische Gesellschaft einer „Mittelklasse", wie Lord Hailey sie am Beispiel Ghanas beschrieb: Händler, Angestellte europäischer Handelsfirmen, Pflanzer, Geldverleiher, Juristen, Lehrer, Journalisten, Ärzte, Apotheker, Transportunternehmer – also (marxistisch gesprochen) eine Kombination von Arbeiter-Aristokraten, Kleinbürgern und aufstrebenden Bourgeois. Der geographische Ort dieser neuen Gesellschaft waren die Städte, welche die Kolonialregierungen als Umschlagplätze für Import-Export, als Verwaltungszentren in die Landschaft setzten, wo es nur ausnahmsweise vor der Fremderoberung einen Schwerpunkt politischen Lebens gegeben hatte (solche Ausnahmen waren z.B. Kano in Nord-Nigeria als Hauptstadt eines islamischen Emirats, Kampala in Uganda als Residenz des Kabaka von Buganda). Thomas Hodgkin hat diese Städte zu einem Zeitpunkt, als die Entkolonisierung sich bereits ankündigte, mit spitzer Feder als Plätze gekennzeichnet, die aus europäischer Sicht „... zum Niedergang der afrikanischen Kultur und Ethik führen", während dieselben Städte für die Masse der Afrikaner „... die Keime einer neuen, interessanteren und vielfältigeren Kultur mit Möglichkeiten größerer Freiheit" anboten.[36]

Noch vor dem Zweiten Weltkrieg hat ein anderer europäischer Wissenschaftler, Diedrich Westermann, mit erstaunlichem Freimut (wenn man bedenkt, daß sein Buch im rassistischen Hitler-Staat erschien) um Verständnis für die kulturell-politischen Bestrebungen der neuen Afrikaner geworben; dabei geht auch Westermann von dem afrikanischen Ja zur europäischen Schule aus – und lobt es:

„... Auch solche Neger, die als gebildete und selbstbewußte Vertreter ihrer Rasse die europäische Herrschaft kritisch oder feindselig ansehen, beanspruchen für sich selber das Recht, die europäische Kultur sich voll anzueignen, denn sie sind sich darüber klar, daß sie nur dann mit dem Weißen in Wettbewerb treten und sich ihm gegenüber behaupten können, wenn sie seine Waffen gebrauchen. Afrikanische Führer erheben den schärfsten Einspruch gegen jeden Versuch, den Schwarzen eine andere Erziehung und Ausbildung zu geben als den Weißen. Sie lehnen jede arteigene Behandlung ab ..."

Die politischen Konsequenzen dieses kulturellen Aufbruchs hat Westermann 1937 bereits deutlich vorhergesehen, obwohl auch er damals als selbstverständlich annahm, daß die Macht über Afrika in weißen Händen verbleiben würde:

„... Derartige Anfänge, die sich in vielen Teilen Afrikas finden, zeigen, wie neue Gemeinschaften entstehen, die zwar Elemente des Alten in sich tragen, aber doch den Erfordernissen einer neuen Zeit bewußt Rechnung tragen.
Der moderne Verkehr bringt auch die Bewohner einer Kolonie näher zusammen. Sie alle unterstehen der gleichen Verwaltung und Rechtsprechung; ... eingeborene Angestellte und Arbeiter werden außerhalb ihrer Heimat beschäftigt; man lernt sich kennen, rückt einander näher ... All dieses führt dahin, das Gewicht der Stammesunterschiede zu mindern und die frühere Abgeschlossenheit, die häufig zu Mißtrauen und feindseliger Haltung führte, als überlebt anzusehen. Mit anderen Worten, es entsteht etwas wie ein Staatsbewußtsein oder gar ein Nationalgefühl ...“[37]

Vom Gefühl der Zusammengehörigkeit in einer neuen Nation bis zur tatsächlichen Konstruktion der politischen Instrumente, sie zu befreien, war freilich vor dem Zweiten Weltkrieg noch ein weiter Weg. „Afrikanische Führer“, wie Westermann sie nannte, gründeten zwar an verschiedenen Stellen moderne politische Verbände, aber allzu oft erwiesen sie sich dann doch vorläufig als Möchtegern-Führer. Einige dieser Organisationen wurden von der Kolonialregierung mit harter Hand unterdrückt; so verbot Frankreich 1934 in Tunesien die von Habib Bourguiba gegründete Neo-Destour-Partei (*Destur* arab. = Verfassung) sofort, und nach dem kurzen Intervall der Volksfront von 1936, das auch in den Kolonien „linken“ Kräften Freiräume verschaffte, wanderte Bourguiba 1938 erneut ins Gefängnis. Nachdem Messali Hadj 1927 damit begonnen hatte, den *Etoile Nord-Africaine* (ENA) unter algerischen Arbeitsimmigranten in Frankreich zu radikalisieren (er forderte als erster Unabhängigkeit für die „drei Departements des Mutterlandes südlich des Mittelmeeres“), wurde der ENA 1929 gebannt. In Kenia hielten die Briten den Gründer der *Young Kikuyu Association*, Harry Thuku, von 1922–1931 in Haft, und sprangen fast ebenso harsch mit der von Jomo Kenyatta geführten Nachfolge-Organisation *Kikuyu Central Association* (KCA) um.

In anderen Fällen verstrickten sich die Vorläufer der afrikanischen Befreiungspolitik eher in eigene Unzulänglichkeiten als in eine hoffnungslose Konfrontation mit der unüberwindlich erscheinenden Fremdherrschaft. Das eindrucksvollste Beispiel liefert wieder einmal Südafrika mit der *Industrial and Commercial Workers' Union of Africa* (ICU). Als charismatischer Führer reinsten Max-Weber'schen Wassers stampfte Clements Kadalie, ein „Gastarbeiter" aus Malawi, von den Kapstädter Docks ausgehend diese Einheitsgewerkschaft nach 1919 aus dem Boden:

„. . . Wie ein Buschfeuer verbreitete sie sich über die Südafrikanische Union, zuerst zu den Hafenstädten Port Elizabeth und East London, dann über Land in der zentralen und östlichen Kapprovinz, dann im Oranje-Freistaat, dann nach Johannesburg und Transvaal . . ."

. . . und schließlich bis Durban/Natal. Die Zahl ihrer Mitglieder schnellte zwischen 1923 und 1928 bis „fast zu einer Viertelmillion"[38] hoch – ein Organisationsgrad, den schwarze Gewerkschaften oder andere politische Organisationen in Südafrika erst wieder nach 1980 erreichen sollten. Alsbald aber folgte ein ebenso rascher und radikaler Zerfall und Zusammenbruch der ICU, weniger infolge des Zerwürfnisses zwischen Kadalie und der Kommunistischen Partei, das Ende 1926 offen zu Tage trat, oder wegen des (nicht nur in Südafrika) üblichen Streits zwischen ungeduldigen „linken" Aktivisten und vorsichtigen „rechten" Befürwortern kleiner Schritte. Es war eher die persönliche Verantwortung Kadalies für „. . . finanzielle Konfusion«[39] und der dadurch ausgelöste Konflikt mit seinem weißen Berater William Ballinger (der britische Gewerkschaftsbund TUC hatte ihn der ICU ausgeliehen), welche die ICU nach 1930 zur Bedeutungslosigkeit absinken ließen.

Auf papierne Mahnungen an die Adresse der Kolonialmacht beschränkte sich von vornherein, soweit mir bekannt, die Tätigkeit des *National Congress of British West Africa,* den der

Ghanaer Joseph E. Casely Hayford 1920 – damals schon ein gestandener Rechtsanwalt und Journalist von 54 Jahren – zusammen mit anderen Honoratioren (auch aus Nigeria, Gambia und Sierra Leone) gründete. Sein Programm beruhte immerhin auf dem alten Kampfruf der amerikanischen Unabhängigkeits-Revolution „Keine Steuern ohne Volksvertretung, sprach folglich vom Wahlrecht für Afrikaner und sogar von *„Self-government,* damit Völker afrikanischer Abstammung an der Regierung ihres eigenen Landes teilnehmen", der Abschaffung von Rassendiskriminierung im Staatsdienst, der Wahl und Absetzung der *chiefs* durch ihre eigenen Leute „ohne Einmischung des Gouverneurs" – und einer gemeinsamen Universität für Britisch-Westafrika.[40] Das Nein aus London folgte auf dem Fuße; und wenn knappe vier Jahre später die britische Regierung dann doch in einigen Provinz- und Stadträten der westafrikanischen Kolonie die Wahl einiger Vertreter der schwarzen „Mittelklasse" (im Sinne Lord Haileys) einführte, dann mag das aus heutiger Sicht als Erfolg des *Congress* erscheinen, war aber damals offensichtlich so geplant, daß es eben nicht wie ein Zurückweichen weißer Macht vor schwarzen Forderungen aussah, sondern wie das freie Geschenk eines aufgeklärten Übervaters. Der *Congress* überlebte den Tod seines Inspirators Casely Hayford (im Juli 1930) nicht lange.

Ebenso schwächlich ist die Bilanz organisierter moderner afrikanischer Politik in Senegal. Dort erfreuten sich zwar in den vier Stadtgemeinden *(Quatre Communes)* der Küste Gorée, Dakar, Rufisque und Saint-Louis, die schon zu Zeiten der Revolution von 1848 französisch gewesen waren, alle dort geborenen Einwohner ohne Rassenschranke des Wahlrechts. Wir haben aber bereits in einer Anmerkung angedeutet, daß der erste schwarze Deputierte dieses „alten Senegal" im Pariser Parlament, der 1914 gewählte Blaise Diagne, sich während des Ersten Weltkrieges vornehmlich als Rekrutierungs-Kommissar für Frankreichs schwarze Armee hervortat (90 000 Mann aus West- und Äquatorialafrika, darunter nur 18 000 Freiwillige)[41] und mit dieser Ausbeutung der menschlichen Ressourcen sogar den Protest des weißen Generalgouverneurs provozierte.

Diagne setzte allerdings auch durch, daß die Einwohner der *Quatre Communes* eindeutig als Französische Staatsbürger juristisch abgesichert wurden, auch ohne sich (da mehrheitlich Moslems) dem Familienrecht des *Code Civil* zu unterwerfen. Bis zu seinem Tode 1934 dominierte Blaise Diagne die Politik Senegals, wurde regelmäßig ins Pariser Parlament wiedergewählt und durchsetzte die Stadträte mit seinen Anhängern. Einige davon wurden allerdings mit den Jahren zu Gegnern und warfen Diagne korrumpierende Geldgeschäfte mit den französischen Handelsfirmen des Senegal vor. Die 1919 von Diagne gegründete politische Partei, *Parti Républicain Socialiste Indépendant,* blieb ebenso ein auf seine Person zugeschnittener Wahlverein, wie auch Galandou Diouf (sein Konkurrent 1928 und 1932, dann sein Nachfolger im Parlament) nur einen Clan persönlicher Gefolgschaft organisierte. Ahmadou Lamine Guèye, seit 1924 ebenfalls ein Kritiker Diagnes, gliederte seine Klientel zwar im Volksfront-Jahr 1936 der Sozialistischen Partei Frankreichs an, aber für die senegalesische politische Wirklichkeit blieben diese Leute immer die „Laministen" – bis über die Unabhängigkeit 1960 hinaus. Wesentliche Programmpunkte oder gar Veränderungen in der Struktur des französischen Kolonialreiches haben die Wahlkampf-Zwiste in den *Quatre Communes* bis 1940 nicht gezeitigt.

Wir werden nicht in die Untugend des europäischen Rassedünkels verfallen, bei jedweder rationalen Handlung von Afrikanern, die uns begegnet, nach den außer-afrikanischen Impulsen, Modellen oder Initiatoren zu fragen. Aber die weltweite Dimension afrikanischer Politik, die seit 1955 von Bandung (Afro-Asiatische Solidarität) und Belgrad (Blockfreiheit) ausgehend so eindeutig ist, besitzt natürlich Vorläufer in den Zwischenkriegsjahren, und nicht nur in Gestalt der verschiedenen Ausprägungen des Panafrikanismus, der Afrika mit der „Diaspora" aller drei Amerikas verbindet – einschließlich des frankophonen Kulturprotests der *Négritude.*

Es ist kein semantischer Zufall, daß in Südafrika 1912, in Britisch-Westafrika 1920 „Kongresse" als Ausdruck afrikanischen Protestes gegründet wurden. Die führende Organisation des antikolonialen Widerstandes in Britisch-Indien trug diesen Namen schon seit dem 19. Jahrhundert; ihr Modellcharakter für Afrika ist nicht nur durch Gandhis persönliche Tätigkeit in Südafrika gesichert. Neben dem politischen Panafrikanismus schlug auch die Missionsarbeit schwarzer amerikanischer Kirchen eine Brücke zwischen zwei Emanzipations-Bewegungen im übrigen sehr verschiedenen Typs: bilden die Afro-Amerikaner doch eine kleine Minderheit, der vernünftigerweise keine Alternative zur Integration in die von Weißen geprägte Gesellschaft der USA bleibt.

Die bolschewistische Revolution Rußlands gab unter Stalin faktisch ihren internationalistischen Schwung und Anspruch auf, setzte aber bis 1935 noch die von Lenin 1920 postulierte Bundesgenossenschaft mit „bürgerlich-revolutionären" Bewegungen in den Kolonien (als taktische Ablenkung von den Klassenkämpfen in den westlichen Metropolen) fort. Aber die dem deutschen Kommunisten Willi Münzenberg 1927 anvertraute Mobilisierung einer weltweiten „Liga gegen den Imperialismus" erreichte allenfalls in Indien und Indonesien, kaum in Afrika repräsentative Führer der kolonisierten Völker. Nur in Südafrika verschaffte sich die Kommunistische Partei (CPSA) seit Mitte der 1920er Jahre bei schwarzen Arbeitern ein solides Prestige als nicht-rassistische Organisation, in der schwarze und weiße Mitglieder gleichberechtigt waren, mit der man folglich im Protest gegen das weiße Machtmonopol auch als Nicht-Leninist zusammenarbeiten konnte. Das südafrikanische Proletariat tatsächlich als Avantgarde zu führen, wie die leninistische Doktrin unterstellte, gelang der CPSA freilich nie.

Es ist auf den ersten Blick erstaunlich, daß die drei „großen Sprünge nach vorn", die asiatischen Staaten in den Zwischenkriegsjahren gelangen, so wenig Resonanz in Afrika fanden; ich meine die Selbstbehauptung der republikanischen Türkei unter Kemal Atatürk, die Revolution der Kuomintang unter Sun Yat-sen und Chiang Kai-shek in China, und den Aufstieg Japans zur militärischen und industriellen Großmacht. Ostasien war von Afrika offenbar geographisch zu weit entfernt, nachrichtentechnisch und sprachlich abgeschnitten. Die jungtürkische Bewegung der Jahre von 1914, aus der Kemal stammte, fand im arabischen Nordafrika einen gewissen Widerhall bei kolonialkritischen Intellektuellen z. B. Algeriens, die sich ebenfalls zur „Jugend" proklamierten; sogar in Saint-Louis am Senegal gab es vor 1914 eine Gruppierung der *Jeunes,* aus der Lamine Guèye hervorging. Aber die konkrete Politik Kemals nach 1923, die ja auf radikale Verwestlichung der Türkei hinauslief, wurde bei den antikolonialen Gruppen auch Nordafrikas nicht zur Kenntnis genommen – oder stillschweigend abgelehnt.

4. Herausforderung

Vom Verteidigungskrieg des kaiserlichen Äthiopien gegen die italienische Aggression 1935 abgesehen begann die offene Herausforderung kolonialer Herrschaft durch afrikanische Politik erst nach 1945. Es überrascht kaum, den Auslöser im Zweiten Weltkrieg zu finden, vornehmlich in seinen indirekten wirtschaftlichen Auswirkungen. Denn direkt, militärisch traf dieser Krieg Afrika weniger hart als der Erste. Nicht einmal Frankreich konnte schwarze Truppen in ähnlicher Stärke ausheben wie 1914–18, weder vor seiner Blitz-Niederlage 1940 noch in der Endphase, nach 1943, als De Gaulle die Staatsgewalt in Nord- und Westafrika übernahm. Der spätere General Lamizana (1966–80 Präsident von Obervolta/Burkina Faso) diente zwar 1943–47 in Nordafrika, der spätere General Ankrah (1966–69 Staatschef von Ghana) kämpfte mit der britischen Armee in Burma; aber das waren keine Einsätze, die das politische Gesicht Afrikas prägten. Südafrika schickte zwar Soldaten in die Schlachten gegen Rommels Afrika-Korps, aber wohlweislich mobilisierte die Regierung in Pretoria nur Weiße für die kämpfende Truppe. Von den später maßgeblichen Befreiungs-Politikern Südafrikas sammelte deshalb nur Joe Slovo, 1986–91 Generalsekretär der Kommunistischen Partei und bis zu seinem Tode am 6. Januar 1995 ihr Ehrenvorsitzender, als Freiwilliger im Zweiten Weltkrieg militärische Erfahrung.

Die Meuterei unter 1280 repatriierten, aus deutscher Kriegsgefangenschaft befreiten schwarzen Soldaten Frankreichs am 1. Dezember 1944 in der Kaserne von Thiaroye (bei Dakar/Senegal) entzündete ein erstes Fanal neuen Widerstandes; sie wehrten sich gegen das Verschlampen versprochener Soldzahlungen: 35 Tote und 35 Schwerverletzte kostete die „Wiederherstellung der Ordnung".[42]

Indirekt griff der Krieg, wie angedeutet, tiefer in die Gesellschaft Afrikas ein – ökonomisch und ideologisch. Für die Masse der Afrikaner waren sicher die wirtschaftlichen Auswirkungen der alliierten Kriegsanstrengungen besonders schmerzlich spürbar.

Sie stammten einerseits aus der gesteigerten Nachfrage rüstungswichtiger mineralischer Rohstoffe, andererseits aus der Verknappung industrieller Konsumwaren infolge der Waffenproduktion in USA und Großbritannien sowie der militärischen Beanspruchung des Schiffsraumes. In Ghana z. B. forcierte die Kolonialregierung den Abbau von Mangan und Bauxit, den Raubbau am Holz des Tropenwaldes, den Anbau von Gummi- und Ölpflanzen durch afrikanische Bauern. Man versprach ihnen höhere Erzeugerpreise. Von einem wirklich freien Markt war allerdings für die Bauern nicht die Rede, vielmehr wurde die Zuständigkeit des schon vor Kriegsausbruch (zur Bewältigung der Folgen der Weltwirtschaftskrise) geschaffenen *Cocoa Marketing Board,* einer amtlichen Ausgleichskasse also, nun auf alle exportierten Agrarerzeugnisse ausgedehnt. Gleichzeitig bewirkten die oben erklärten Importbeschränkungen einen Anreiz für den Aufstieg gewisser substituierender Klein-Industrien, insbesondere Zulieferer des Baugewerbes. Auch einheimische Nahrungsmittel konnten die Bauern jetzt in den Städten günstiger absetzen. Die Kehrseite der Medaille waren inflationäre Preissteigerungen, denen die Kolonialregierung so geringe Lohnerhöhungen wie irgend möglich entgegensetzte.[43]

Aus Nigeria werden ganz ähnliche Entwicklungen berichtet. Südafrika erlebte einen regelrechten Boom, den die faktisch seit 1931 unabhängige Regierung wirtschaftspolitisch zugunsten ihres weißen Afrikaner-Volkes als Industrialisierungsschub auf Dauer auszumünzen verstand. In Belgisch-Kongo und den französischen Kolonien dagegen, die nach 1940 von ihren „Mutterländern" abgeschnitten waren, muß der Krieg sich noch schärfer negativ ausgewirkt haben als in Britisch-Afrika: negativ in erster Linie für die auf Löhne angewiesenen Stadtbewohner, insbesondere die Subaltern-Angestellten der

Verwaltung, und in zweiter Linie für die an dieser städtischen Unterschicht verdienende freiberufliche afrikanische Mittelklasse, aus der vor 1939 die ersten Regungen „moderner" Politik gekommen waren. Blieb wenigstens bei den Bauern etwas von den steigenden Agrarpreisen hängen? Eine Wirtschaftsgeschichte Westafrikas belehrt uns über die Situation der späten 40er Jahre:

„...Bauern und Händlern ging es nicht schlechter als während des Krieges, jedoch verbesserte sich ihr Lebensstandard nicht so schnell, wie sie erwartet hatten..."[44]

Jedenfalls litten auch sie, soweit sie sich an den Einsatz importierter Produktionsmittel und Konsumgüter gewöhnt hatten, unter der Verknappung und Verteuerung der Lieferungen aus dem „Mutterland". Das großangelegte britische Nachkriegsprojekt, Europas Hunger nach Fett aus neuangelegten ostafrikanischen Erdnuß-Plantagen zu stillen, scheiterte 1947–49 am quasi-militärischen Stil, mit dem die Bürokratie hier fast 36 Millionen Pfund in den tanganjikanischen Busch setzte; der sachlich kompetente multinationale Konzern Unilever hatte sich weise zurückgehalten,[45] und die afrikanischen Bauern vor Ort um Rat zu fragen – auf diese Idee kam niemand (so wenig wie bei späteren kapitalintensiven „Entwicklungs" – Großprojekten nach der Unabhängigkeit).

Organisierte politische Reaktionen auf diese Zustände waren erst nach Kriegsende zu erwarten. Immerhin flackerten sporadische Streiks der schwarzen Eisenbahner in Nigeria, die bereits über eine aktive Gewerkschaft unter Führung von Michael Imoudou verfügten, bereits 1940 auf; in Ghana kam es ebenfalls noch während des Krieges zu Streiks. Sofort im Juni 1945 gingen die nigerianischen Eisenbahner wieder voran beim ersten massiven Generalstreik in einer afrikanischen Kolonie; er dauerte 37 Tage und wurde von bis zu 30000 Arbeitern getragen – etwa genau so vielen, wie damals gewerkschaftlich organisiert waren, und das waren immerhin rund 10% der Lohnarbeiter Nigerias.[46] Unmittelbar betrachtet, ruinierte dieser Streik die gewerkschaftliche Organisation, denn die gemäßigten Führer des Dachverbandes zuckten im letzten Moment von ihrem eigenen Streikaufruf zurück, verspielten damit ihr Prestige und überließen das Feld damals als radikal geltenden Politikern, insbesondere Nnamdi Azikiwe. Auf längere Sicht aber erstarkten die Gewerkschaften Nigerias wieder: 1953 hatten sie mindestens 150000 Arbeiter (wenn auch zersplittert) organisiert, und ihr Selbstbewußtsein, ihre bis zur Gegenwart durch alle Wirren hindurch bewahrte Eigenständigkeit gegenüber den politischen Parteien und wechselnden Regierungen verdanken sie zum erheblichen Teil der Erinnerung an den großen Streik von 1945.

Am 12. August 1946 rief in Südafrika die 1941 unter Führung der Kommunistischen Partei neu gegründete *African Mineworkers' Union* (AMU) zum Streik auf. Sie forderte einen Mindestlohn von 10 Shilling pro Tag, besseres Essen, Unterkünfte für die Familien der Bergleute, bezahlten Urlaub. 60–70000 Männer streikten, obwohl AMU höchstens 25000 Mitglieder zählte. Aber die *Chamber of Mines* verhandelte nicht, sondern ließ die Polizei zuschlagen, lief der Streik doch der „Kriegsmaßnahme 1425" der südafrikanischen Regierung von 1942 zuwider, die jeden Ausstand schwarzer Arbeiter rundweg verboten hatte. Nach einer Woche zählte man 12 Tote und 1200 Verletzte, der Streik war vorbei, AMU zerstört, ihre Führer verhaftet[47] – darunter John B. Marks, später 1969 bis zu seinem Tode 1972 Exil-Vorsitzender der SACP.

Mit einer zeitlichen Verzögerung zu Nigeria, die sich aus den hochgespannten afrikanischen Erwartungen einer radikalen Kolonialreform im „befreiten" Frankreich der Vierten Republik erklären läßt, streikten auch in Französisch-Westafrika die Eisenbahner, vom Oktober 1947 bis März 1948. Ihre Gewerkschaft ging als autonomer Verband in den Streik, d.h. sie gehörte zu keiner französischen Gewerkschaftszentrale. Im Streik freilich bewies nur die kommunistisch geführte *Confédération Générale du Travail* (CGT) aktive Solidarität mit den schwarzen Eisenbahnern; diese schlossen sich deshalb nachher der CGT an. Einige Monate zuvor, im Mai 1947, war die KP Frankreichs aus der Regierung verstoßen worden. Die

Afrikaner streikten jedoch nicht, wie die CGT es im November-Dezember 1947 tat, als Replik auf diesen Akt des Kalten Krieges. Ihr Ziel waren auch nicht primär höhere Löhne. In Westafrika wurde (übrigens strikt im Rahmen der Legalität) um die Ausführung der auf dem Papier bereits beschlossenen arbeitsrechtlichen Gleichstellung schwarzer und weißer Eisenbahner gekämpft.[48]

Der Streik brachte dieses Ergebnis nicht unmittelbar. Jedoch leitete Paris binnen Jahresfrist seine letzte große Gesetzgebung im Geiste egalitärer Integration der Kolonien in die Republik ein: Im April 1949 kam die Vorlage für ein Übersee-Arbeitsgesetzbuch ins Parlament. Im Juni 1950 setzte Lamine Guèye ein Gesetz durch, nach dem alle afrikanischen Arbeitnehmer des öffentlichen Dienstes Familienzulagen in Anlehnung an das großzügige System des Mutterlandes erhielten. Am 15. Dezember 1952 konnte endlich das Arbeitsgesetzbuch verkündet werden, das die „Überseegebiete" weitgehend den Zuständen in Frankreich anpaßte, einschließlich des Prinzips „Gleicher Lohn für gleiche Arbeit", der Befreiung der Gewerkschaften von jeder amtlichen Kontrolle, der 40-Stunden-Woche, der obligatorischen Sonntagsruhe und des bezahlten Urlaubs.[49] Daß dieses Gesetzeswerk wirkungslos blieb, weil die Stunde der Kolonialreform unwiderruflich vorbei war und jetzt die Unabhängigkeit auf der politischen Tagesordnung eines Afrika stand, an dessen nordöstlicher Flanke bereits Nasser regierte, in Ghana Nkrumah, steht auf einem anderen Blatt.

In Ghana wirkten sich die wirtschaftlichen Belastungen des Krieges ebenfalls Anfang 1948 politisch aus. Im Namen einer Honoratioren-Partei, der *United Gold Coast Convention* (UGCC), die sich maßvoll und langatmig anschickte, *self government* zu fordern, organisierte Kwame Nkrumah, soeben aus panafrikanischen Aktivitäten in England nach Hause geholt, im Januar 1948 Verbraucher-Boykotte gegen die hohen Preise. Die Aktion geriet außer Kontrolle; Ende Februar 1948 schoß die Polizei auf demonstrierende Ex-Soldaten und Plünderer europäischer und syro-libanesischer Läden (29 Tote, 237 Verletzte).[50] Nkrumah wurde verhaftet – und damit prompt als *prison graduate* zu höheren Weihen der Befreiungspolitik prädestiniert.

Hier berühren wir das Scharnier zwischen dem ökonomischen und dem ideologischen Impuls zum Strukturwandel afrikanischer Politik nach 1945. Kwame Nkrumah, der wahrscheinlich 1909 geborene Zögling katholischer Missionsschulen, 1935–45 Student an Hochschulen der USA, war politisch neben George Padmore als Organisator des Fünften Panafrikanischen Kongresses hervorgetreten, der im Oktober 1945 im englischen Manchester den US-amerikanischen Gründungsvater des Panafrikanismus, W. E. B. DuBois, mit 90 Repräsentanten einer jüngeren Generation, überwiegend aus der Karibik und aus Westafrika, zusammenführte. Dieser Kongreß denunzierte die im Britischen Empire während des Krieges eingeleiteten Kolonialreformen als „oberflächliche Versuche der fremden imperialistischen Mächte, die politische Versklavung der Völker fortzusetzen ...", und forderte wenigstens für Westafrika erstmals in der langen Geschichte panafrikanischer Resolutionen kompromißlos „die vollständige und absolute Unabhängigkeit".[51]

Im gleichen Jahr 1945 schrieb Nkrumah seine Broschüre *Towards Colonial Freedom*, deren Verlagsausgabe von 1962 er Zitate von Mazzini, Wilhelm Liebknecht und Casely Hayford voranstellte. Sie weisen auf die ideologischen Quellen der neuen afrikanischen Befreiungspolitik hin: auf die bürgerliche Demokratie Europas, den Marxismus und den Reformismus der soeben abtretenden ersten Generation modernistischer afrikanischer Intellektueller.

Die *Atlantic Charter* vom 14. August 1941, mit der Präsident Roosevelt und Premierminister Churchill die Kriegsziele der Anti-Hitler-Koalition umrissen, wurde in Afrika mit gespannter Wachsamkeit registriert – vor allem ihr Dritter Punkt:

„Sie (die USA und Großbritannien, F. A.) respektieren das Recht aller Völker, die Regierungsform zu wählen, unter der sie leben wollen; und sie wünschen zu sehen, daß bei jenen Völkern Souveränitätsrechte und *self-government* wiederhergestellt werden, die ihrer gewaltsam beraubt wurden."

Churchill hat sicher diesen Satz nicht auf die Völker des Britischen Empire bezogen. Ebenso sicher spielte Roosevelt damals schon mit dem Gedanken einer „internationalen Treuhandschaft" für alle Kolonien (nicht nur die der Feindstaaten!) als Teil der Nachkriegs-Weltordnung, die dann in Gestalt der Vereinten Nationen so unvollkommen konkretisiert wurde. In Afrika erfuhr man davon spätestens, als im Juni 1942 ein amerikanisches *Committee on Africa, the War, and Peace Aims* eine umfangreiche Studie über die Anwendung der *Atlantic Charter* auf Afrika veröffentlichte; zu den in USA lebenden Afrikanern, die dieser Ausschuß anhörte, gehörte auch „... Mr. Francis Nkrumah, von der Goldküste, erster Graduierte des Achimota College, jetzt Student an der Lincoln Universität und der Universität von Pennsylvanien".[52]

Seit Juni 1941 gehörte zur Anti-Hitler-Koalition auch die Sowjetunion, und sie trug fortan die Hauptlast des Krieges. Für den Augenblick verblaßten damit die durch Stalin in den 30er Jahren verursachten Spaltungen und Bruderzwiste innerhalb der anti-kolonialen Weltbewegung, ähnlich wie im antideutschen Widerstand Frankreichs oder Italiens. Ein George Padmore, der mit der Kommunistischen Internationale gebrochen hatte, als Stalin 1935 den Anti-Imperialismus dem Bündnisangebot an Frankreich und England opferte, stand wieder in einer gemeinsamen Front z. B. mit der 1941 siebzehnjährigen jüdischen Studentin Ruth First in Südafrika, die um diese Zeit der Kommunistischen Partei beitrat (1949 heiratete sie Joe Slovo, 1982 wurde sie im Exil in Mozambique durch eine Briefbombe ermordet). In den „befreiten", das heißt von De Gaulle übernommenen Ämtern der französischen Kolonien konnten Kommunisten guten Gewissens mitarbeiten. Sie öffneten ihre Parteizellen (*Groupes d'Etudes Communistes*)[53] Afrikanern – darunter einem gewissen Arzt und Großbauern Félix Houphouet-Boigny an der Elfenbeinküste – und berieten sie beim Aufbau demokratischer, kolonialkritischer politischer Parteien.

Als freilich der Sultan von Marokko, Mohammed V., die *Atlantic Charter* konkret einforderte und dafür bei Präsident Roosevelt Rückendeckung gegen die Protektoratsmacht Frankreich suchte (Amerikaner und Briten hatten Marokko besetzt, in Casablanca tagte im Januar 1943 eine Gipfelkonferenz), fand er kein Gehör; und als im Mai 1945 im benachbarten Algerien das islamische Volk für sich in Anspruch nahm, zusammen mit den Franzosen über die Niederlage Hitlers zu jubeln, schoß das Militär des „freien Frankreich", in dessen Regierung sowohl De Gaulle als auch die Kommunisten saßen, es zusammen.

Dennoch: ob besagter Mr. Nkrumah nun, wie seine Gegner später behaupteten, 1945 in England der Kommunistischen Partei beitrat oder nicht, spielte für die afrikanische Politik des Aufbruchs nach dem Ende des Zweiten Weltkrieges überhaupt keine Rolle. Prinzipiell gehörten damals die Kommunisten nach allgemeiner Überzeugung dazu – will sagen: zu den Kräften des Sieges, des Fortschritts, der Gerechtigkeit und des Friedens weltweit, folglich auch in Afrika.

Die Einbeziehung der Kommunisten in die westeuropäische Kolonialreform ging freilich 1947 in die Brüche, sobald der Kalte Krieg ausbrach; die Völker Europas lernten unmittelbar darauf in Prag und Berlin, später in Budapest, Warschau oder Danzig, ihre Lektion, daß kommunistische Staatsgewalt weder Fortschritt noch Gerechtigkeit, weder Freiheit noch Wohlstand garantierte. Bis diese Einsicht sich freilich im Wählerverhalten der Franzosen, der Italiener, Portugiesen oder Spanier niederschlug, dauerte es Jahrzehnte, und erst 1990 brach der Realsozialismus Osteuropas zusammen. Das Problem für das heutige Afrika lautet: Ist die Lektion überhaupt bis in die Köpfe seiner Intellektuellen vorgedrungen? Es gibt Anzeichen, daß auch 1997 noch erhebliche Segmente der politischen Klasse in der Grundströmung von 1945 schwimmen und den Marxismus-Leninismus samt seinen logischen Auswirkungen, als da sind Einpartei-System und Planwirtschaft, mit Fortschritt identifizieren.[54] Damit droht Afrika ein politisches Abrutschen in intellektuelle Rückständigkeit, die leider nur allzu gut zum wirtschaftlichen Verfall des Erdteils passen würde.

Aus den vielfältigen inneren und äußeren Impulsen, die um das Jahr 1945 auf die afrikanische Politik einwirkten, nahm eine neue Programmatik Gestalt an. Sie ist es, die Afrikas vorher diffuse Emanzipations- und Modernisierungs-Tendenzen zur Befreiungsbewegung formte. Diese Programmatik erschien zunächst im britischen und im französischen Kolonialreich widersprüchlich – hier auf *self government,* dort auf egalitäre Integration in die Republik abzielend. Jedoch schälte sich im Vorfeld des „Afrika-Jahres" 1960 heraus, daß keinem Land etwas anderes übrig blieb, als zum unabhängigen Staat zu werden. Die Akteure selbst, und in ihrem Gefolge die Sekundärliteratur, meinen diese Übereinstimmung, wenn sie von einer „nationalen" Befreiungsbewegung sprechen. Das Adjektiv ist aber geeignet, besonders in europäischen Ohren Mißverständnisse hervorzurufen. Afrikanischer „Nationalismus" in dieser Phase der antikolonialen Herausforderung meinte nicht Behauptung gegen eine Nachbar-Nation (vergleichbar etwa der deutsch-französischen „Erbfeindschaft" des 19. Jahrhunderts), er meinte auch noch nicht, jedenfalls nicht in erster Linie, das Zusammenführen verschiedener „Stämme" eines Staatsgebiets zur gemeinsamen Nation *(nation building).* Er fixierte sich vielmehr (Fachbegriff: als *single-purpose movement)* auf die kollektive Befreiung aus den europäischen Imperien.

Insofern ist dieser afrikanische Nationalismus durchaus dem Nationalismus vieler mittel- und osteuropäischer Völker verwandt, die in einer weltpolitischen Aufbruchsstimmung am Ende des *Ersten* Weltkrieges aus den „Völkergefängnissen" des Habsburger und des Zarenreiches herausstrebten. In Europa erwies sich dabei sofort, daß der anti-imperiale Befreiungsnationalismus, sobald das Imperium gestürzt war, in erbitterten Anti-Nachbarn-Nationalismus mündete. Die Afrikaner suchten dem durch Aufnahme panafrikanischer Lippenbekenntnisse in ihre Befreiungs-Programme vorzubeugen; aus heutiger Sicht betrachtet ist ihnen die Zügelung des Nationalismus nach 1960 besser gelungen als uns Europäern 1914–45 und (speziell den Völkern Jugoslawiens) nach 1990.

Kern der neuen Programmatik war in ganz Afrika, die Kolonialstruktur radikal als ein ungerechtes, menschenunwürdiges System anzuprangern, das weder in seiner ökonomischen noch in seiner politischen Ausprägung reformierbar sei, sondern beseitigt werden müsse. Um es durch was zu ersetzen? dürfen wir die berühmte Frage vorwegnehmen, die Helmut Schmidt an die Anti-Apartheid-Aktivisten der 70er Jahre zu stellen pflegte. Darauf antwortete Kwame Nkrumah schon in der erwähnten Programmschrift von 1945, ganz im Sinne des verballhornten Bibelwortes, das später seine Statue in Accra zierte (*Seek ye first the political kingdom, and all other things shall be added unto you*):[55] staatliche Unabhängigkeit für Westafrika als politische Einheit.

„... Die westafrikanischen Kolonien, zum Beispiel, müssen sich zuerst vereinigen und eine nationale Gesamtheit *(a national entity)* werden, absolut frei von den Lasten fremder Herrschaft, bevor sie den Blick auf internationale Zusammenarbeit großen Stils richten können ...“[56]

Nkrumah begreift zwar in enger theoretischer Anlehnung weniger an Marx (der dazu auch kaum etwas sagt) als an Lenins kanonisierte Imperialismus-Broschüre das Kolonialsystem vorzugsweise als ein System ökonomischer Ausbeutung durch Kapitalexport und diktierten „ungleichen Tausch“, wie spätere Marxisten formulierten. Aber Nkrumah interessierte sich 1945 erst andeutungsweise dafür, welche Wirtschaftsformen nach erfolgreicher Abschüttelung der Kolonialherrschaft an die Stelle dieses Systems treten könnten. Ihn beschäftigt auch nicht Lenins Kernfrage, wann denn nun der Monopolkapitalismus in den Metropolen revolutionär gestürzt und in den Sozialismus überführt werden kann. Vielmehr wagt sich Nkrumah an die Aufgabe, den kolonisierten Völkern eine politische Strategie zu nennen, mit der sie die imperialen Fesseln noch vor dem Zusammenbruch des Monopolkapitalismus sprengen können. Nkrumah wird 1945 gewußt haben, daß die Kommunistische Internationale auf diese Frage trotz intensiver Debatten nie eine überzeugende Antwort gefunden hatte. Sie scheiterte an dem Dilemma, daß sie die Befreiung eines kolonisierten Volkes (und damit hatte sie recht) gleichzeitig als innergesellschaftliche Revolution begriff, aber in den Kolonien weder eine Bourgeoisie noch gar ein Proletariat ausmachen konnte, dem sie im Marxschen Sinne die An- und Ausführung eines revolutionären Fortschritts zutraute; so blieben ihre Handlungs-Anweisungen an die kleinen Grüppchen von Kommunisten in China ebenso verhängnisvoll unbrauchbar wie in Südafrika.

Nkrumah durchhieb den Knoten und stieß zu einer einfachen, wie sich alsbald zeigen sollte, durchaus brauchbaren Handlungs-Anleitung vor:

„... First and foremost, Organization of the Colonial Masses ...“

Über die Frage nach dem „Klassencharakter“ dieser Kampagne ging er mit leichter Hand hinweg:

„... Die Organisation muß sich verwurzeln, sie muß ihre Basis und Stärke sichern in der Arbeiterbewegung, bei den Bauern ... und in der Jugend ...“

Ausgesondert von dieser Umarmung des ganzen Volkes ist nur jene Sorte Intelligentsia, die zum wahren Architekten kolonialer Versklavung geworden ist ...“, wodurch natürlich völlig beliebig jeder politische Gegner zum Feind der Freiheit gestempelt werden kann. Von diesen Judas-Typen abgesehen, postuliert Nkrumah die Volksgemeinschaft:

„... Die Völker der Kolonien wissen genau, was sie wollen. Sie wollen frei und unabhängig sein, sie wollen fähig sein, sich als Gleiche unter allen anderen Völkern zu fühlen, und ihr eigenes Schicksal ohne Einmischung von draußen auszuarbeiten, sie wollen ungehemmt sein, um einen Fortschritt zu erreichen, der sie mit anderen technisch fortgeschrittenen Nationen der Welt gleichziehen läßt ...“[57]

Ist es unfair, diesem Programm von 1945 das reale Ghana von 1997 oder auch von 1966, als Nkrumah gestürzt wurde, gegenüberzustellen? Rückwirkend ist leicht zu sehen, wo die Probleme jeder gesellschaftlichen Konstruktion, die ein Marxist genau so erkennen mußte wie ein Neo-Liberaler, um der Dynamik der antikolonialen Volksbewegung willen vertuscht wurden. Genau dieser Trick ist gemeint, wenn Kritiker einem Nkrumah – und mit ihm einer ganzen Generation afrikanischer Befreiungs-Politiker – „Populismus" ankreiden. Aber haben z. B. jene Leute, die 1990 die Unabhängigkeit Litauens von der UdSSR ausriefen, ein ehrlicheres Konzept proklamiert?

Auf ebenfalls marxistischer, jedoch präziserer Analyse beruhte das Programm, das Gabriel d'Arboussier, Generalsekretär der franko-afrikanischen „Sammlungsbewegung" RDA *(Rassemblement Démocratique Africain),* im Oktober 1948 vorlegte; die konkrete Strategie, die er darin empfahl, lief allerdings ebenfalls auf den populistischen Appell an die Gemeinschaft des ganzen Volkes hinaus. Die Einbindung der afrikanischen Kolonien in die Vierte Republik (auf ihren Mandaten im Pariser Parlament beruhte die Macht der afrikanischen Politiker) veranlaßte d'Arboussier, zum Klassenkampf in der Metropole theoretisch Stellung zu beziehen; praktisch hatte die RDA schon 1945 das Bündnis mit der KP Frankreichs gesucht und gefunden. Aber gerade diese Fraktionsgemeinschaft in Paris zwang bei der Programmdiskussion daheim in Afrika zur Betonung der Eigenart.

D'Arboussier stellt sich zunächst auf den Boden, den der damalige Chefideologe der KPdSU, Andrej Schdanow, 1947 zwecks Aussaat des Kalten Krieges bereitet hatte: die Welt zerfällt in zwei Lager, die sich geographisch durchdringen, das „demokratisch-antiimperialistische" auf der guten und das „imperialistisch-antidemokratische"[58] auf der bösen Seite. In Frankreich führt selbstredend das Proletariat im Lager der Guten, mit der KP als Avantgarde. In Afrika dagegen stellt d'Arboussier die Lage anders dar:

„... Auf Grund des beträchtlichen wirtschaftlichen Rückstands der afrikanischen Territorien ist das Proletariat dieser Länder außerordentlich schwach. Folglich ist – mehr noch als in anderen Kolonien – die Kolonialfrage in Französisch-Schwarzafrika grundsätzlich eine Bauernfrage. Mehr noch, infolge des absolut merkantilen Charakters der Ausbeutung der Bevölkerung und auf Grund der vom Kolonialismus benutzten Methoden direkter Verwaltung, tragen alle Klassen mehr oder weniger ungeduldig das imperialistische Joch, das auf ihnen lastet – einschließlich der jungen Bourgeoisie unserer Länder und der traditionellen Führer.

Deshalb sind in Schwarzafrika die wesentlichen aktuellen Ziele für alle Klassen und Schichten der Gesellschaft dieselben. Mehr noch, es wäre nicht richtig, der antikolonialen Befreiungsbewegung eine feste Organisation und strikte Disziplin auferlegen zu wollen . . ."

Damit hat d'Arboussier sich vom Leninschen Partei-Prinzip distanziert. Er knüpft sofort die populistische Schlußfolgerung an:

„. . . Diese Überlegungen rechtfertigen für die Verwirklichung der aktuellen Ziele der afrikanischen Massen

(a) die Organisation der Union aller Klassen, nicht einer politischen Partei als Ausdruck dieser oder jener Klasse;

(b) die Schaffung einer sehr breiten Massenbewegung, die gleichzeitig der Ausdruck der Masse und die Masse selbst ist, nicht einer politischen Partei als Avantgarde;

(c) die Anerkennung weitgehender Autonomie für die verschiedenen Territorien, Regionen und Ortsverbände, sowohl in den Organisationsformen wie in der Ausrichtung der Aktion der Bewegung.

Im Sinne dieser Grundsatzüberlegungen haben wir das Ziel und die Methoden der RDA beschlossen.

Das Ziel ist präzise: Befreiung (emancipation) unserer verschiedenen Länder vom kolonialen Joch durch Bekräftigung ihrer politischen, wirtschaftlichen, sozialen und kulturellen Persönlichkeit, und der freiwillige Beitritt zu einer Union der Nationen und Völker, gegründet auf Gleichheit der Rechte und Pflichten . . ."[59]

Der letzte Satz zielt auf die *Union Française,* eine Art Commonwealth, das die Verfassung der Vierten Republik anbot – faktisch jedoch nur jenen Kolonien in Indochina, wo man selbst in Paris die Uhr der Geschichte nicht mehr glaubte zurückdrehen zu können, keineswegs dem Schwarzen Afrika. Die afrikanischen Politiker bewegten sich jedoch innerhalb der „unteilbaren Republik" unbekümmert auf dasselbe Ziel zu – also keineswegs schlicht und folgsam auf die egalitäre Integration. Es handelt sich vielmehr um ein Kompromißangebot an die Kolonialmacht; aber auch damit distanzierten sie sich von ihrem anglophonen Nachbarn Nkrumah.

Die grundsätzliche Weichenstellung für Französisch-Schwarzafrika war hiermit erfolgt. Auch wenn die RDA sich nicht überall als führende Kraft durchsetzen konnte (dies gelang ihr an der Elfenbeinküste, in Mali, Niger und Guinea, in Tschad und bis zum Aufstandsversuch 1955 in Kamerun), auch wenn die RDA sich 1951 von der KPF trennte und der analytische Marxist Gabriel d'Arboussier daraufhin die RDA verließ: das Programm der Sammlung des ganzen Volkes ohne Rücksicht auf Klassen und Schichten blieb ebenso in Kraft wie die Kompromißbereitschaft gegenüber der Kolonialmacht, mit der einzigen tragischen Ausnahme Kamerun.

Die von den meisten anglophonen Politikern in Afrika (nicht nur von Nkrumah) als knieweich mißdeutete und deshalb verachtete Befreiungsbewegung in Französisch-Schwarzafrika erwies sich auf ihre Weise als genau so dynamisch wie die aufstrebenden politischen Kräfte Ghanas und Nigerias, und strukturell durchaus mit ihnen verwandt. Sie setzte mit den parlamentarischen Methoden, die dem *régime d'assemblée* der Vierten Republik angemessen waren, Schritt für Schritt ihre Interessen durch, konturierte dabei ihre kollektive „Persönlichkeit" und die individuellen Profile ihrer Führer in den einzelnen Territorien immer schärfer, bis 1958 der Sprung Frankreichs in das Präsidialregime der Fünften Republik die Afrikaner nachzuziehen zwang; da jetzt Staatschefs und nicht mehr Parlamentarier entscheiden mußten, war die logische Folge die staatliche Unabhängigkeit, wie das anglophone Westafrika sie schon früher gefordert hatte. („Seinen" Afrikanern hatte Großbritannien nie Mandate im Londoner Unterhaus angeboten.) Nur beim Vorpreschen Sekou Tourés in Guinea verursachte dieses Umschalten vom „freiwilligen Beitritt" zum Austritt aus dem französischen Staatsverband ein Zerwürfnis; in allen anderen Ländern Französisch-Afrikas leitete es nur eine andere Form intimer Zusammenarbeit ein.

Auf die Frage, welche neuen *innen*politischen Strukturen die unabhängigen Staaten Afrikas in die Lage versetzen würden, ihren Völkern eine optimale Entwicklung zu ermöglichen, und das hätte heißen müssen: eine Wirtschaft und Gesellschaft, die deutlich für die Mehrheit der Menschen besser gewesen wäre als in der kolonialen Vergangenheit – auf diese Frage wußten die frankophonen Politiker Afrikas, mit oder ohne Marx im

Hinterkopf, genau so wenig eine Antwort wie die anglophonen. Sie kopierten begeistert die Verfassung der Fünften Französischen Republik für ihre eigenen Unabhängigkeits-Verfassungen, wobei sie dazu neigten, die in Paris immerhin bewahrten Gegengewichte zur Machtfülle des Staatsoberhauptes wegzulassen. In der afrikanischen Verfassungswirklichkeit kam dabei die simple Diktatur heraus (gleich, ob „sozialistisch" oder „marktwirtschaftlich" orientiert), die Frankreich dank der politischen Kultur seines Volkes, einschließlich des Präsidenten De Gaulle, erspart blieb.

Wir haben die Sphäre der Programmatik afrikanischer Befreiungspolitik damit verlassen. Ein Blick auf die Praxis ihrer Organisation und Aktion ist angezeigt. Zum Verständnis der politischen Organisation hat Thomas Hodgkin bereits mitten in der Entkolonisierungsphase (1956) die Unterscheidung zwischen „Kongressen" (= „...locker geknüpfte, sogar amorphe Amalgame örtlicher und schichtenspezifischer Organisationen, gruppiert um den Kern der Exekutive oder einen Arbeitsausschuß") und „Parteien" (= „...eng geknüpfte, pyramidenförmige Strukturen, mit einer Basis von Ortsgruppen und Einzel-Parteimitgliedern")[60] eingeführt. Die Differenzierung bleibt gültig, obwohl sich bald herausstellen sollte, daß andere von Hodgkin postulierte Unterschiede zwischen den beiden Organisationstypen spätestens mit der staatlichen Unabhängigkeit gegenstandslos wurden. Insbesondere gilt das für die ursprüngliche Bereitschaft der „Parteien", sich als eben solche zu sehen, das heißt die legitime Existenz anderer, konkurrierender Parteien anzuerkennen. In historischer Sicht bleibt deutlich, daß die „Kongresse", indem sie Gruppen aus der Vergangenheit aufnahmen, ohne sie zu erdrücken, sich flexibler in den Fluß der Kontinuität afrikanischer Politik einfügten (auf den Jean-François Bayart in seiner Abhandlung von 1989 so energisch pocht), während die „Parteien" stärker den Drang nach zukunftsorientierter, neuer Politik verkörperten und damit auch bei neu in die Arena tretenden Schichten den meisten Erfolg verbuchten. Speziell die jungen, infolge ihrer von Jahr zu Jahr wachsenden Zahl immer häufiger arbeitslosen Absolventen (und „Abbrecher") der modernen Schulen, jene Leute also, die Nkrumahs politische Gegner im Ghana der 1950er Jahre verächtlich „Veranda Boys" nannten, weil sie vor den Häusern ihrer älteren, arrivierten Standes- und Volksgenossen herumlungerten, engagierten sich für „Parteien" wie eben Nkrumahs 1949 gegründete CPP *(Convention People's Party)*. Im zentralen politischen Anspruch, das ganze Volk zu repräsentieren, den wir oben aus den Schriften sowohl von Nkrumah als auch d'Arboussier zitiert haben, unterschied sich die CPP keineswegs von der frankophonen RDA; in der Folgezeit konstruierte der Landesfürst der Côte d'Ivoire (Houphouet-Boigny) seinen RDA-Territorialverband als typischen „Kongreß", der von Guinea (Sekou Touré) den seinigen als „Partei". Fazit: die Organisationsformen blieben modellierbar.

Fragen wir nach den Aktionsweisen der afrikanischen Befreiungsbewegungen, so verläuft die tiefste Zäsur sicher zwischen jenen, die bis zum Erfolg am politischen Prozeß des Dialogs, der Konfrontation und des Kompromisses mit der Kolonialmacht festhielten, die also „gewaltfrei" agierten (was harten Druck auf interne Widersacher nicht ausschloß), und jenen anderen, die zum „bewaffneten Kampf" schritten. Die historischen Tatsachen beweisen einhellig, daß afrikanische Befreiungsbewegungen des zweiten Typs in keinem Fall aus theoretischem Vorurteil (etwa einem „Blut-und-Eisen"-Mythos oder sektiererischer Interpretation der Marxschen Revolutions-Vorstellung) ihr „Volk ans Gewehr" riefen (für jüngere Leser: dies war der Refrain eines beliebten Nazi-Liedes). Immer wurden sie von der Kolonialmacht oder weißen Siedlern politisch in eine Ecke gedrängt, wo ihnen nur die Wahl zwischen Kapitulation und Krieg blieb.

Das gilt bereits für die ziemlich amorphe Protestwelle in Kenia um 1950, die sich vor allem bei den Kikuyu gegen den Raub ihres Landes (so sahen sie es) durch die weißen Farmer aufbäumte, sich vorwiegend althergebrachter Organisationsformen (Eidbünde) bediente, in Blutvergießen vor allem an Kollaborateuren mit der Kolonialmacht ausbrach und von den Briten mit der Chiffre *Mau Mau* bezeichnet wurde. Das gilt für die Handvoll radikaler Abweichler aus der etablierten, von Frankreich trickreich niedergehaltenen algerischen Unabhängigkeitsbewegung (nach 1945 als MTLD=„Bewegung für den Triumph der demokratischen Freiheiten" organisiert), die 1954 als Schützlinge Präsident Nassers den Aufstand auslösten und ihre *Front de Libération Nationale* (FLN) gründeten, die spätere Staatspartei (bis zu ihrer Wahlniederlage 1990) Algeriens. Das gilt für Angola, wo zum ersten Mal 1961 Befreiungsbewegungen die entkolonisierungs-unwillige Regierung Portugals herausforderten: die „Volksbefreiungsbewegung" MPLA, ursprünglich eher ein Akademikerclub, und die konkurrierende „Nationale Befreiungsfront" FNLA, ursprünglich Ausdruck der Loyalität zu dem alten, machtpolitisch längst abgewirtschafteten Bakongo-Königtum. Es gilt für Guinea-Bissau und Mozambique, Zimbabwe und Namibia, ANC und PAC Südafrikas gleichermaßen mit jeweiligen Varianten der historischen Wurzeln, der politischen Organisation vor dem Ausbruch des bewaffneten Kampfes, der Ideologie, der späteren militärischen und politischen Erfolgsbilanz. Es gilt auch für die von der Kolonialmacht noch einmal abgewürgten Aufstands-Versuche in anderen Ländern, von denen wir das Debakel der RDA-Landesgruppe in Kamerun (UPC= *Union des Populations du Cameroun)* 1955 bereits erwähnt haben. Die Niederwerfung der „Demokratischen Bewegung zur Erneuerung Madagaskars" (MDRM) 1947 ist ein weiteres Kapitel aus dem gleichen Buch.

Freilich erzwang der Krieg die Einhaltung der ihm eigenen Gesetze – auch von den afrikanischen Befreiungskämpfern. Zum Führen eines Kriegs, sei er auch ein „kleiner Krieg" (Guerrilla), braucht man Waffen, Munition, militärische Ausbildung, und ungeachtet aller Theorien über Kämpfer, die „im Volke schwimmen wie Fische im Wasser", braucht man Stützpunkte in erreichbarer Nähe zum Kriegsschauplatz, also in befreundeten Nachbarländern, „Anlehnungsstaaten" genannt. Gerade weil es daran fehlte, unterlagen die UPC in Kamerun, vorher schon die „Mau Mau" in Kenia und die MDRM auf Madagaskar.

Die Organisation der Afrikanischen Einheit (OAU) versprach zwar seit ihrer Gründung 1963, angetrieben von der im frischen Siegeslorbeer dastehenden Regierung Algeriens, allen gegen Kolonialherrschaft kämpfenden Befreiungsbewegungen des Erdteils ihre Unterstützung. Ja, die OAU machte die Bereitschaft zum „bewaffneten Kampf" geradezu zur Bedingung für ihre Anerkennung einer Befreiungsbewegung in einem noch abhängigen Land. Aber trotz aller Sitzungen des in Dar Es Salaam etablierten „Koordinations-Ausschusses für die Befreiung Afrikas", der sich besonderer Wertschätzung der gastgebenden Regierung Tanzanias erfreute, blieb es im wesentlichen bei Versprechungen. Die finanziellen Mittel des Befreiungsausschusses der OAU reichten für eine effektive Militärhilfe weder vor 1974 aus, als die Befreiungsbewegung aus den portugiesischen Kolonien Priorität beanspruchte, noch später. Denn die Regierungen der Mitgliedstaaten zeigten sich, von wenigen Ausnahmen abgesehen, sehr zögerlich bei der tatsächlichen Überweisung der vereinbarten Beiträge. Algerien und vielleicht noch andere afrikanische Staaten fernab von den Frontlinien gewährten zwar auch bilateral Militärhilfe an Befreiungsbewegungen. Die Hauptlast blieb eindeutig den „Frontstaaten" vorbehalten, die nicht nur Gastrecht für Stützpunkte einräumen, sondern in der Regel auch mit Flüchtlingsströmen aus den Kampfgebieten umgehen mußten, zusätzlich unter Repressalien der Portugiesen (Überfall auf Conakry/Guinea 1970), Rhodesier („Erfindung" der mozambikanischen Anti-Regierungs-Bewegung RENAMO) und besonders des militärisch potenten Südafrika litten. Der Süden Angolas wurde von 1978 bis 1989 im Krieg zwischen Südafrika und der SWAPO schlimmer verwüstet als der Norden des eigentlich umkämpften Namibia.

Effektive Militärhilfe für die Befreiungsbewegungen war auch bei den „Frontstaaten" nicht zu holen. Dafür stellten sich nur außerhalb Afrikas bestimmte Regierungen zur Verfügung: die Staaten des Warschauer Paktes, geführt von der Sowjetunion, unter besonderer Berücksichtigung Kubas, das ab 1975 Kampfverbände nach Angola und Äthiopien entsandte; die DDR stellte Regierungen „sozialistischer Orientierung" und entsprechender Befreiungsbewegungen (ANC, ZAPU, SWAPO) seit 1967 auch Ausbilder aus ihrer Staatssicherheit (MfS) für Aufklärung und Spionage-Abwehr zur Verfügung. [60a]

Wie es zur Allianz zwischem dem „Ostblock" und beispielsweise der SWAPO aus Namibia kam, hat Andreas Shipanga 1982 (damals schon SWAPO-Dissident nach jahrelanger Haft in Zambia und Tanzania) im Hearing eines amerikanischen Senats-Ausschusses geschildert:

„... Als ich 1963 mein Land verließ, zusammen mit vielen Landsleuten, waren wir von einer zwingenden Aufgabe motiviert: so viele Helfer wie möglich zu gewinnen für unseren Kampf um das Selbstbestimmungs- und Unabhängigkeitsrecht unseres Volkes. Entweder waren wir sehr naiv oder standen unter einer sonderbaren Illusion, aber bei den ersten Runden, die wir durch Dar Es Salaam machten, klopften wir an die Türen der westlichen Botschaften. Wir glaubten wirklich, daß es möglich wäre, die westlichen Demokratien davon zu überzeugen, daß unser Selbstbestimmungsrecht und unser Kampf gegen südafrikanische Herrschaft eine edle Sache ist, gerecht und ihrer Unterstützung wert. Alles, was wir antrafen, war offene oder nicht so offene Feindschaft und Verachtung von seiten der verschiedenen westlichen diplomatischen Missionen in Dar Es Salaam sowie ... in Léopoldville – jetzt Kinshasa –, Accra, Kairo und Algier.

Als ich zum ersten Mal 1966 nach London und Paris reiste, um unseren Fall den Außenministerien dieser Länder zu unterbreiten, war es noch schlimmer. Die Propaganda-Abteilung der südafrikanischen Regierung hatte ihre Hausaufgaben ernst genommen: kein Schwarzer, der von Unterdrückung und Ungerechtigkeit redet, ist sein eigener Mann – hinter ihm müssen die Russen stecken. So sagten sie, und der Westen stimmte zu.

... Am Ende waren es nicht die Sowjets oder Ostdeutschen (Kuba hatte um diese Zeit keine Botschaft in Dar Es Salaam), welche die Initiative ergriffen, mit uns Kontakt aufzunehmen. Wir taten den ersten Schritt. Wir baten sie um Unterstützung, hauptsächlich materielle, aber auch diplomatische ..."[61]

Was dann in den langen Jahren zwischen 1963 oder 1966 und 1985, als Gorbatschow das sowjetische Engagement im Südlichen und östlichen Afrika abzubauen begann, wirklich passierte, ist weitgehend bisher im dunkeln verblieben. Forschungszentren wie IISS (London) oder SIPRI (Stockholm) informieren regelmäßig über die Rüstungsanstrengungen aller Staaten dieser Erde; aber diese Quellen fließen dürftig bezüglich des Waffentransfers oder der Ausbildungshilfen an irreguläre Kampfverbände/Befreiungsbewegungen. Nur politisch ist seit spätestens 1969 klar, daß die Sowjetunion (ähnlich wie die OAU) ihre Hilfe nicht wahllos unter allen Antragstellern streute, sondern nach strikten Kriterien entschied, welche Befreiungsbewegung sie jeweils aus einem Land anerkannte und welche nicht. Moskau verfuhr dabei noch apodiktischer als die OAU. Während letztere sich im Falle von Südafrika nie getraute, endgültig zwischen ANC und PAC zu entscheiden, vielmehr beide Rivalen immer wieder und immer wieder erfolglos zur Versöhnung aufrief, ignorierte der Ostblock den PAC und konzentrierte alle Unterstützung auf den ANC. In Zimbabwe allerdings setzten die sowjetischen Experten auf das falsche Pferd – Joshua Nkomos ZAPU. Sie bestand den Test freier Wahlen 1980 nur beim Minderheitsvolk der Ndebele.

Zu der Zeit, als die Sowjetunion und die Volksrepublik China ihren Konflikt auf die Spitze trieben, führte die Moskauer Anerkennung eines Rivalen oft dazu, daß Peking nun seine Gunst dem anderen zuwandte, im Falle Südafrikas also dem PAC, Zimbabwes der (1980 siegreichen) ZANU, Namibias der SWANU anstatt der SWAPO. Aber das Chaos der sogenannten Kulturrevolution bewirkte, daß China noch weniger effektive Unterstützung leisten konnte als die OAU.

War der bewaffnete Kampf afrikanischer Befreiungsbewegungen erfolgreich? Keine von ihnen errang einen militärischen Sieg über eine Kolonialmacht. Wenn wir die drei von Vietnams Kriegshelden Vo Nguyen Giap definierten Phasen eines Befreiungskampfes zugrunde legen,[62] kam keine afrikanische Bewegung über die erste Phase hinaus, in der Kleinkrieg geführt wird, bei dem es vor allem darauf ankommt, die politisch-administrativen Bindungen der Bevölkerung an die Kolonialmacht zu durchtrennen – vorzugsweise durch Terror gegen Kollaborateure. Phase zwei, die Sicherung befreiter Gebiete, erreichten in Afrika nur die algerische FLN (in den *Anfangsjahren* ihres Krieges), allenfalls ZANU in Regionen Zimbabwes nahe der mozambikanischen Grenze; in solchen befreiten Gebieten hätte dann nach Giaps Lehre eine reguläre Truppe aufgestellt werden sollen (wie in Nord-Vietnam bereits ab 1950). Folglich gab es in Afrika auch keine konventionellen Offensiven aus befreiten Gebieten heraus (Giaps Phase drei), sondern nur auf günstige Jahreszeiten konzentrierte Guerrilla-Infiltrationen aus den Stützpunkten im Anlehnungsstaat über die Grenze hinweg. Nach dem wenigen, was wir wissen, war die sowjetische Ausbildungshilfe aber primär auf konventionelle Offensiven nach dem Muster des Zweiten Weltkriegs orientiert (Generale bereiten wohl meistens den vergangenen Krieg statt des künftigen vor), was ihren praktischen Wert einschränkte. Von der DDR gelieferte Rezepte zur Herstellung optimaler „Sicherheit", das heißt konkret zur Sicherung des Machtmonopols der jeweiligen Exil-Führung, scheinen sich gut bewährt zu haben. Besonders ruchbar wurde das Wirken der SWAPO-Sicherheit, die in den 80er Jahren mindestens tausend Aktivisten aus den eigenen Reihen als Spione Südafrikas verhaftete und folterte, auf daß sie weitere „Spione" verrieten, bis die Vereinten Nationen 1989 die Freilassung und Heimkehr der Überlebenden durchsetzten.[63]

Hätten die Exil-Führungen der Befreiungsbewegungen sich grundsätzlich anders verhalten können? Es war ihnen verwehrt, auf demokratische Weise um die Legitimation des Volkes nachzusuchen, das sie vertreten wollten. Der Kriegszustand förderte (das tritt ja auch ein, wenn demokratische Staaten Krieg führen) Auswucherungen des Gehorsams- und Sicherheitsdenkens und der Spionenfurcht; es ist anzunehmen, daß es wirklich südafrikanische Spione in den Reihen der SWAPO und des ANC gab. Manche Entartungen des bewaffneten Kampfes sind also kriegsbedingt, waren vielleicht unvermeidlich. Das ändert nichts daran, daß je länger der Krieg dauerte und je ferner die Aussicht auf Sieg rückte, desto mächtiger der Sicherheits-Apparat einer Befreiungsbewegung wurde, und je mehr dieser Dienst sich an seine Macht gewöhnte, desto fadenscheiniger mußten die Chancen für ein demokratisches politisches System nach der Befreiung werden.

Gesiegt haben die kriegführenden Befreiungsbewegungen Afrikas schließlich alle. Sie siegten genau an der gleichen Front wie ihre glücklicheren (nicht unbedingt a priori „gemäßigteren") Schwester-Organisationen, die auf gewaltfreien Wegen die Unabhängigkeit erreichen konnten. Der Sieg vollzog sich in der öffentlichen Meinung des kolonialen „Mutterlandes", ob nun im ruhigen Geschäftsgang Londoner Verfassungskonferenzen am Runden Tisch (letztes Beispiel für Zimbabwe im Lancaster House 1979), ob im hochdramatischen Spiel General de Gaulles gegen die eigene Armee, die (am Ende betrogenen) Algerien-Europäer und die FLN 1958-62, ob in der nicht minder dramatischen „Nelken-Revolution" Portugals 1974, die in einem Wurf mit dem Salazarismus auch die Kolonialkriege beseitigte. Auch in Südafrika verschliß der Machtbehauptungswille der weißen Minderheit im Machtzentrum selbst, unter P. W. Bothas Präsidialregime, bevor 1990 sein Nachfolger die Apartheid offiziell aufgab.

Wir reden hier nicht von historischen Zufällen, die afrikanischen politischen Organisationen Erfolge in den Schoß geworfen hätten, zu deren Erringung aus eigener Kraft sie unfähig gewesen wären. Es ist daran zu erinnern, daß der Appell an Europa seit jeher zum Arsenal afrikanischer Verteidigung gegen den Ansturm Europas gehört hat, vom Schutzbegehren des Königs von Lesotho an den englischen König im 19. Jahrhundert (Schutz vor den Buren) über das Einschalten sozialdemokratischer deutscher Reichstagsabgeordneter für die Interessen der kameruner Duala 1912, über das Bündnis der franko-afrikanischen RDA mit der KPF 1945–51, bis eben hin zum Paktieren der algerischen FLN mit De Gaulle 1962 und zum Knüpfen möglichst flexibler Netzwerke von Unterstützungs-Gruppen für die Befreiung des Südlichen Afrika in Westeuropa und Nordamerika in den 70er und 80er Jahren. Diese Art transnationaler Politik haben Afrikaner in aller Regel hervorragend gemeistert. Ob sie im Umgang mit den (Bundes-)Genossen im Ostblock, solange es den gab, ähnliches Fingerspitzengefühl bewiesen, werden wir vielleicht in Zukunft erfahren.

Die politische Aktion im eigenen Land zeugt bei denjenigen Befreiungsbewegungen, die gewaltfrei zum Ziele kamen, ebenfalls von Geschick und Anpassungsfähigkeit an die vorerst noch durch die Kolonialregierungen gesetzten Rahmenbedingungen. Sie spielten auf der Klaviatur westlicher Demokratie: Mitglieder-Rekrutierung für Parteien und Verbände, Demonstrationen, Streiks usw., vor allem Wahlkampagnen – mit leichten Variationen. Überall in West- und Ostafrika räumten Großbritannien und Frankreich nach 1945 schrittweise, zum Ende der 50er Jahre zügig, das allgemeine und gleiche Wahlrecht ein; Belgien allerdings wartete am Kongo 1960 bis fünf vor (oder nach?) zwölf. Aber während dieser demokratische Fortschritt Ende des 19., Anfang des 20. Jahrhunderts in Europa vor allem die industrielle Arbeiterschaft für politisch mündig erklärte, wurden in Afrika jetzt mehrheitlich Bauern wahlberechtigt, die nicht durch die moderne Schule der Kolonialzeit gegangen waren. Sie standen an manchen Stellen in einer sehr vernünftigen, reale Interessen spiegelnden Spannung zu den städtischen Wählern, die den Ursprung moderner afrikanischer Politik geprägt hatten. Aber diese Spannung wurde im Schwung des Aufbruchs zur Entkolonisierung fast überall bewältigt. So errang z.B. in Senegal von 1945 an Léopold Senghor sein Pariser Parlamentsmandat durch die Stimmen der frisch mit dem Wahlrecht ausgestatteten Bauern des Hinterlandes, und schon 1947 folgte der Bruch mit seinem politischen Ziehvater Lamine Guèye, dessen Hausmacht in den alten *Quatre Communes* lag. Aber Senghor war trotz seiner Selbstdarstellung als „Abgeordneter in Khaki" natürlich ebenso ein Intellektueller wie Lamine Guèye, und wie man auch über seine politische Leistung urteilen mag: eine revolutionäre Machtergreifung der Bauern Senegals war nicht ihr Inhalt.

Wir erwähnten bereits, daß die gewaltfreie Politik dieser Bewegungen gegenüber der Kolonialmacht einen Kampf mit harten Bandagen gegen interne Konkurrenten nicht ausschloß; die südafrikanische Region KwaZulu/Natal erleidet seit Mitte der

80er Jahre in diesem Zeichen blutige Unruhen auf der Schwelle zum Bürgerkrieg. Alle politischen Parteien (und die „Kongresse im Sinne Thomas Hodgkins erst recht) des spätkolonialen Afrika strebten danach, die Einheit des kolonisierten Volkes darzustellen. Rivalen waren in ihren Augen keine legitimen Partner einer demokratischen Politik, sondern wurden sofort als Marionetten oder gar *agents provocateurs* der Kolonialmacht verdächtigt. Es gab natürlich eine Reihe von Versuchen, die Befreiungsbewegung zu schwächen oder die angebliche Unfähigkeit der Afrikaner zu zielgerichtetem politischen Handeln zu „beweisen", indem man Potemkinsche Parteien förderte.

Die Kolonialregierung trat den Kolonisierten als geschlossener Block entgegen. Sie kannte im Prinzip keine Gewaltentrennung, sondern konzentrierte Exekutive, Gesetzgebung und Rechtsprechung im Gouverneur, vor Ort im Kreiskommandanten oder *District Commissioner* (man denke an „Sanders vom Strom" in Edgar Wallaces Kolonialromanen). Sie verschleierte vor den Augen der Afrikaner so dicht wie möglich den pluralistischen Meinungsstreit, der die Demokratie des „Mutterlandes" auszeichnete. Kein Wunder, daß Afrika dieser Erfahrung den Drang nach Einheit der Antikolonialbewegung entgegenstellte. Befreiungspolitik erforderte eine annähernd gleichgewichtige Akkumulation von Gegenmacht.

Aber es kann kein Zweifel daran bestehen, daß nicht alle politischen Parteien, die in den Rivalitäten der Entkolonisierung zu Grunde gingen, Marionetten der Europäer waren. Oft wurden bei der Durchsetzung einer Einheitspartei alte politische Rechnungen noch aus vorkolonialer Zeit beglichen (Ghana: Zerschlagung der mit der Aschanti-Konföderation verflochtenen Opposition gegen Nkrumah; Guinea: Demütigung der Fulbe-Aristokratie des Futa Dschalon durch Sekou Touré), an anderen Stellen spielten Elemente von Klassenkämpfen eine Rolle (Mali: Sieg der kleinbürgerlich bestimmten RDA-Landesgruppe über eine „Fortschrittspartei", die Interessen der ländlichen Notabeln vertrat);[64] die Furcht ethnischer Minderheiten vor einer Hegemonie der großen Völker bestimmte die erste Phase autonomer Politik in Kenia (die „Großen" sind die Kikuyu und Luo, die aber in Wirklichkeit nie einen geschlossenen politischen Block bildeten). Mit einem wenigstens scheinbar funktionsfähigen Mehrparteien-System gingen nur wenige Länder Afrikas um 1960 in die Unabhängigkeit, vornehmlich Nigeria, Senegal und Uganda. Die heillose parteipolitische Zersplitterung in Zaire beim überstürzten Abzug der Belgier wirkte von Anfang an als abschreckendes Beispiel.

Idealtypisch stellt sich die gewaltfreie Nationale Befreiungsbewegung eines afrikanischen Landes um das Jahr 1960 als eine dominierende politische Partei dar, geführt von städtischen Intellektuellen. An der Spitze steht ein Führer, zu beständiger Festigung seiner Macht geneigt. In freien und geheimen Wahlen verbucht die Partei Erfolge auch bei der Masse der Bauern. Sie organisiert in Gestalt von Frauen- und Jugendverbänden, von Gewerkschaften Transmissionsriemen (Lenin läßt grüßen, auch wo keine Spur marxistischen Ideenguts existiert) in die jeweiligen Schichten der Gesellschaft. Diese Führungspartei arbeitete mit den Behörden der Kolonialmacht umso vertrauensvoller zusammen, je deutlicher den letzteren bewußt war, daß sie nur noch dabei waren, ihren geordneten Abzug zu organisieren. Die Führung der dominierenden Partei verfügte als eine Regierung im Wartestand, oder als bereits amtierende Regierung mit begrenzter Autonomie (dies war typisch für die britischen Kolonien) über einen gewissen Zeitraum, sich in das Geschäft der politischen Verantwortung einzuarbeiten. Ob der Zeitraum, ob das ganze Modell der Übertragung von Staatsgewalt ausreichend war, um Entwicklung und Befreiung der kolonisierten Menschen über das bloße Hissen einer neuen Flagge hinaus zu garantieren, mußte die Zukunft lehren.

5. Die Einpartei-Regime

Schon 1962, knapp nach dem „Afrika-Jahr" 1960, gab Gwendolen M. Carter in USA ein Sammelwerk mit dem Titel *African One-Party States* heraus. In der Tat, auf dem ganzen soeben entkolonisierten Kontinent dominierte alsbald, von Algier bis (zunächst) zum Sambesi, eine spezifische Verfassungswirklichkeit – das Einpartei-System. Freilich mußte Afrika nicht auf das Jahr 1960 warten, um diese politische Erfahrung zu machen. In der Republik Liberia, die sich schon seit dem 16. Juli 1847 als souveräner Staat verstand (was sie nicht hinderte, wirtschaftlich genau so abhängig vom Ausland zu sein, wie der Rest Afrikas es später werden sollte), errang die *True Whig Party* (TWP) 1870 zum ersten Mal die Präsidentschaft – und 1878 endgültig, bis zur Niedermetzelung des Präsidenten William R. Tolbert durch den putschenden Feldwebel Samuel K. Doe im April 1980. Die TWP rekrutierte sich aus der herrschenden Schicht der »Ameriko-Liberianer«, also der Nachkommen freigelassener USA-Sklaven; ob man sie nun eher als soziale Klasse oder als Ethnie anspricht, ist meines Erachtens ein Problem des Vokabulars. Geschichtlich wichtig ist dagegen, daß keineswegs alle Ameriko-Liberianer über 100 Jahre treue TWP-Loyalisten waren, obwohl sie insgesamt nur 1–2% der Bevölkerung ausmachten, was für eine herrschende Schicht ein ungemütlich schmaler Anteil ist. Vielmehr gab es mehrfach Versuche, unter den Ameriko-Liberianern Oppositionsparteien gegen die TWP zu bilden, zuletzt bei den Wahlen von 1951 und 1955 und ab 1970. Die TWP behauptete sich vor allem unter Einsatz des Staatsapparats: Jeder Beamte mußte Parteimitglied sein. Die Ausdehnung des Wahlrechts auf die männlichen Einwohner des Hinterlandes 1944, auf die Frauen 1947 schadete der Einpartei-Herrschaft keineswegs; die „unterprivilegierten Massen" der Afro-Liberianer erwiesen sich nicht als aufbegehrende Demokraten, sondern als devote Klienten der Machthaber.

Nun kann niemand behaupten, die Führer der antikolonialen Befreiungsbewegungen Afrikas nach 1945 hätten in Liberia so etwas wie ein politisches Vorbild gesehen; erst nach der Unabhängigkeit ihrer eigenen Länder, dann allerdings sehr rasch, reichten die „revolutionären" Staatschefs von Ghana und Guinea, Kwame Nkrumah und Sekou Touré, dem liberianischen Präsidenten Tubman die panafrikanische Freundschaftshand.[65] Die Konservierung wirtschaftlicher Abhängigkeit durch ein innenpolitisches Machtmonopol war sicher nicht das Wunschziel eines Nkrumah oder Touré. Dennoch bleibt Tatsache, daß Liberia das Einpartei-System des nachkolonialen Afrika in vieler Hinsicht vorwegnahm.

Zwei Ziele spornten Afrika zum Einpartei-System an: erstens die Umpolung der dominierenden, im Idealfall alle Kräfte des einheimischen Volkes bündelnden antikolonialen Befreiungsbewegung auf eine Dynamik wirtschaftlich-sozialer „Entwicklung", das heißt Nachvollzug des westeuropäisch-nordamerikanischen Wohlstandes; zweitens der Schutz des frischgebackenen Staates vor regionalistischen, gar sezessionistischen Tendenzen. Stichworte und Stichdaten sind Südsudan (1955), Katanga (1960), Biafra (1967). Diese Krisenherde bildeten sich in Staaten, die mit einem mehr (Nigeria) oder weniger (Zaire) erprobten Mehrparteien-System in die Unabhängigkeit gelangt waren; zum Biafrakrieg kam es allerdings erst nach dem Zusammenbruch der Demokratie in Nigeria unter zwei Militärputschen. Beide Ziele, „Modernisierung" und „Anti-Tribalismus", wurden unter der Chiffre *nation-building* zusammengefaßt.

Wir kennen mehrere Varianten des Übergangs zum Einpartei-System: dekretierte Unterdrückung anderer Parteien am Tage der Unabhängigkeit z.B. in Algerien, wo es die Kommunistische Partei traf. Allerdings hatte sie ihre Anhänger zum erheblichen Teil unter den Algerien-Franzosen, die jetzt 1962 fluchtartig das Land verließen. Vorausgegangen war in den Kriegsjahren die physische Vernichtung der gegen die FLN

opponierenden (und zeitweilig vor allem unter den Arbeits-
emigranten in Frankreich stark vertretenen) Gefolgschaft des
Urvaters der Nationalbewegung, Messali Hadj – ab 1954 im
Mouvement National Algérien (MNA) organisiert.

Unter jenen Ländern, die sich gewaltfrei befreien konnten,
verdient Tanzania Beachtung. Hier (auf dem Festland) errang
die *Tanganyika African National Union* (TANU), geführt von
Julius Nyerere, bei ersten allgemeinen Wahlen unter kolonialer
Kontrolle (1958/9) 28 von 30 Mandaten, und unmittelbar vor
der Unabhängigkeit (1960) 70 von 71. Hier etablierte das Volk
sein Einpartei-System freiwillig mit dem Stimmzettel – allerdings nach britischem Mehrheitswahlrecht, das bekanntlich
politische Minderheiten schwer diskriminiert. Immerhin gewann die TANU in den (nur) 13 Wahlkreisen, wo sie 1960
überhaupt auf Konkurrenz stieß, 82,8% der Stimmen, die par-
teipolitisch organisierte Opposition 0,6%, und 16,9% entfielen
auf unabhängige Kandidaten.[66]

Auch wenn andere afrikanische Staaten, wie erwähnt, mit einem parlamentarisch manifestierten Mehrparteien-System unabhängig wurden, stellte doch auch dort in der Regel eine stark
überwiegende Führungspartei die Regierung und erhob früher
oder später den Anspruch, Einheitspartei zu werden. In Guinea hatte Sekou Tourés RDA-Landesverband, der *Parti
Démocratique de Guinée* (PDG), die Territorialwahlen Ende
März 1957 bei 55,7% Wahlbeteiligung mit 74% der Stimmen
gewonnen, 56 von 60 Mandaten eingeheimst. Die vorher zersplitterte Opposition scharte sich 1958 zu einer gemeinsamen
Partei zusammen. Sie besaß einen regional-ethnisch-klassen-
bewußten Kern bei der Fulbe-Aristokratie des Futa-Dschalon-
Hochlandes. Nach dem Bruch mit Frankreich und der Unab-
hängigkeits-Erklärung vom 2. Oktober 1958 löste sich diese
Partei auf, ihre Führer nahmen Ministerposten an.[67]

In Ghana, das unter Kwame Nkrumah weithin als Modell
des afrikanischen Einpartei-Systems galt, verteidigte sich die
organisierte Opposition tatsächlich viel hartnäckiger als in
Guinea. Im Juli 1956 fanden dort die letzten Parlamentswahlen
vor der Unabhängigkeit statt. In 99 von 104 Wahlkreisen gab

es rivalisierende Kandidaten, nur in den restlichen 5 blieb die regierende CPP ohne Opposition; die Opposition selbst bestand im wesentlichen aus dem *National Liberation Movement* (NLM) unter K. A. Busia. Die Wahlen hatten folgendes Ergebnis:[68]

Region	Registrierte Wähler	Stimmen		Mandate	
		CPP	Oppos.	CPP	Oppos.
Süden	514.065	179.024	42.602	44	0
Aschanti	389.153	96.968	127.601	8	13
Togo	197.195	55.508	46.076	8	5
Norden	359.330	66.641	82.837	11	15
insgesamt	1459.743	398.141	299.116	71	33

Es handelte sich also in Ghana 1956 um einen vornehmlich regional (die CPP sagte natürlich „tribalistisch") bestimmten Parteien-Gegensatz, wodurch denn auch die föderalistische oder unitarische Verfassung zum Haupt-Wahlkampfthema – und im Sinne der siegreichen CPP zugunsten des Zentralismus entschieden wurde. Bald nach der 1957 erreichten Unabhängigkeit setzte Nkrumahs Druck auf die Abgeordneten der Opposition ein, zur CPP überzulaufen; 1964 waren nur noch 7 oppositionelle Parlamentarier übrig geblieben, in diesem Jahr führte Nkrumah offiziell das Einpartei-System ein.

Gabriel d'Arboussier, von dem wir wissen, daß er sich bei Lenin besser auskannte als die meisten afrikanischen Politiker seiner Generation (vielleicht besser als Nkrumah, dem man nachsagt, daß „Ghostwriter seine theoretischen Schriften verfaßten), differenzierte schon unmittelbar nach 1960 sorgfältig, wenn er von Afrikas Einheitsparteien sprach. Für ihn gab es erhebliche Unterschiede, fast wie zwischen Tag und Nacht, zwischen einem *parti unifié* oder *parti dominant* (sein Beispiel war in der Regel Senegal, dem er damals als Minister und später als Botschafter diente) und einem *parti unique:*

„... Der *parti unique* vertritt die Ideologie und die Interessen einer bestimmten Klasse, die sich den anderen total *(sans partage)* aufzwingt; der *parti dominant* vertritt die Mehrheit oder die Quasi-

Einstimmigkeit des Landes, läßt aber die Existenz anderer Ideologien und von Oppositionsparteien zu ... Dem *parti unique* entspricht notwendig die Diktatur einer Klasse, dem *parti dominant* entspricht das demokratische Gesetz der Mehrheit ..."[69]

Das klingt gut, und es lassen sich inner- wie außerhalb Afrikas einige Beispiele finden, wo das Ideal d'Arboussiers von einer toleranten Führungspartei, die auf Dauer regiert und dennoch politischen Pluralismus zuläßt, konkrete Gestalt gewann: Botswana, Bayern, seit 1990 Namibia und natürlich das Neue Südafrika... In Senegal selbst überzeugt die Bilanz der real existierenden Führungspartei weniger, wie wir an späterer Stelle betrachten müssen, wenn von Afrikas Suche nach einem Rückweg zur Demokratie die Rede sein wird. Allzu groß kann die Versuchung für die Regierenden an der Spitze einer massiv überlegenen Führungspartei werden, das zu praktizieren, was an anderer Stelle der Dritten Welt (Sukarnos Indonesien) in den 1950er und 60er Jahren „gelenkte Demokratie" hieß; nämlich aus dem Gewirr der Oppositionsgruppen „die Guten ins Töpfchen" zu tun, d.h. den Anpassungswilligen Posten (siehe Guinea 1958), eine Art Block-Koalition oder anders formulierte Vereinnahmung anzubieten, „die Schlechten ins Kröpfchen" der Gefängnisse oder des Exils oder ins politische Abseits verschwinden zu lassen.

Andere afrikanische Führer der ersten Stunde wollten ihren Völkern, der Außenwelt (und sich selbst wider besseres Fühlen?) das Einpartei-System schmackhaft machen, indem sie innerparteiliche Demokratie zusicherten. Gerade weil die Partei das ganze Volk ohne Unterschied von Klassen oder Ethnien anspreche, ja mit dem Volke identisch sei nach Kwame Nkrumahs berühmter Formel „... Die CPP ist Ghana, und Ghana ist die CPP",[70] kämen ja auch alle Meinungen innerhalb der Partei zum Ausdruck. Nun stimmt es, daß gerade in der ghanaischen CPP (mindestens) vom Tage der Unabhängigkeit an bis zu dem Tage, an dem Nkrumah gestürzt wurde, Meinungsverschiedenheiten, ja Meinungsstreit zwischen zwei Fraktionen herrschte, die oberflächlich als sozialistisch und antisozialistisch identifiziert werden. Aber dadurch wurde die

Entscheidungsfindung in der CPP und in Ghana keineswegs demokratischer, sondern noch autoritärer als (vielleicht) früher, da Nkrumah willkürlich und in raschem Wechsel die eine gegen die andere Fraktion auszuspielen pflegte; jeder andere Regierungschef in seiner Lage hätte vermutlich das gleiche getan, solange nichts (wie z. B. eine von der Staatsgewalt ernstgenommene Verfassung) und niemand ihn gezwungen hätte, sich dem Votum einer freien und geheimen Wahl zu stellen.

Sekou Touré ging in seinen Anfängen als Präsident des unabhängigen Guinea sogar so weit, die Partei gegen den Untertanengeist aufzustacheln, der als Erbe der Kolonialzeit in der Verwaltung herrschte. Es klingt fast wie eine Vorwegnahme von Maos Appellen zur „Kulturrevolution" einige Jahre später (sie hetzten freilich eine amorphe Jugend gegen Verwaltungs- *und* Parteikader auf), wenn Touré am 7. Januar 1962 sein Volk im Radio belehrte:

„... Eine Verwaltung, die sich von den Bürgern isoliert oder sie zu beherrschen versucht, muß mehr und mehr gegen eine Verweigerung der Zusammenarbeit und dann gegen die Feindschaft des Volkes ankämpfen. Das ist ein Teufelskreis, wo die schlecht eingesetzte Autorität mehr und mehr auf Gewaltmethoden zurückgreifen muß, die Mißtrauen und Opposition im Volk nur verstärken ... Die Partei muß immer der Verwaltung voraus sein. Sobald sie sich in einem Dorf oder einer Region von der Verwaltung überholen läßt, verliert sie faktisch ihren Vorrang, und diese Lage führt zu ständigen Autoritätskonflikten zwischen Partei und Verwaltung ... Was würde passieren, wenn unsere *Conseillers Généraux* aus politischer Schwäche ins Schlepptau der Regionskommandanten gerieten? Was würde geschehen, wenn unsere Dorfräte unter die Fuchtel der *Chefs de Poste* kämen? ... Die leitenden Organe unserer Komitees und Sektionen müssen sich fähig zeigen, zu jedem Zeitpunkt und unter allen Umständen die Diktatur des Volkes zu praktizieren, indem sie dem Volksinteresse und dem Wohlergehen der werktätigen Massen den Vorrang verschaffen.
Das Volk besitzt für sich allein mehr Gerechtigkeit, Vernunft, Intelligenz und Weisheit als dieser oder jener Amtsträger; diese Erfahrung haben wir sehr oft gemacht ..."[71]

Das waren Erfahrungen der „Kampfzeit" gegen die Kolonialregierung. Sie ohne weiteres umzupolen auf die Innenpolitik eines selbständigen Einpartei-Staates, gelang freilich nirgends und in Guinea schon gar nicht. Der von Sekou Touré hier beispielhaft artikulierte Populismus, nämlich das schlichte Vertrauen auf höchste Werte in der Brust eines mythischen „einfachen Menschen aus dem Volk", reicht nicht als Basis für ein politisches System mit menschlichem Antlitz. Sekou Touré hielt die Rundfunkrede, aus der wir zitierten, als Auftakt einer Serie wöchentlicher Ansprachen direkt an sein Volk kurz nach der Unterdrückung der ersten „Verschwörung" gegen sein Regime, angezettelt angeblich von linksradikalen, aus dem Ostblock ferngesteuerten Lehrern; später wurden laufend neue Komplotte „aufgedeckt", umso öfter, je stärker der Präsident seine Macht bedroht fühlte. 1970 war der bundesdeutsche „Imperalismus" der Bösewicht. 1976 forderte eine „Fulbe-Verschwörung" viele Menschenleben, darunter das von Diallo Telli, der nach Ablauf seiner Amtszeit als Generalsekretär der OAU heimgekehrt war. Um diese Zeit verließ Sekou Touré sich längst nicht mehr auf die 1962 beschworene eigenständige Wächterrolle der Partei, er regierte vielmehr mit dem probaten Instrument der Geheimpolizei.

Nicht viel anders verlief die Entwicklung der meisten Einpartei-Systeme. Ob diese Parteien in der antikolonialen Befreiungspolitik einst tatsächlich dynamische Massenorganisationen politisch mobilisierter Völker waren, oder ob sie nach der Machtergreifung eines bestimmten (dann oft militärischen) Führers von oben her konstruiert wurden wie das *Mouvement Populaire de la Révolution* (MPR) Mobutus in Zaire seit 1967, nach seinem Vorbild wiederum das *Rassemblement du Peuple Togolais* (RPT) Eyademas: bestenfalls gelang es, parallele und rivalisierende Apparaturen von Staat und Partei zu schaffen, was natürlich die Chancen treuer Klienten der Macht verdoppelte, eine Pfründe zu ergattern. Politische Kontrolle der Bürokratie durch eine Einheitspartei kam nirgends zustande. Thomas Hodgkin konnte 1961 noch von den afrikanischen Befreiungsbewegungen, die sich anschickten, in die Rolle von Machtapparaten der neuen Staaten überzuwechseln, schreiben:

„. . . Afrikanische Massenparteien sind politische Systeme hochkomplexer Art. Das einfache Etikett ‚autoritär‘ ihrer Kritiker ist ebensowenig geeignet, sie zu beschreiben, wie das einfache Etikett ‚demokratisch‘ ihrer Freunde . . . Eine Partei, die in einem bestimmten Stadium ihrer Entwicklung eine starke ‚demokratische‘ Tendenz zeigt – in dem Sinne, daß Ortsgruppen, Regionalorgane, Gruppen innerhalb der Partei und Organisationen an ihrem Rand sich beträchtlicher Handlungsfreiheit erfreuen –, mag in einem anderen Stadium einen eher ‚autoritären‘, hochzentralisierten Charakter erwerben.“[72]

Wenige Jahre später wurde klar, daß Hodgkin eine Einbahnstraße beobachtet hatte. Alle Einpartei-Regime wurden zunehmend und unwiderruflich autoritär. Ebenso fortschreitend und unwiderruflich verloren die Einheitsparteien ihre Dynamik. Das von ihnen angeblich verkörperte Volk, gerade die legendären „einfachen Menschen“, sagten der „Mobilisierung“ Ade und kehrten der Politik den Rücken. Staat und Partei wurden ihnen gleichgültig – wenn nicht verhaßt. Frantz Fanon, Theoretiker des algerischen Befreiungskrieges, hat diesen Vorgang schon 1960 im unabhängigen Afrika beobachtet (speziell in Ghana, wo er die FLN diplomatisch vertrat) und vor ihm gewarnt:

„. . . In der Kampfzeit für die Unabhängigkeit existierte wohl eine Partei, geleitet von dem heutigen Führer. Seitdem aber ist diese Partei erbärmlich zerfallen. Nur noch die Form der Partei existiert, ihr Name, Wappen und Wahlspruch. Die lebendige Partei, die eine freie Zirkulation eines Denkens ermöglichen müßte, das von den realen Bedürfnissen der Massen ausgeht, hat sich in ein Syndikat individueller Interessen verwandelt. Seit der Unabhängigkeit hilft die Partei nicht mehr dem Volk, seine Forderungen zu artikulieren, sich seiner Bedürfnisse besser bewußt zu werden und seine Macht besser zu begründen. Heute ist es Aufgabe der Partei, dem Volk die Instruktionen, die von oben kommen, mitzuteilen. Das fruchtbare Hin und Her von der Basis zur Spitze und von der Spitze zur Basis, das in einer Partei die Demokratie begründet und garantiert, gibt es nicht mehr.“[73]

Noch erheblich schärfer ging 1965 in einer Vorlesungsreihe der aus der Karibik (also der afrikanischen Diaspora) stammende Wirtschaftswissenschaftler W. Arthur Lewis mit den Einpartei-Systemen ins Gericht, die natürlich jeden Vergleich mit europäischen Diktaturen weit von sich wiesen und in vielen Varianten behaupteten, arteigene afrikanische Demokratie zu verkörpern. Lewis' Fazit:

„... Die Einheitspartei versagt vor ihrem höchsten Anspruch, daß sie nämlich das geeignete Werkzeug für den Ausgleich regionaler Unterschiede sei. Aber sie würde auf jeden Fall versagen, auch wenn die regionalen Unterschiede gering wären. Die Menschheit hat eine Fülle von Erfahrungen mit diesem System; es gibt keinen Grund, warum es Westafrika weniger Unglück bringen sollte, als es den anderen Ländern brachte, die es ausprobiert haben ...

Sekou Touré ist der Hauptvertreter der Philosophie von der Partei *über alles* (deutsch im englischen Text, F. A.). Er identifiziert die Partei mit dem Volk ... Nkrumah (oder eher seine Parteiphilosophen, die fast alle Marxisten sind) definiert seine Partei als Vertretung nicht des ganzen Volkes, sondern nur der Massen gegen die Unterdrücker ...

Die ideologischen Ursprünge von alledem sind uns durch und durch vertraut. Es ist der Rohstoff des europäischen Totalitarismus. Die Einheitspartei, die das ganze Volk vertritt, ist der faschistische Zweig; die Einheitspartei, die nur die Unterdrückten vertritt, ist der kommunistische Zweig ...“[74]

Diese Ohrfeige eines angesehenen Akademikers fand damals kaum Beachtung. Der Vergleich afrikanischer Einpartei-Systeme mit dem europäischen Faschismus blieb für die Politiker Afrikas und für die Kommentatoren im Norden tabu. Lieber sprach man in der sozialwissenschaftlichen Literatur von der Differenzierung afrikanischer Politik in *mobilization systems* (z.B. Ghana, Guinea), *reconciliation systems* (z.B. Tanganjika, Senegal, Elfenbeinküste) und *modernizing autocracies* (z.B. Äthiopien unter Kaiser Haile Selassie), und war großzügig bereit, alle drei Typen dem Oberbegriff „Demokratie" zuzuweisen,[75] oder man gab sich mit den fadenscheinigen Entschuldigungen zufrieden, warum eine „Westminster-Demokratie" leider in Afrika nicht funktionieren könnte, weshalb „Erziehungs-" oder „Entwicklungs-Diktaturen" unvermeidlich wären.[76] Gute und schlechte Regime Afrikas wurden natürlich unterschieden, aber kaum nach Kriterien der inneren Freiheit, Rechtsstaatlichkeit oder auch Akzeptanz durch das Volk, sondern vorwiegend nach der außenpolitischen Orientierung pro-

West oder pro-Ost und nach der damit zusammenhängenden Öffnung oder Verschlossenheit für fremdes Privatkapital; die Theoretiker der „freien Welt" und des Sowjet-Marxismus kamen dabei sicher zu gegensätzlichen Beurteilungen, aber sie arbeiteten nach identischen Schemata.

Ernsthafte Mühe, seine Einheitspartei wirklich zu demokratisieren, nämlich dem Volk ein organisiertes Mitspracherecht wenigstens bei der Auswahl der Menschen einzuräumen, die Politik machen sollten, hat sich (vielleicht übersehe ich einige andere, die es auch versuchten) über eine längere Zeitspanne nur ein Staatschef gegeben: Julius Nyerere in Tanzania. Wie erwähnt, etablierte hier wirklich das Volk vor der Unabhängigkeit an den Wahlurnen die TANU als einzige Partei. Auf der Basis dieses Vertrauens, wenngleich erschüttert durch eine Soldatenmeuterei Anfang 1964, die keineswegs durch Widerstand des Volkes oder der Partei, sondern durch britisches Militär niedergeschlagen wurde, setzte Nyerere zu Erläuterungen an, warum das Einpartei-System in die Verfassung geschrieben werden solle. Schon im Januar 1963 wies Nyerere die TANU auf diesen Weg und machte sich dabei über das Zwei-Parteien-System des ehemaligen „Mutterlandes" Großbritannien lustig:

„... Schließlich haben wir es aus sehr zuverlässiger Quelle, daß ein Haus, das in sich selbst gespalten ist, nicht bestehen kann! Deshalb ist es gewiß Aufgabe der Verfechter des Zwei-Parteien-Systems, ihre Sache überzeugender zu beweisen. Es genügt nicht, wenn sie einfach darauf pochen, es sei demokratischer als ein Einpartei-System, und dann erschrecken, wenn wir ihnen zu widersprechen wagen!

Mein Argument ist: ein Zwei-Parteien-System kann nur gerechtfertigt werden, wenn die Parteien in einer Grundsatzfrage uneinig sind ... Hat man dagegen ein Zwei-Parteien-System, wo die Unterschiede zwischen den Parteien *nicht* grundsätzlich sind, reduziert man sofort die Politik auf das Niveau eines Fußballspiels. Natürlich kann ein Fußballspiel einige sehr fähige Spieler anlocken; es mag auch unterhaltsam sein. Aber es ist doch nur ein Spiel, nur die glühendsten Fans (und das sind üblicherweise nicht die intelligentesten) nehmen das Spiel sehr ernst. Tatsächlich ähnelt das dem, was heute in vielen sogenannt demokratischen Ländern geschieht, wo manche hochintelligente Mitglieder der Gesellschaft den Geschmack an der Heuchelei der Parteienspiele verlieren, die man Politik nennt . . ."[77]

Im Januar 1964 wurde eine Studienkommission unter Vorsitz des damaligen Vizepräsidenten von Tanganjika, Rashidi Kawawa, berufen; ihr gehörte auch Roland Brown an, ein britischer Jurist, damals *Attorney-General,* also höchster juristischer Berater der Regierung. Die Kommission legte am 22. März 1965 ihren Bericht vor. Kein Wunder – sie empfahl die offizielle Festschreibung des Einpartei-Systems in der Verfassung. Welchem Typ einer Partei sollte TANU entsprechen? Die Kommission votierte klar für den Typ „Partei des ganzen Volkes" (W. A. Lewis sollte ihn noch im selben Jahr dem Faschismus zuordnen):

„. . . Manchmal wird argumentiert, die Partei solle sich in dem neuen Kontext als eine Elitegruppe sehen, als eine Minderheit ideologisch verpflichteter Menschen, die von oben her die notwendige Führung liefern, um die träge Masse der Gemeinschaft zu aktivieren. Welche praktischen Vorteile das auch im Sinne dynamischer Führung haben mag, wir weisen diese Sicht der Partei und ihrer Rolle entschieden zurück. Wir sehen darin einen Widerspruch zu demokratischen Grundsätzen, insbesondere mit dem Prinzip der Demokratie, wie die traditionelle afrikanische Gesellschaft es versteht. Wir sehen TANU nicht als Elite-, sondern als Massenpartei, durch die jeder Bürger guten Willens am Regierungsprozess teilnehmen kann . . ."[78]

Was aber ist das, ein *citizen of goodwill?* Eine Mehrheit der von der Kommission befragten Tanzanier hatte gefordert, Aufnahme in die TANU von einer Verpflichtung auf die Grundsätze des TANU-Programms abhängig zu machen. Dieser Text, wie er 1965 stand, huldigte zwar in § 2 der „Würde des Einzelnen in Übereinstimmung mit der Allgemeinen Erklärung der Menschenrechte", legte TANU aber schon in § 3 auf eine „demokratische und sozialistische Regierungsform" fest. Wer würde die TANU in Zukunft hindern, ihre Mitglieder noch rigider auf eine Ideologie einzuschwören, wie es dann ja alsbald 1967 mit der berühmten *Arusha Declaration* geschah? Eine Einheitspartei, die das ganze Volk repräsentieren will und dabei Loyalität zum Parteiprogramm fordert, ist ein

Widerspruch in sich. Das wollte aber 1965 in Tanzania niemand wahrhaben – und ebensowenig in Jugoslawien oder Guinea; das waren die beiden einzigen Staaten, in denen sich jeweils ein tanzanisches Kommissionsmitglied umgeschaut hatte, um von der Praxis eines bereits etablierten Einpartei-Systems zu lernen!

Von Julius Nyerere wird aus späteren Jahren apokryph der sarkastische Stoßseufzer kolportiert, es sei doch schwer, den Sozialismus in einem Land aufzubauen, wo es nur einen einzigen Sozialisten gebe! Dieses Wort beleuchtet die Wirklichkeit des tanzanischen Einpartei-Systems besser als das (subjektiv ehrliche und wohlmeinende) Dokument der Studienkommission; wie sich später zeigen sollte, gilt es genau so für Guinea, für Jugoslawien und nicht nur für diese zwei.

Die Probe aufs Exempel tanzanischer Einpartei-Demokratie überzeugte dennoch im ersten Anlauf zurückhaltende Beobachter. Der Kommissionsbericht schlug vor, und das prompt dazu erlassene Regierungspapier akzeptierte, daß künftig die Abgeordneten des Parlaments (zunächst nur auf dem Festland, nicht in Sansibar) vom Volk in offener Konkurrenz zwischen (in der Regel) zwei Kandidaten gewählt würden; beide Konkurrenten sollten von der zentralen Parteiführung aus der möglicherweise größeren Zahl örtlicher Vorschläge ausgewählt und hinsichtlich der Mittel ihres Wahlkampfes strikt gleichgestellt werden. Symbole ihrer Kandidatur (wichtig für analphabetische Wähler) durften sie nicht selbst aussuchen, vielmehr wies ihnen die Partei entweder das Haus oder die Hacke als Symbol zu. Niemand nahm Anstoß an dem zugrunde liegenden Wahlverfahren – wie in fast allen ehemaligen britischen Kolonien war es die relative Mehrheitswahl im Einmann-Wahlkreis britischen Typs.

So wählte Tanzania im September 1965 (nur auf dem Festland) zum ersten Mal sein Parlament im Einpartei-System. Das um diese Zeit äußerst lebhafte internationale akademische Interesse für Tanzania produzierte eine detaillierte, auf umfangreicher empirischer Forschung beruhende Wahlstudie. Eine Meinungsumfrage in Dar Es Salaam zeigte ein erhebliches Maß von Demokratieverständnis, aber auch von Skepsis über die politische Praxis: Auf die Frage „Waren Sie zufrieden, daß die Abstimmung geheim war?" antworteten 80% mit Ja, nur 2% mit Nein (4% gaben keine Antwort, 14% bekannten sich als Nichtwähler); auf die Frage „Glauben Sie, daß es dem Durchschnittsbürger Tanzanias hilft, seine Regierung zu beeinflussen, wenn er bei den Parlamentswahlen abstimmt?" gaben nur 57% Ja zur Antwort, 13% Nein, 25% „ich weiß nicht", und 5% gaben keine Antwort.[79] Die Befragten wurden weiterhin mit einer Liste möglicher Faktoren konfrontiert, die Wähler bei der Entscheidung für einen Kandidaten beeinflussen könnten, und aufgefordert, die beiden ihrer Ansicht nach wichtigsten Faktoren anzukreuzen. Das Ergebnis: mit 67% lag der Faktor „Eine Person, die neue Ideen in die Regierung bringt" weit in Führung, gefolgt mit je 35% von „Ein Amt in der TANU" und „Hohe Schulbildung".[80] Das Wahlergebnis bestätigte einerseits die Treue zur TANU, andererseits den deutlichen Wunsch nach frischem Wind in der Politik. Julius Nyerere, dessen Wiederwahl als Staatspräsident gleichzeitig anstand (hier gab es allerdings keinen Gegenkandidaten), erhielt 95,4% der Stimmen auf dem Festland. Von 15 Kabinetts-Ministern, die sich zur Wiederwahl als Abgeordnete stellten, blieben fünf in ihrem Wahlkreis ausnahmsweise ohne Gegenkandidaten, 8 gewannen, 2 verloren ihr Mandat. Bei den einfachen Abgeordneten des vorherigen Parlaments, die erneut kandidierten, war das Verhältnis umgekehrt: 15 verloren gegen Neulinge, nur 7 setzten sich durch. Von TANU-Funktionären der örtlichen oder regionalen Ebene wurden 14 gewählt, 20 unterlagen. Die Studie bemerkt dazu:

„... Die Wähler stimmten nicht automatisch für einen Kandidaten, weil er ein prominenter Partei-Amtsträger war, vielmehr erwogen sie die Art seiner Laufbahn im politischen Leben und seine Leistung in einer politischen Rolle. Zweitens und umgekehrt wurde die Niederlage von Funktionären mehr durch eine nicht eindrucksvolle individuelle Leistungsbilanz in einer politischen Rolle verursacht, als daß sie eine Abstimmung gegen TANU selbst gewesen wäre. Denn alle Kandidaten genossen dieselbe Legitimität als TANU-Kandidaten ..."[81]

Nun hätte es also im Ernst losgehen können mit Tanzanias Einpartei-Demokratie. Aber es wurde nicht viel daraus. Zwar schrieb die Regierung getreulich alle fünf Jahre Neuwahlen nach dem gleichen System aus. Regelmäßig gewann der Präsident ohne Gegenkandidaten, im November 1990 Nyereres Wunsch-Nachfolger, Ali Hasan Mwinyi, noch mit 95,5%. Erst am 22.10.1995 (auf Sansibar) bzw. 29.10. (auf dem Festland) mußte sich Benjamin Mkapa (auch er ein Nyerere-Zögling) mit 61,8% zufrieden geben. Denn im August 1992 hatte Tanzania durch Beschluß des Exekutivkomitees der Einheitspartei das Mehrparteien-System eingeführt, obgleich eine Meinungsumfrage 77% für Beibehaltung des Einpartei-Systems ergeben hatte. Ein hübsches Bündel afrikanischer Paradoxa, das 1995 bei der Parlamentswahl (gleichzeitig mit der Präsidentenwahl) durch Chaos in den Stimmlokalen, eine „Atmosphäre der Einschüchterung" im Wahlkampf und „ernste Unregelmäßigkeiten bei der Auszählung" ausgeschmückt wurde.[82] Resultat: 46 Sitze für vier verschiedene Oppositionsparteien, 186 für die alte Staatspartei CCM (*Chama cha Mapinduzi* = Partei der Revolution).[83]

Niemals kam eine politische Kurskorrektur in Tanzania auf Initiative des Parlaments zustande. Es gab deren mehrere, von der Kollektivierung der Landwirtschaft 1969 bis zur versuchsweisen Zurückdrehung dieser Katastrophenstrategie unter Mwinyi 1985, gar nicht zu reden von der harten Konfrontation gegen Südafrika oder dem Krieg gegen Idi Amins Uganda 1978, vom bitteren Protest gegen IWF und Weltbank nach 1980 bis zur Unterwerfung unter die IWF-"Anpassungs"-Bedingungen nach 1985.

Der Grund ist einfach, daß dieses relativ frei gewählte Parlament Tanzanias[84] politisch nichts zu sagen hat, obwohl es mit seinem Gesetzgebungs- und Budgetrecht ähnliche Kompetenzen besitzt wie seinerzeit der Deutsche Reichstag im Bismarckreich. Zwischen 1871 und 1918 wurde der Reichstag politisch immer interessanter, während in Tanzania das Parlament im Lauf der Jahre zusammen mit der TANU/CCM im gleichen Rhythmus von innen her ausgehöhlt wurde, wie die

Begeisterung des Volkes für *Ujamaa* und *Kujitegemea* (Sozialismus und Eigenständigkeit) erlahmte. Das könnte doch damit zusammenhängen, daß einst in Berlin ein Ludwig Windthorst und Matthias Erzberger, ein August Bebel und Karl Liebknecht, auch wenn sie weder den Kaiser noch seinen Kanzler stürzen konnten, ein legitimes und lebendiges Mehrparteien-System repräsentierten, ohne daß die durchaus beachtlichen Gegensätze ihrer Programme zu Mord und Totschlag geführt hätten.

Einige afrikanische Einpartei-Regime orientierten sich am tanzanischen Modell und fügten im Laufe der Jahre ähnliche demokratische Elemente in das System ihrer Parlamentswahl ein, um der traurigen Routine 100-prozentiger Akklamation (meist wie im europäischen Ostblock über Einheitslisten praktiziert) Farbtupfer aufzusetzen, oder auch um wirklich der Politik frisches Blut zuzuführen, oder auch um dem Vater des Vaterlandes eine zusätzliche Disziplinierungsdrohung gegen aufmüpfige „Volksvertreter" in die Hand zu legen. In Zambia, dessen *United National Independence Party* (UNIP) von 1972 bis 1990 Einheitspartei war und dessen Präsident Kenneth Kaunda seinen Nachbarn Nyerere verehrte, wurde bis 1983 das Modell fast originalgetreu übernommen; nur präsentierte die UNIP-Zentrale dem Volk in jedem Wahlkreis drei Kandidaten, statt zwei wie in Tanzania. 1983 durften dann alle Bewerber ohne Vorauslese kandidieren, worauf sich 766 Personen, alle unter dem UNIP-Motto, um die 125 Mandate stritten.[85]

In Kenia verlegte schon Präsident Jomo Kenyatta (Amtszeit 1964–78) das Element der Personen-Auswahl für das Parlament, also auch die Austragung offener Konkurrenz, auf den Prozess der Aufstellung von Kandidaten durch seine regierende *Kenya African National Union* (KANU); sie ist faktisch seit 1969 Einheitspartei, als Kenyatta die linksradikale Oppositionspartei *Kenya People's Union* (KPU) verbot, gerade weil 1966 bei Nachwahlen um 29 Sitze immerhin 9 KPU-Kandidaten gesiegt hatten; im Juni 1982 wurde dann die Verfassung geändert und KANU auch formell einzige Partei. Es versteht sich, daß frühere KPU-Führer bei den Vorwahlen innerhalb der KANU (*party elections* in formaler Anlehnung an die amerikanischen *primaries*) stets als Kandidaten abgeschmettert wurden, auch unter Kenyattas Nachfolger Daniel arap Moi. Es blieb dabei, was ein in Australien lehrender Wissenschaftler in einer (ausgerechnet!) tanzanischen Zeitschrift über die Kenyatta-Ära schrieb:

„... Die Rolle des Parlaments wandelte sich drastisch von seiner Glanzzeit unmittelbar nach der Unabhängigkeit zur Unterordnung unter den Willen und die Autorität des Präsidenten. Obgleich nach außen hin das Parlament und sein Arbeiten eine Illusion aktiver Demokratie erzeugte, wurde die Nation tatsächlich zunehmend durch Präsidial-Dekrete regiert ...“[86]

Das Volk quittierte dieses System mit sinkender Wahlbeteiligung; 1979 gingen fast 68% zu den Urnen, 1983 nur 48%. Immerhin verlor auch bei den kenianischen Parlamentswahlen regelmäßig ein gerüttelter Prozentsatz von Abgeordneten, die sich zur Wiederwahl stellten, ihren Sitz: 1974 waren es 56%, 1979 46% und 1983 immerhin 35%.

Für die Neuwahlen im März 1988 ließ sich Präsident Moi etwas Neues einfallen. Bei den *party elections* sollte nicht mehr geheim abgestimmt werden, sondern die KANU-Mitglieder sollten öffentlich vor dem Kandidaten ihrer Wahl Schlange stehen, um ihm ihre Unterstützung zu zeigen. Dazu war nur ein Bruchteil der nach amtlicher Zählung über 3,7 Millionen stimm- bzw. schlangesteh-berechtigten KANU-Mitglieder bereit. Zur offiziellen Parlamentswahl mit zwei oder drei Kandidaten pro Wahlkreis (bei früheren Wahlen bis zu fünf) kam es dann 1988 nur noch in rund zwei Drittel der Wahlkreise.[87]

In Côte d'Ivoire (Elfenbeinküste), das 1960 ebenso als de-facto-Einparti-Staat das Licht der Unabhängigkeit erblickte wie Tanganjika, verspürte der Gründungsvater Präsident Félix Houphouet-Boigny 1980 plötzlich das Bedürfnis, der Demokratie innerhalb seines *Parti Démocratique* (PDCI/RDA) auf die Sprünge zu helfen. Zuerst flogen die alterprobten Honoratioren aus dem zehnköpfigen Exekutivkomitee des Politbüros und wurden u.a. durch vier ehemalige kritische Studentensprecher ersetzt. Dann wurde für die im November 1980 fälligen Parlamentswahlen die freie Konkurrenz eingeführt. Nach dem französischen (V. Republik) System der absoluten Mehrheitswahl[88] bewarben sich 650 Kandidaten um die 147 Mandate. Von den 120 Mitgliedern des alten Parlaments, das nach nationaler Einheitsliste „gewählt" worden war, kandidierten 79; 27 wurden im ersten, 25 im zweiten Wahlgang besiegt; aber nur knapp 43% der Wähler gingen an die Urne. Im Oktober 1990 schlug Houphouet-Boigny bei der ersten „freien" Präsidentenwahl seinen Rivalen Gbagbo mit 80%.

Genug der Beispiele, wie afrikanische Regenten die Quadratur des Kreises versucht haben – die Demokratie in Einpartei-Systemen. In jedem einzelnen Fall ist offensichtlich, daß sie nicht daran dachten, die in ihren Händen konzentrierte politische Macht zu schmälern. Es wundert den europäischen Beobachter, gebranntes Kind des Faschismus und des Kommunismus, nicht, daß auch in Afrika das Einpartei-System mit persönlicher Herrschaft und fast immer mit entsprechendem Personenkult einhergeht. Robert Mugabe, der Präsident des erst seit 1980 unabhängigen Zimbabwe, dem bis 1989 durch den Entkolonisierungs-Vertrag mit Großbritannien (das Lancaster-House-Abkommen) verfassungspolitisch die Hände gebunden waren, der aber danach nichts dringenderes zu tun hatte, als auch sein Volk energisch auf ein Einpartei-System hinzudrängen, pflegt sich in schöner Offenheit damit zu rechtfertigen, daß es immer schon, natürlich nach guter afrikanischer „Tradition", in einem Dorf nur einen *chief* gegeben habe. Natürlich ist es ein Unterschied, ob Julius Nyerere sich vergleichsweise bescheiden *Mwalimu* nennen läßt, das heißt Lehrer, oder ob ein Mobutu sich bei der Abschüttelung seiner christlichen Vornamen die (natürlich „authentisch afrikanischen") Beinamen Sese Seko Kuku Ngbendu Wa Za Banga zulegt, was bedeuten soll „Der machtvolle Krieger, der wegen seiner Ausdauer und seines unbeugsamen Siegeswillens von Eroberung zu Eroberung schreiten und Feuer in seiner Spur hinterlassen wird";[89] ob Houphouet-Boigny sich als Philosophenkönig (*le sage de l'Afrique*) huldigen ließ, oder ob ein im französischen Vietnam-Krieg einst verschütteter Soldat, Bokassa, sich im napoleonischen Wahn zum Kaiser von Zentralafrika krönte, ob schließlich Nkrumah sich als *Osagyefo* mit einem alten Ehrentitel des Ashanti-Königs schmückte (der freche ghanaische Volksmund machte allerdings bald ein *Oh such a fool . . .* daraus) – es gibt da natürlich Divergenzen und ganz unterschiedliche Qualitäten, aber auch ein politisches Grundmuster. Während die Einheitsparteien ihre Dynamik einbüßen, isolieren sich die Führer ebenfalls vom Volk und agieren weiter in einer mehr oder weniger imaginären Welt eigener Schöpfung; mehr oder weniger imaginär, denn die von Mobutu auf seine Privatkonten gelenkten Milliarden besitzen sicher einen höheren Realitätsgehalt als der Sozialismus eines Nyerere. Ein solcher Führer kann dann durch den in der deutschen Geschichte 1932 sprichwörtlich gewordenen „Leutnant mit zehn Mann" aus dem Amt gejagt werden, und das Volk, das ihm hundert Prozent seiner Stimmen zu Füßen zu legen pflegte, wird jubeln; die Partei, die am Tage zuvor noch allmächtig schien, wird über Nacht in Staub zerfallen wie ein von Termiten heimgesuchtes Gebäude. Wir haben das in Italien 1943 erlebt, als der König den Duce verhaften ließ, und 1991 in Moskau, als Boris Jelzin vor laufenden Fernsehkameras mit einem Federstrich die KPdSU lahmlegte. Genau so geschah es in Ghana beim Putsch gegen Nkrumah am 23. Februar 1966, in Mali 1968 und 1991, in Guinea beim Tode Sekou Tourés 1984. Es traf keineswegs nur die „Revolutionäre": Das konservative Einpartei-Regime Hamani Dioris in Niger erlitt 1974 dasselbe Los.

In einigen Fällen haben Einpartei-Systeme freilich auch den gewaltsamen Austausch des Führers überlebt. In Algerien stürzte 1965 Armeechef Boumedienne den Märtyrer Nr. 1 des Befreiungskrieges, Ahmed Ben Bella, bediente sich aber weiter der FLN als Staatspartei; sein Nachfolger Chadli Bendjeddid, im Amt seit 1979, setzte zunächst diesen Kurs fort. Auch er versuchte es mit Kandidaten-Konkurrenz (nur bei Lokal- und Regionalwahlen allerdings) im Korsett der Einheitspartei. Erst die blamable Niederlage der FLN gegen die *Islamische Heils-front* im Juni 1990, sobald Algerien echte Parteien-Konkurrenz bei einer Kommunalwahl zugelassen hatte, legte den tatsächlichen Zustand der Organisation offen, die dreißig Jahre zuvor Frankreich besiegt und dem Lande die Unabhängigkeit erkämpft hatte.

Kommen wir zurück auf jene beiden Ziele, die sich Afrikas Einpartei-Regime gesetzt hatten: wirtschaftlich-soziale Entwicklung und Abwehr „tribalistischer" Sezessionen, beides gemeinsam als *nation-building* proklamiert. Wurden die Ziele erreicht? Das zweite, formal betrachtet, weitgehend; erst ein Staat im nachkolonialen Afrika hat eine rebellische Provinz in die Unabhängigkeit entlassen: 1993 fand Äthiopien sich mit der Sezession Eritreas (unter dem Einpartei-Regime der EPLF!) ab, nachdem das Volk Eritreas mit 99% dafür gestimmt hatte. Das erste Ziel ist spektakulär verfehlt worden; alle Staaten Afrikas stecken seit Anfang der 1980er Jahre in einer katastrophalen Wirtschaftskrise, die den Aufbau einer „modernen" Gesellschaft in anscheinend unerreichbare Ferne verschiebt und die sozialen Solidaritäts-Netze des alten Afrika (sie beruhen auf dem übel beleumdeten „Tribalismus") zum Zerreißen überstrapaziert. Mir ist keine empirische Untersuchung bekannt, die Afrikas Menschen wirklich nach ihrer subjektiven „Identität" befragt hätte (was niemanden hindert, mit diesem Schlagwort zu hantieren), ob sie sich nämlich primär als (beispielsweise) Tanzanier fühlen oder als Dschagga, Sukuma, Hehe, Masai oder was auch immer. Uns Europäern gegenüber treten die Afrikaner, denen wir zumeist begegnen (das sind die Staatsbeamten mit Abitur), als loyale Bürger der »National«Staaten auf. Das ist nicht mehr als ein schwaches Indiz – jedoch immerhin ein Indiz für partielle Erfolge des politischen *nation-building*.

Im vorstehenden Kapitel habe ich viel zitiert. Das mag die Linie des Arguments undeutlich machen und deshalb manchen Leser ungeduldig. Aber ich wollte zur Kernfrage der nachkolonialen Politik in ganz Afrika, soweit wie möglich, Afrikaner selbst sprechen lassen, um mir nicht den Vorwurf oberlehrerhafter Arroganz zuzuziehen. Deshalb werde ich auch zum Schluß noch einmal rückfällig und zitiere, um ein Schlaglicht auf die politische Alltagspraxis im Einpartei-System zu werfen (und ich wähle ein vergleichsweise gemäßigtes, humanes System, das der Côte d'Ivoire, wo Houphouet-Boigny von 1950 bis zu seinem Tod 1993 unangefochten herrschte), einen einheimischen Oppositionellen. Es handelt sich um den schon erwähnten Laurent Gbagbo: 1982–88 lebte er im Exil; die folgende Szene spielt im Dezember 1988, kurz nach der Verhaftung seines Mitstreiters, des Geschäftsmannes Innocent Anaky, wegen angeblicher Unterschlagung:

„... Das Staatsoberhaupt selbst stieg auf die Zinnen. Am 2. Dezember rief er seinen üblichen Hofstaat zusammen, nämlich das Politbüro der PDCI und die Regierung. Zusätzlich zu diesem Hofstaat lud er die hohen Offiziere der Armee, die gewählten Vertreter von Gagnoa (weil ich aus der Region Gagnoa stamme), die Amtsträger aus Bondoukou (weil Anaky aus der Region Bondoukou stammt); er lud meinen Vater, die Verwandten und Freunde von Anaky; er lud die Transit-Handelskammer, die Akademiker-Gewerkschaft, die Gymnasiallehrer-Gewerkschaft, den Unternehmerverband. Anaky, meine Frau und ich waren natürlich auch anwesend. Bei dieser Versammlung sprach der Präsident ganz allein (welch schöner Dialog!) ... Houphouet-Boigny erklärte, Anaky sei ein Dieb, und ich sei ein Angsthase, arrogant und ehrgeizig. Der Staatschef, der die Unabhängigkeit der Justiz garantieren soll, verwandelte sich in den Untersuchungsrichter, Staatsanwalt und Gerichtsvorsitzenden. Er ermittelte im Fall Anaky, hielt das Plädoyer ... und sprach Innocent schuldig ...“[90]

Ich wage zu vermuten, daß fast ganz Afrika dreißig Jahre lang im wesentlichen so regiert wurde – wenigstens dort, wo es milde zuging und Stabilität, Friede und Marktwirtschaft florierten.

Über Jahre hinweg kriegführende Befreiungsbewegungen, die sich nach dem Sieg als Einpartei-Systeme festsetzten, ohne das Volk auch nur in die Nähe von Wahlurnen zu lassen, verteidigten ihr Machtmonopol noch erheblich drastischer. Das gilt für Angola und Mozambique. Obwohl die dortigen Einheitsparteien (gerade nach den Analysen des lusophonen marxistischen Kampfgefährten Amilcar Cabral) das Kleinbürgertum und keineswegs die „Arbeiterklasse" repräsentierten, flüchteten sie sich durch Proklamation zu marxistisch-leninistischen Avantgarde-Parteien unter den (ihnen wetterfest erscheinenden) Schutzschirm der UdSSR. Wer sie kritisiert, muß einräumen, daß sie sich beide mörderischen Destabilisierungs-Attacken des militärisch übermächtigen Nachbarn Südafrika ausgesetzt sahen.

1990/91 erreichte dann die Woge einer zumindest als Lippenbekenntnis machtvollen Demokratisierung auch Angola und Mozambique, während gleichzeitig der Abbau der Apartheid in Südafrika und das unsichere Herumtasten der USA im afrikapolitischen Vakuum (erzeugt durch das Verschwinden realer oder fiktiver sowjetischer Expansion nach Afrika) den militärischen Rückhalt für die pro-westlichen Rebellen der UNITA bzw. RENAMO schwächten. Sie, die „Banditen" der Regierungspropaganda von gestern, waren jetzt plötzlich gemeint, wenn die Ex-Leninisten Angolas und Mozambiques, im Chor mit dem restlichen Afrika und sanft dirigiert von Blauhelmen der UNO,[91] dem „Multipartismus" huldigten. Die Begeisterung des europäischen Beobachters trübt sich freilich, je mehr ihn die Sorge beschleicht, dieser Ismus könnte wieder nur als Zauberformel gemeint sein – wie die Beschwörungen des *nation-building,* des Sozialismus und nicht zuletzt des Militärs als Saubermacher vor ihm.

6. Die Militär-Regime

Es fiel den Offizieren der neuen afrikanischen Armeen ursprünglich schwer, gegen die Oberhäupter ihrer Staaten zu putschen. Nicht nur persönliche Hochachtung vor den Vätern des Vaterlandes war im Spiel: an den Militärschulen Großbritanniens und Frankreichs hatten die afrikanischen Soldaten das Ideal einer unpolitischen und regierungstreuen Armee verinnerlicht. *La Grande Muette,* die große Stumme, nennt man sie in Frankreich, wo allerdings am 13. Mai 1958 zum ersten Mal in der neueren Geschichte eine Offiziers-Clique (in Algerien) gegen die Politik des Regierungschefs aufbegehrte und die Verfassung der IV. Republik umstürzte (wenn auch beileibe nicht ihr Ziel erreichte; vielmehr führte ihr Idol, der General de Gaulle, sie in der Folgezeit an der Nase herum – *„je voas ai compris!"*). Ein militärischer Staatsstreich in London erscheint vollends unvorstellbar.

Wie an früherer Stelle erwähnt, waren afrikanische Truppenteile im Zweiten Weltkrieg nur geringfügig zum Einsatz gelangt, und seit 1945 hatte es in Afrika keine Kriege mehr gegeben – abgesehen von den antikolonialen Unruhen und Aufständen, die vorwiegend nur Madagaskar, Kenia und Kamerun heimsuchten. Frankreich zögerte nicht, in Marokko oder Algerien schwarz-afrikanische Soldaten einzusetzen, und diese sogenannten Senegalschützen (in Wirklichkeit stammten sie aus den verschiedensten Ländern) taten, was von ihnen verlangt wurde; Thiaroye 1944 lag lange zurück.

Generell waren die Kolonial-Armeen Afrikas nicht primär für Einsätze in echten zwischenstaatlichen Kriegen ausgebildet, sondern eher als Bereitschaftspolizei, um das eigene Volk in Schach zu halten. Besonders klar war das schon beim Namen und bei der Struktur der belgischen *Force Publique* im heutigen Zaire. Ihre Einheiten waren so gruppiert und stationiert, daß im Falle innerer Unruhen möglichst nicht Truppe und Bevölkerung derselben Ethnie angehörten.

Bekanntlich war dann die Meuterei der zairischen *Force Publique* gegen ihre belgischen Offiziere, eine Woche nach der überstürzten Verkündung der Unabhängigkeit am 1. Juli 1960, Anlaß für die erste Machtergreifung eines Offiziers im nicht-arabischen Afrika. Mobutu, der die verfeindeten Häupter der Doppel-Exekutive (den Präsidenten Kasavubu und den Premierminister Lumumba) am 13. September 1960 beiseite fegte und sie durch eine Junta junger Kommissare (wohlgemerkt: Zivilisten) ersetzte, war freilich kein typischer Kolonialsoldat, sondern hatte sich bei der *Force Publique* eingeschrieben, um sie als Sprungbrett für eine zuerst bürokratische, dann journalistische Karriere zu benutzen, aus der er sich erst 1958 anläßlich der Brüsseler Weltausstellung plötzlich in die Politik der Blitz-Entkolonisierung geschleudert sah. Sein Vorprellen, wozu ihn angeblich die amerikanische CIA ermunterte, machte zunächst in Afrika nicht Schule, und er mußte unter UNO-Vormundschaft die sogenannte Staatsgewalt in Kinshasa bald (wie sich zeigen sollte, vorläufig) in die Hände von Zivilisten zurücklegen.

Nordafrika hatte natürlich schon lange vor dem Anrollen der schwarzafrikanischen Entkolonisierung, 1952, den Staatsstreich der jungen Offiziere in Ägypten erlebt, und die arabische Öffentlichkeit auch in Afrika begeisterte sich alsbald für Gamal Abdel Nasser. In seiner *Philosophie der Revolution*[92] widmet er zwar Afrika einige wenige Sätze, faßt jedoch nur den „geliebten Sudan" als „sensitives Zentrum" des Erdteils speziell ins Auge. Nun gab es tatsächlich im Sudan, der schon am 1. Januar 1956 unabhängig wurde, im November 1958 den ersten Militärputsch nach dem ägyptischen. Die Armee war in den Brennpunkt der Politik geraten, denn noch vor der Unabhängigkeit, im August 1955, hatte mit der Revolte südsudanesischer schwarzer Truppen in Juba der erste, bis heute andauernde Bürgerkrieg in einem nachkolonialen afrikanischen Staat begonnen.

Man darf aber keineswegs das Regime General Abbouds, der 1958–64 in Khartum herrschte, mit dem Nassers in Ägypten gleichsetzen. Im Gegenteil, hier haben wir zwei konträre politische Systeme vor uns. Nasser schrieb „revolutionären" Fortschritt via Sozialismus auf seine Fahne und zimmerte sich von oben her die dazu passende Einheitspartei.[93] General Abboud dagegen, seit 1952 Chef der sudanesischen Armee, wollte nichts revolutionieren, sondern trieb eine Politik des „No Nonsense", wobei er und seinesgleichen unter Unsinn vornehmlich das Hickhack ziviler demokratischer Parteipolitik verstehen. Folgerichtig verzichtete er auf Parteien überhaupt.

Läßt man im Geiste die Militär-Machthaber Afrikas Revue passieren, angefangen von dem französischen Kolonial-Feldwebel Gnassingbe Eyadema in Togo (aus der Armee entlassen im Zuge eines Sparprogramms, darauf 13. Januar 1963 Ermordung des Präsidenten Olympio, 1967 endgültige Machtübernahme) bis hin zu Burkina Fasos charismatischem Hauptmann Thomas Sankara (Putsch Juli 1983, gefallen beim nächsten Putsch 15. Oktober 1987) und Nigerias General Sani Abacha (1983 Gesellenstück im Hintergrund des Buhari-Putsches, 18. November 1993 Meisterprüfung bestanden durch Abservieren eines zivilen Interims-Strohmanns, seitdem Diktatur unter beständiger Vorspiegelung einer Rückkehr zur Demokratie) – sie alle passen in die eine oder die andere Kategorie. Selbst Nigerias General Olusegun Obasanjo, der im Februar 1976 als Erbe des ermordeten Putschführers vom Juli 1975, General Murtala Mohammed, an die Macht kam und sie 1979 in die Hände der Zivilisten zurücklegte, möchte ich aufgrund seiner Amtsbilanz und späterer Einsätze als *elder statesman* (u. a. Mitglied der Commonwealth-Mission in Südafrika 1986) eher den *no-nonsense-* als den revolutionären Militär-Regenten zuordnen. Allerdings entzieht sich ein Mann seines Formats schneller Etikettierung. Obasanjo, der 1990 als Gründer eines *Africa Leadership Forum* ein vorsichtiges, langfristige Übergänge ins Auge fassendes Bekenntnis zur Demokratie ablegte („wirtschaftliche Prosperität" und Menschenrechte, sowie „Freiheit und Wahlen" einschließend, von politischen Parteien schwieg er[94]), hat in früheren Jahren auch eine freundschaftliche Biographie des ersten, gescheiterten Putschisten Nigerias 1966, des Majors Nzeogwu, geschrieben, der durch seine Ungeduld und Leidenschaft eindeutig als Revolutionär auftrat:[95]

„... Das Ziel des Revolutionsrates ist es, eine starke, einige und blühende Nation zu errichten, frei von Korruption und innerem Zwist. Unsere Methode, das zu erreichen, ist strikt militärisch, aber wir zweifeln nicht daran, daß jeder Nigerianer uns maximale Zusammenarbeit gewähren wird, indem er dem Regime hilft und nicht – ich wiederhole: nicht – den Frieden stört ...

1. Ich warne euch hiermit, daß Plündern, Brandstiftung, Homosexualität, Vergewaltigung, Unterschlagung, Bestechung oder Korruption, Behinderung der Revolution, Sabotage, Wühlarbeit *(subversion)*, falscher Alarm, und Hilfe für ausländische Invasoren alles Verbrechen sind, die mit dem Tode bestraft werden ...“[96]

Man vergleiche damit den Tagesbefehl, den General Ironsi (als Armeechef hatte er den Putschisten die Macht sofort aus den Händen gewunden) zwei Tage später, am 17. Januar 1966, erließ:

„... Wie ihr alle wißt, bin ich formell eingesetzt mit Autorität als Oberhaupt der Bundes-Militärregierung und Oberbefehlshaber der nigerianischen Streitkräfte ... Ich erlasse folgendes Dekret:

... Der Oberste Richter und alle anderen Inhaber richterlicher Ämter innerhalb des Bundesgebiets sollen ihre Ämter weiter ausüben, und generell soll die Rechtsprechung nach den bestehenden Bestimmungen weiterarbeiten.

Die Amtsinhaber in der Verwaltung des Bundes und der Regionen sollen ihre Ämter behalten und ihre Pflichten normal erfüllen; in ähnlicher Weise sollen die Nigerianische Polizei und die *Nigeria Special Constabulary* ihre Funktionen normal weiterführen ...

Es ist die Absicht der Bundes-Militärregierung, Gesetz und Ordnung *(Law and Order* mit Großbuchstaben, F. A.) im Bundesgebiet aufrecht zu erhalten, bis eine neue Verfassung für den Bundesstaat zustande kommt, die in Übereinstimmung mit den Wünschen des Volkes vorbereitet wird ...

Ich befehle weiterhin, daß die Rebellion sofort gestoppt wird; alle Truppenteile müssen unverzüglich in die Kasernen einrücken; alle Waffen und Munition müssen kontrolliert und Rechenschaft darüber abgelegt werden, alle Verluste und Schäden sind dem Armee-Hauptquartier sofort zu melden.

Ich befehle weiter, daß ehemalige Minister und Politiker nicht – ich wiederhole: nicht belästigt werden dürfen ...“[97]

Die Diskrepanz, die aus den beiden vorstehenden Zitaten spricht, wird oft auf die Begriffe „revolutionär" und „konservativ« fixiert. Ich scheue mich, Offiziere wie Ironsi oder Lamizana (Obervolta/Burkina Faso) oder Christophe Soglo (Dahome/Benin) Konservative zu nennen; sie wollten keine alte Ordnung erhalten – weder die Herrschaft der in Verruf geratenen Parteipolitiker, noch gar das Kolonialsystem. Sie wollten auch nicht unbedingt den gesellschaftlichen Status quo retten, sondern waren sich in ihrer Empörung über „Bestechung und Korruption" (inzwischen eine Standardformel afrikanischer politischer Auseinandersetzung) mit den „revolutionären" Militärs einig. Was sie von ihnen trennt, ist das unmittelbare Pochen auf *Law and Order*. Um bei dem zitierten Beispiel des Ironsi-Tagesbefehls zu bleiben: die gestürzten Minister dürfen nicht gelyncht, sie sollen aber auch keineswegs wieder eingesetzt werden.

Den Stellenwert bestimmter Revolutions-Ideologien, insbesondere des Marxismus, im Ideengut der „revolutionären" Militärs herauszufiltern, ist eine schwierige Aufgabe. Sie ist genau so heikel wie bei den „mobilisierungs"-eifrigen Einpartei-Strategen. Besonders für die erste Generation der Politiker des nachkolonialen Afrika (ob sie nun Zivil oder Uniform trugen) darf als Regel gelten (bestätigt durch Ausnahmen wie Léopold Senghor und Gabriel d'Arboussier), daß sie von Marx und Marxismus im wesentlichen nichts Genaueres wußten als in etwa: Hier ist eine Lehre, die in der Sowjetunion gilt, und die Sowjetunion steht in einem Kalten Krieg gegen unsere bisherigen Kolonialherren; diese Lehre ist eine Wissenschaft, also eine starke Magie des weißen Mannes; sie besagt, daß Sozialismus (dazu mehr im Folgekapitel) den Kapitalismus besiegt, und Kapitalismus ist die Wirtschaftsweise der bisherigen Kolonialherren; in diesen Sozialismus gelangt man durch eine Revolution der Arbeiter. Hier hört das Verständnis bereits auf, zumindest die Übereinstimmung mit dem „ABC des Kommunismus". Denn gegen wen die Revolution sich richten soll, und wer ihr eigentlicher Träger ist (dieses geheimnisvolle ‚Proletariat', das es in Afrika nicht gibt), das sind peinliche Fragen, die man besser gar nicht erst aufwirft. Wo militärische Kader sich zu Anführern der „Revolution" berufen fühlen, wollen sie ganz bestimmt nichts von jenem Detail der marxistisch-leninistischen Doktrin (gerade in ihrer sowjetischen Realisation) wissen, wonach die bewaffnete Macht strikt den Befehlen der Parteispitze zu gehorchen hat. Äthiopiens Mengistu Haile Mariam sträubte sich jahrelang gegen das Drängen seiner sowjetischen Schutzmacht, eine akzeptable Kommunistische Partei zu gründen, obwohl er dann natürlich, als es doch soweit kam, sich selbst an die Spitze dieser Partei setzte; offenbar fürchtete er, trotz seiner diktatorischen Machtfülle und vorausgegangenen Ausmerzung aller seiner Rivalen im Militärrat (Derg), eine Partei nicht so stramm kommandieren zu können wie die Armee.

Wenn afrikanische Offiziere nach der Macht greifen, so tun sie es auch (ein Motiv unter vielen!), um spezielle Gruppeninteressen des Militärs als Kaste durchzusetzen (es ist ja keine soziale Klasse im Marxschen Sinne, nicht einmal eine einheitliche Schicht zwischen Feldwebel und General, und die ethnische Zusammensetzung afrikanischer Armeen ist ein kompliziertes Kapitel für sich). Das Kasten-Interesse tritt bei den Law-and-Order-Regimen deutlicher zutage als bei den revolutionären. Besonders gut informiert sind wir über die Motive im Vorfeld des ersten Ghana-Putsches von 1966, denn die beiden Hauptakteure Afrifa und Ocran haben sich in Büchern zu Wort gemeldet.[98] Hohe Offiziere des Heeres und der Polizei entschlossen sich damals zum Staatsstreich, weil sie Nkrumah verdächtigten, diesen Verbänden das Monopol der bewaffneten Macht durch Formierung einer Art Leibstandarte, des President's Own Field Regiment, streitig zu machen, aber auch aus dem schlichteren Grunde, weil er für Ausstattung und Besoldung der herkömmlichen Truppe zu wenig Geld ausgab.

Einige Armeen Afrikas – in Zaire, Äthiopien, Nigeria – sind seit 1960 infolge von Bürgerkriegen dramatisch angeschwollen. Wuchs dadurch auch ihr innenpolitisches Gewicht als pressure group? Wir wollen uns hier nicht auf eine vergleichende Spezialuntersuchung der Rüstungs-Budgets oder gar der tatsächlichen Ausstattung afrikanischer Armeen einlassen. Besonders häufige Putsche verzeichnet nur Nigeria, das 1970 aus dem Biafra-Bürgerkrieg die Bürde eines riesigen Heeres geerbt hatte. Über mißlungene Staatsstreiche gibt es keine zuverlässige Statistik.

Die Motive der späteren revolutionären Putschisten einer jüngeren Generation, für die Jerry Rawlings in Ghana und Thomas Sankara in Burkina Faso als typisch gelten dürfen, sind anders gelagert. Wir dürfen bei ihnen aufgrund verbesserter Schul- und Fachausbildung eine einigermaßen solide Kenntnis des Marxismus voraussetzen. Vielleicht gerade deshalb berufen sie sich weder auf Lenin noch auf Marx. Hierfür gibt es bei Rawlings und Sankara kein religiöses Motiv wie bei Muammar al-Gaddafi, der den von Marx und Lenin verfochtenen Atheismus nicht mit dem Islam (mag er ihn noch so eigenwillig interpretieren) vereinbaren kann. Selbst die Vokabel „Sozialismus" hat ihre Faszination eingebüßt, sie erscheint in den 1980er Jahren verschlissen durch den inflationären Gebrauch, der seit 1960 in Afrika von ihr gemacht wurde. Ein Rawlings, ein Sankara putschten wohl auch nicht vorwiegend im Korpsgeist der eigenen Kaste; sonst hätte Rawlings kaum nach seinem ersten Staatsstreich 1979 die drei Generäle und ehemaligen Staatschefs Afrifa, Acheampong und Akuffo standrechtlich erschießen lassen.

Besonders bei Sankara tritt vielmehr die Idee des Populismus, der Afrikas Befreiungspolitik schon in der späten Kolonialzeit kennzeichnete, wie erdgeschichtliches Urgestein nach einer Verwerfung zutage, der Bemäntelung in mißglückten Einpartei- oder Mehrparteien- oder anderen Systemen entledigt, konzentriert auf seinen Kern. Sankara will das gute und ehrliche einfache „Volk" gegen jene finsteren Gesellen aufbieten, die es beständig um die Früchte seiner Arbeit betrügen und die er der Einfachheit halber „Bourgeoisie" nennt. Versprengte Schlagworte aus dem Marxismus sind ihm offenbar durch die untereinander verfeindeten intellektuellen Splittergruppen burkinabischer „Kommunisten" vermittelt worden, die er anfangs in seine Regierung aufnahm. Sankara organisierte aber keinen langatmigen Klassenkampf. Er hoffte, die Volksfeinde schlagartig auszuschalten – durch zündende Reden, per Dekret, durch Ermunterung der Jugend und der Frauen zu politischer Aktion. Offenbar war für ihn der Gegner keine machterprobte Klasse, der man die Verfügung über Produktionsmittel streitig machen muß (es gibt ja auch keine Industrie im Lande!), sondern ein Haufen moralisch verdorbener Einzelmenschen. Er war realistisch genug, auf der anderen Seite das Volk als das zu erkennen, was es in Burkina Faso überdeutlich, in ganz Afrika ebenfalls ist: eine altmodische, unter Bevölkerungsdruck und Umweltzerstörung immer schlimmer verarmende Bauernschaft.

Wie Sankara sich die Zukunft dachte, kommt prägnant schon in dem neuen Namen zum Ausdruck, den er für *Haute-Volta* erfindet: Burkina Faso, „Republik der freien, gerechten Menschen", zusammengesetzt aus den beiden Sprachen von Hauptvölkern des Landes, Mossi und Fulbe.[99] In den Hintergrund tritt der zweite übliche Kunstgriff von Populisten, nämlich dem „einmütigen rechtschaffenen Volk" als Popanz und Sündenbock einen auswärtigen Bösewicht vorzuhalten, im nachkolonialen Afrika in aller Regel den „Imperialismus"; aber erkennbar ist dieses Gespenst schon in dem *Discours d'Orientation Politique,* mit dem Thomas Sankara am 2. Oktober 1983 über Radio und Fernsehen seine Herrschaft begann:

„...Das kämpfende Volk von Obervolta hat sich wie ein einziger Mensch mobilisiert, hinter dem *Conseil National de la Revolution* (CNR), um eine neue voltaische Gesellschaft aufzubauen – frei, unabhängig und wohlhabend, nachdem sie die jahrhundertealte Herrschaft und Ausbeutung durch den internationalen Imperialismus abgeschüttelt hat ...

Unsere Revolution spielt sich in einem rückständigen Agrarland ab, wo das Gewicht der Traditionen und der Ideologie, die eine Gesellschaftsorganisation feudalen Typs abgesondert hat, enorm auf den Volksmassen lastet ... Sie ist eine demokratische Volksrevolution *(une révolution démocratique et populaire)*. Sie hat als Hauptaufgaben die Liquidierung der imperialistischen Herrschaft und Ausbeutung, die Reinigung des Bauernlandes von allen sozialen, wirtschaftlichen und kulturellen Mißständen, die es im Zustand der Rückständigkeit halten. Von daher stammt ihr demokratischer Charakter.

Die voltaischen Volksmassen sind insgesamt (*à part entière*) Gewinner bei dieser Revolution und mobilisieren sich infolgedessen um die demokratischen und revolutionären Parolen, die ihre eigenen Interessen in Tatsachen übersetzen, im Gegensatz zu den Interessen der reaktionären Klassen, der Verbündeten des Imperialismus; daher bezieht die Revolution ihren Volks-Charakter. Dieser *caractère populaire* der August-Revolution besteht auch in dem Faktum, daß anstelle der alten Staatsmaschine sich eine neue Maschine aufbaut, um die demokratische Ausübung der Macht durch das Volk und für das Volk zu garantieren ...

... (Die Revolution) ist die Bewegung der immensen Mehrheit zum Nutzen der immensen Mehrheit ...“[100]

Es steht so da: „... *en lieu et place de l'ancienne machine d'Etat s'édifie une nouvelle machine* ...“, also: der Staatsapparat baut sich selber um. Das hat Thomas Sankara sicher nicht wörtlich so gemeint. Aber der deutsche Leser stolpert (in Erinnerung an 1945–49 sowie an 1989–90) über diesen Halbsatz. Er spiegelte nach allem, was wir inzwischen wissen, die politische Wirklichkeit auch des Sankara zujubelnden Burkina Faso, allen durchaus konkreten Umkrempelungs-Befehlen zum Trotz, die Sankaras Programmrede im Anschluß daran aufzählte: neue Rolle der Armee, Frauen-Politik, Agrarreform, Verwaltungsreform, Schulreform und so fort. Von alledem ist einiges gelungen, vor allem die relative Anhebung des bäuerlichen Lebensstandards (durch höhere Erzeugerpreise, also ganz nach Weltbank-Rezept; soviel zum Realgehalt „anti-imperialistischer“ Außenpolitik) im Vergleich zu den von Sankara streng an die Kandare genommenen Klein-Bürokraten in den Städten. Aber schon die schwungvoll eingeleitete Entmachtung der „Feudalherren“ (was die bis 1983 durchaus lebendige Großleute-Struktur der Mossi angeht, kann man auf die Gänsefüßchen verzichten) versandete um 1986 in Graswurzel-Kompromissen zwischen Revolution und Tradition.

Der durchaus ernsthafte Anlauf zur Umsetzung der populistischen Ideen – wir besitzen u.a. eine Spezialstudie über Sankaras Versuch einer integrierten Umweltpolitik[101] – mittels eines Netzes basisnaher „Ausschüsse zur Verteidigung der Revolution" in Dörfern und Stadtvierteln, Betrieben, Verwaltungen und Militäreinheiten (den ursprünglichen Sowjets der russischen Revolution 1917 ähnlich, aber strikt ohne Einflußnahme politischer Parteien) degenerierte im Laufe der Jahre zu einem ganz normalen Kontrollmechanismus der Regierung *über* das Volk.

Es gab und gibt gute Gründe, mit der Einschaltung einer Partei in eine populistische Revolution vorsichtig zu sein (den für Leninisten relevanten Grund haben wir am Beispiel Äthiopien erwähnt). Als der erfahrene französische Agrarwissenschaftler und erbitterte Ankläger nachkolonialer afrikanischer Korruption, René Dumont, bald nach 1983 Burkina Faso besuchte, erlebte er folgendes:

„... Bei meinem letzten Vortrag im Rahmen der Ausschüsse zur Verteidigung der Revolution betonte ein Diskutant, die Bauern seien Ignoranten, also Konservative und Reaktionäre. Aber er forderte im gleichen Atemzug eine Einheitspartei, um die Macht auszuüben, eine Sammlungspartei *des ganzen Volkes*.
– Mit den Bauern? frug ich.
– Aber Ja.
– Dann wird eure Partei eine große Mehrheit von Konservativen und Reaktionären zählen!
   (Fußnote René Dumonts: Eine etwas brüske Antwort, sicher. Berufsbedingte Deformation bei einem alten Professor? Vielleicht. Aber vor allem Verzweiflung darüber zu sehen, wie die Bauern *verachtet* werden von städtischen Intellektuellen, die sich revolutionär nennen)..."[102]

Gerade weil Sankara (deshalb?) Parteipolitik aus seinen Revolutions-Komitees verbannte und die ideologisch fixierten Intellektuellen-Clubs, die sich in der Hauptstadt als Parteien gebärdeten, nach und nach aus der Regierung hinauswarf, kam auch in Burkina Faso die von Frantz Fanon eingeforderte Strömung politischer Meinungs- und Entscheidungsfindung „von der Basis zur Spitze" nie zustande, es sei denn in Gestalt von Denunziantentum,[103] blieb es bei Kommandos von oben und Gehorsam von unten. Dieses System abzuschütteln, fällt einem Offizier, dessen Macht letzten Endes aus den Gewehr-läufen seiner Putsch-Kameraden stammt, offenbar besonders schwer. Thomas Sankara empfand es wohl immer deutlicher als unbequem, auf den Bajonetten zu sitzen (Napoleon Bonaparte, auch so etwas wie ein revolutionärer Populist, spürte das ebenfalls). Es gab aber für ihn dazu nur eine Alternative: Verstärkung seines persönlichen Regiments in einer bis zuletzt wohl realen, aber strukturlosen Kommunion mit dem „Volk", über die Köpfe seiner Junta-Kameraden hinweg. Die Nr. 2 der Junta, Hauptmann Blaise Compaoré, wurde dann im Oktober 1987 sein Brutus.

Kritische Abwägung der politischen Leistung Thomas Sankaras muß einschließen, daß sein weit über Burkina Fasos Grenzen hinaus wirksames Charisma, allein für sich genommen, einen positiven psychischen Impuls für Afrika darstellte. Nach Jahren der Hiobsbotschaften, die ein Regime nach dem anderen als korrupt, tyrannisch und inkompetent entlarvten, nach serienweisen Wirtschafts-Katastrophen, von denen in Afrika niemand mehr wirklich glaubte, daß nur die Dürre und der Kolonialismus Schuld daran wären, endlich ein neuer Stern am Himmel, an dessen Worten und sogar Taten man sich orientieren, auf den man stolz sein konnte! Ich werde nicht vergessen, wie ich am 15. Oktober 1987 auf einem Seminar mit afrikanischen Stipendiaten abends vor dem Fernsehgerät saß, als die Meldung vom Putsch gegen Sankara kam und alle, aus verschiedenen Ländern quer durch den Kontinent stammend, sehr verschiedener politischer Meinung, fassungslos trauerten.

Versuchen wir, über Sankara hinaus eine Gesamtbilanz afrikanischer Militär-Regime zu ziehen, der revolutionären wie der anderen. Sie kann nicht eindeutig ausfallen. Selbst wenn wir die von Verbrechern in Uniform verursachten Abstürze ganzer Staaten in dumpfe Barbarei außer Acht lassen – Zentralafrika unter Bokassa, Uganda unter Idi Amin –, bleibt kein klares Plus im Vergleich mit den durch Putsch abgelösten Zivil-Regimen erkennbar. Die in der Literatur oft geführte Diskussion, ob afrikanische Soldaten durch ihren Umgang mit moderner Technik nicht nur im Bereich der Waffen, sondern

auch z.B. von Transportwesen, Kommunikation, Planung besser befähigt seien als Zivilisten, einen Staat zu regieren, muß
wohl in ein Nein münden. Spezielle Entwicklungs – Konzepte
und – Impulse sind aus militärischem Denken Afrika sowenig
zuteil geworden wie Lateinamerika.[104]

Die Parole vom Kampf gegen die Korruption blieb in den
Militär-Regimen genau so hohl wie in den linksgestrickten
Einpartei-Systemen. Ich erinnere mich an die bittere Bemer-
kung in einem Aufsatz über Nigeria, der kurz nach Ende des
Biafra-Krieges erschien und den ich nicht mehr lokalisieren
kann, daß die schwarzen Mercedes der Zivil-Politiker nur
durch khakifarbene Mercedes der Generäle ausgetauscht worden seien. In der Ära Obasanjo erging dann der Ukas: *low
profile* – konkret: Peugeot statt Mercedes als Staatskarossen.
Von dieser Regel nahm die 1979 gewählte Zivilregierung den
Bundespräsidenten „und einige weitere Spitzen-Amtsträger"
aus, denn schließlich sei der Mercedes 600 sicherer, stabiler,
dauerhafter als die Konkurrenz.[105]

Es konnte kaum anders kommen, denn das, was in schreck-
licher Verallgemeinerung als „Korruption" gebrandmarkt wird,
ist eine ebenso notwendige Folge afrikanischer Gesellschafts-
struktur, wie Preisabsprachen oligopolistischer Konzerne sich
aus dem System der Marktwirtschaft ergeben, mag auch dieses
Phänomen dem Dogma des freien Wettbewerbs widersprechen
und die Korruption dem militärischen Ehrenkodex. Es ist einfach rational, sich z.B. in einem verantwortlichen Amt mit
Leuten zu umgeben, denen man trauen darf – und gibt es dafür
eine bessere Garantie als die gemeinsame Großfamilie? Es ist
auch moralisch gerechtfertigt, sich nach Erlangung eines guten
Gehaltes dank höherer Schulbildung den Angehörigen gegenüber dankbar zu zeigen, die ihre Spargroschen zusammenge-
legt hatten, um das Schulgeld zu bezahlen.[106] Wie dem auch
sei, ob nun im weltweiten Vergleich diese Korruption eher
Ausnahme oder eher die Regel ist, jedenfalls ließ sie sich in
Afrika durch militärische Tagesbefehle sowenig ausrotten wie
durch sozialistische Geisteshaltung *(Socialism is an attitude of
mind...,* Julius Nyerere 1962).

Bleibt somit die politische Bilanz der Militär-Regime verschleiert, ist noch die Frage zu stellen, wie man sie wieder loswird – es sei denn durch den nächsten Putsch. Zwei Modelle schälen sich heraus. Das erste ist das ägyptische: die Offiziere im Regierungsamt tragen die Uniform allmählich seltener, sie ziehen mehr und mehr Zivilisten als Minister usw. heran; der politische Alltag funktioniert weniger per Befehl und Gehorsam als nach den üblichen Prozessen einer Bürokratie. Mit den Jahren vergißt man dann fast, daß es sich um ein Militär-Regime handelt; erst wenn es wirklich ernst wird, wie bei der Bestimmung des neuen obersten Chefs nach dem Tode Präsident Nassers, nach der Ermordung Präsident Sadats, steht plötzlich wieder ein Soldat vor dem Volk und deutet an, daß die Netzwerke der Offiziers-Kameradschaft doch fester geknüpft sind als ideologische Parteiungen.

Varianten dieses Modells: (1) der Militär-Diktator erhebt sich zum Monarchen, von seiner Kaste (seltener von seiner ethnischen Gruppe) „losgelöst" (lateinisch: absolut); so hat sich Mobutu Sese Seko in Zaire seit 1965 behauptet und bisher alle Wogen der Demokratiebewegung ausgeritten. (2) Der Militär-Diktator läßt sich eines Tages (mehr oder weniger) demokratisch zum Präsidenten wählen. Damit ist Kapitänleutnant/Admiral Didier Ratsiraka auf Madagaskar letzten Endes (vorerst) gut gefahren: Seit 1975 Chef des Revolutionsrates, wurde er im November 1982 mit 80 % der Stimmen gegen einen Veteranen ziviler Politik zum Präsidenten gewählt, noch im März 1989 mit 62 % vom Volke bestätigt. Im Februar 1993 unterlag er mit Pauken und Trompeten (33,3% der Stimmen) dem Präsidentschaftskandidaten der Opposition, Professor Albert Zafy (66,7%) – um am 31. Januar 1997 korrekt demokratisch Revanche zu üben: Mit 50,7% obsiegte er über Zafy (49,3%), der sich zwischenzeitlich mit dem Parlament überworfen hatte, und kehrte ins Präsidentenamt zurück..

Zweitens haben wir das ghanaisch-nigerianische Modell einer planmäßig exerzierten Übergabe der Staatsgewalt an Zivilisten, nach demokratischem Ritus unter der Weihe einer möglichst perfekt ausgefeilten neuen Verfassung. Das Militär kehrt dann in die Kasernen zurück, oder die Generäle nehmen ihren Abschied und widmen sich einer neuen Laufbahn z.B. als Unternehmer, wie Nigerias General Obasanjo nach 1979. Dennoch überzeugten im nachhinein die II. Republiken weder in Ghana, wo der 1969 gewählte Premierminister Busia rasch diktatorische Gelüste entwickelte, noch in Nigeria.

Jerry Rawlings in Ghana hat 1979 nach dem letztgenannten Modell gehandelt und nach kurzem (wie bereits erwähnt, blutigem) „Hausputz" (dies seine eigene Wortwahl) noch im gleichen Jahr die Wahl eines Parlaments und eines Präsidenten zugelassen; dann hat er diese III. Republik Ghanas schon zum Jahresende 1981 durch seinen zweiten Putsch wieder weggeräumt. Anschließend ließ Rawlings sich elf Jahre Zeit und experimentierte bei Kommunalwahlen 1988 mit einem (dritten) Modell, wie man Militärherrschaft loswird: einer typisch populistischen „Basisdemokratie" ohne politische Parteien. Als das Volk ihm offenbar diese Staffage nicht abnahm (gerade aus Ghana hörte man unschöne Berichte über Willkür und Anmaßung auch einzelner und rangniedriger Soldaten),[107] schwenkte Rawlings schließlich um zum ägyptischen Modell, Variante zwei: Am 3. November 1992 gewann er die Präsidentschaftswahl mit soliden 58,6%. Bei der nächsten Wahl am 7. 12. 1996 waren es 57,2% bei (für Afrika hohen) 77% Beteiligung.

Das letzte Wort in diesem Kapitel soll einem nigerianischen Soziologie-Dozenten gehören:

„. . . Die von vielen afrikanischen Militärs eingesetzten Mechanismen zur Säuberung der Gesellschaft sind oft sehr idealistisch . . . Indem sie sich über oder außerhalb des Gesetzes stellen, tragen die Militärs manchmal zu Instabilität und Unordnung bei anstatt zur Ordnung. Die ungezügelte Ausübung von Macht kann selbst sehr korrumpierend sein und Ergebnisse produzieren, die nach Disziplinlosigkeit riechen . . ."[108]

7. Sozialistische Optionen

Als Julius Nyerere 1962 in einem Moment der Muße, vom Amt des Premierministers zurückgetreten, zum Präsidenten noch nicht gewählt, seine Broschüre *Ujamaa – The Basis of African Socialism* schrieb (im Vorbeigehen zitierte ich gegen Ende des vorigen Kapitels den Anfangssatz), bot sich dem frisch entkolonisierten Erdteil die Option für Sozialismus verlockend an – unter zwei Aspekten: der erste, innenpolitische, war den Führern der Befreiungsbewegungen vertraut; der zweite war für sie neu, denn er wies in das sich gerade erst öffnende Feld der Weltpolitik.

Vertraut war das Bündnis der Antikolonialbewegungen mit Sozialisten der Kolonial-Metropolen in Westeuropa. Wir haben das Zweckbündnis der franko-westafrikanischen RDA mit der Kommunistischen Partei Frankreichs (KPF) 1946–50 erwähnt. In London galt gleichzeitig – und erheblich länger –, daß die *Labour Party,* ob an der Regierung oder in Opposition, für beschleunigte Entkolonisierung eher zu haben war als die *Tories.* Die Selbstsicherheit, mit der nicht nur doktrinäre Leninisten (wie die KPF), sondern auch demokratische Sozialisten Europas überzeugt waren, an der Spitze des Fortschritts der Menschheit zu marschieren, färbte auf ihre afrikanischen Bundesgenossen ab. Der europäische Imperialismus war im Zeichen des Kapitalismus über die Kolonien gekommen, ob man es nun mit Lenin hielt oder nicht. Was lag näher, als die künftige Freiheit, die ja Modernität und das heißt Fortschritt bringen sollte, im Lichte des Sozialismus zu sehen? Kein afrikanischer Politiker wollte sich ja von Europa abschotten, Unabhängigkeit ging für alle Hand in Hand mit einer neuen Gemeinsamkeit unter Gleichen. Namen wie *Commonwealth,* zeitweilig *Gommunauté,* hatten in Afrika guten Klang. Es bestand auch eine reale Chance, daß Sozialisten, Freunde des freien Afrika also, in London, in Paris (und Bonn) die Regierung wieder übernehmen würden.

Weltpolitisch reizte das „Sozialistische Lager". Afrika kannte den Westen (mindestens Westeuropa), zum Osten hatte es bisher kaum Kontakt; dafür war ebenso Stalin verantwortlich, der allen nichtkommunistischen Antikolonialisten mißtraute, wie die Kolonialregierungen, die nach dem kurzen Flirt mit Moskau im Zuge der Anti-Hitler-Koalition ab 1947 wieder auf streng antibolschewistischen Kurs gegangen waren. Jetzt, nach 1960, wandte sich zwar das neue Afrika so gut wie geschlossen der von Tito, Nehru, Sukarno und Nasser propagierten Außenpolitik der Blockfreiheit zu. Aber abgesehen davon, daß alle vier Genannten ihre eigenen Modelle des Sozialismus verkörperten, bedeutete Blockfreiheit ja nicht Neutralität zwischen Ost und West, schon gar nicht zwischen Kapitalismus und Sozialismus, sondern ließ aktive Kooperation mit beiden Blöcken zu – nur eben eigenständig, nicht in Abhängigkeit. Die Öffnung der Sowjetunion unter Chruschtschow für die Regierungen der Dritten Welt, die rivalisierende Kampagne des spätmaoistischen China (nur kurzfristig gelähmt durch die Implosion der „Kulturrevolution" Ende der 1960er Jahre), speziell die Bereitschaft beider kommunistischen Großmächte zu militärischer Rückendeckung für die Befreiungskämpfer gegen hartnäckige Kolonialisten (Portugal, Rhodesien, Südafrika) wirkten attraktiv. Der Westen zeigte sich ja auf diesem Ohr taub.

Ob dann wirklich die sowjetische Entwicklungshilfe für Guinea Schneepflüge einschloß, wie man im Westen bald witzelte (die wuchtige Dachkonstruktion der chinesischen Textilfabrik in Dar Es Salaam, sichtlich für Winterlast berechnet, sah ich 1967 mit eigenen Augen), sei dahingestellt. Daß der Assuan-Hochdamm nicht nur Strom, sondern zuhauf ökologisches Kopfzerbrechen liefert, merkten inner- und außerhalb Ägyptens viele erst später. Wenigstens vereinzelte Industriebetriebe (inklusive eines nordkoreanischen für Klosettschüsseln) in die Trockensteppe Malis zu klotzen ... Die von Zambia politisch so bitter benötigte Eisenbahn nach Tanzania wirklich zu bauen (das Großprojekt der VR China)... Es schien sich für Afrika schon zu lohnen, mit kommunistisch regierten Staaten zu kooperieren, sei es auch nur, um damit dem Westen Gegengewicht-Projekte abzuringen.

Zusammenfassend und vereinfachend dürfen wir sagen, daß afrikanische Regenten der 1960er Jahre, wenn sie sich zum Sozialismus bekannten (und in irgendeiner Version taten das die meisten, mit den gewichtigen Ausnahmen des *Northern Peoples' Congress* (NPC) der nord-nigerianischen Emire und von Félix Houphouet-Boigny, Präsident der Côte d'Ivoire), einen Sprung in den Fortschritt unter Abkürzung der Phase kapitalistischer Schmerzen suchten – eben jenen *Shortcut to Progress,* von dem der Schwede Goran Hyden Jahre später nachwies, daß es ihn nicht gibt (Hyden 1983). Man wollte Afrika Klassenkämpfe ersparen und glaubte, dies auch politisch leisten zu können, indem man, wie schon mehrfach erwähnt, die im antikolonialen Befreiungskampf erreichte „Volksgemeinschaft" konservierte und als Triebkraft für eine dem „kleinen Mann" unmittelbar dienliche Wirtschaftsentwicklung einsetzte. Immer wieder müssen wir auf diesen Kern des afrikanischen Populismus zurückkommen.

Er ließ sich, suchte man mit der Lupe, durchaus aus dem Werk von Karl Marx rechtfertigen. 1881 hatte die russische Sozialistin Vera Sassulitsch an Marx geschrieben und angefragt, ob nicht vom Gemeineigentum der urtümlichen, damals noch nicht völlig verschwundenen russischen Dorfgemeinde *(Mir)* ein ab gekürzter Weg in den modernen Kommunismus der Zukunft führe; Marx machte sich die Antwort schwer, hinterließ drei ausführliche Entwürfe zu dem dann doch recht lakonischen Bescheid, den er am 8. März 1881 datierte und in dem er einräumte:

„... Die im ‚Kapital' gegebene Analyse enthält also keinerlei Beweise – weder für noch gegen die Leistungsfähigkeit der Dorfgemeinde, aber das Spezialstudium, das ich darüber getrieben... habe, hat mich davon überzeugt, daß diese Dorfgemeinde der Stützpunkt der sozialen Wiedergeburt Rußlands ist; damit sie aber in diesem Sinne wirken kann, müßte man zuerst die zerstörenden Einflüsse, die von allen Sei-

ten auf sie einstürmen, beseitigen, und ihr sodann die normalen Bedingungen einer natürlichen Entwicklung sichern."[109]

Mit Marxens Gesamtwerk verglichen, ist das allerdings eine
schmale Plattform für epochemachende Politik auf einem ganzen Kontinent. Vielleicht deshalb haben die frühen Verfechter
eines „Afrikanischen Sozialismus", die man als solche gern von
den späteren Protagonisten eines „Wissenschaftlichen Sozialismus" (lies: Marxismus-Leninismus) abhebt, sich in der
Regel nicht als Marxisten bekannt. Julius Nyerere, Léopold
Senghor und Tom Mboya aus Kenia[110] sind die bekanntesten
unter ihnen. In der Tat wollten sie, genau wie die russischen
Narodniki (wörtlich: Populisten), unmittelbar an angeblich
urtümliches afrikanisches Sozialverhalten anknüpfen, natürlich
nicht einfach „. . . die Uhr auf Afrikas vorkoloniale Zeiten zu-
rückstellen . . ."[111] sondern eben die möglichst konfliktfreie
Abkürzung zum Fortschritt beschreiten.

Die schon Mitte der 1960er Jahre einsetzende Diskreditierung der Theorien eines arteigenen „Afrikanischen Sozialismus" hatte sicher auch etwas mit dem damals wachsenden
Prestige der weltraumerobernden Sowjetunion und der angeblich auf einem „Großen Sprung nach vorn" befindlichen
Volksrepublik China zu tun, vor allem aber mit dem rasch anschwellenden Rückstrom junger afrikanischer Absolventen aus
den Hochschulen insbesondere Frankreichs und Englands.
Houphouet-Boigny wird das Bonmot zugeschrieben: „Wenn
ich Kommunisten brauche, schicke ich Studenten nach Paris;
brauche ich Antikommunisten, schicke ich sie nach Moskau"
(was er meines Wissens nie tat). Inzwischen waren natürlich
die besten Plätze an der Sonne der Unabhängigkeit vergeben,
ältere Kämpfer der Befreiung waren in die verlassenen Schuhe
der Kolonialregenten geschlüpft.

Das bedeutete sozialen Konflikt, zwar nicht wirklich zwischen Klassen im Sinne von Marx, aber mindestens zwischen
zwei Generationen jener Gesellschaftsschicht, die Marxisten
gern im geräumigen Sack des Verlegenheits-Klassenbegriffs
„Kleinbürgertum" unterbringen. Der Fortschritt war also für

die Jungen nicht mehr so harmonisch zu haben, wie Julius Nyerere z. B. sich das 1962 vorgestellt hatte. 1967 reagierte er mit der schon etwas härter die angeblichen Ausbeuter innerhalb des eigenen Volkes attackierenden *Arusha Declaration* (verlangte diese doch von TANU-Führern, auf den lukrativen Besitz von Mietshäusern zu verzichten), und etwas später begann ein junger Juradozent der Universität Dar Es Salaam das Publikum mit der Behauptung zu verunsichern, im angeblich so einträchtigen Volk Tanzanias herrsche Klassenkampf (Shivji 1976). Die von Nyerere als freiwilliger Fortschritt angeregte Kollektivierung der bäuerlichen Produktion in „Ujamaa-Dörfern"[112] wurde um diese Zeit schon – das war der konkrete Inhalt des tanzanischen Klassenkampfes – mit behördlichem Zwang durchgepaukt und zerstörte deshalb genau das, was Marx 1881 als Voraussetzung für den abgekürzten Weg zum Sozialismus benannt hatte – die „normalen Bedingungen einer natürlichen Entwicklung" der großen Mehrheit des Volkes.

Amilcar Cabral, Agronom von den Kapverdischen Inseln und Führer der seit 1963 bewaffnet gegen Portugal kämpfenden *Afrikanischen Unabhängigkeitspartei für Guinea und die Kapverden* (PAIGC), analysierte 1964 als Marxist die Klassenstruktur seiner afrikanischen Wahlheimat Guinea-Bissao und kam zu durchaus konfliktträchtigen Schlußfolgerungen:

„... Physisch ist die Bauernschaft in Guinea eine starke Kraft. Sie stellt beinahe die gesamte Bevölkerung dar, sie produziert und kontrolliert die Schätze der Nation. Wir wissen jedoch aus Erfahrung, welche Mühe es kostet, die Bauern zum Kampf zu bringen ...

Das (schwarze, F. A.) Kleinbürgertum kann man in drei Gruppen einteilen, je nachdem, wie ihr Verhältnis zum Befreiungskampf ist. Zuerst die Gruppe, die dem Kolonialsystem sehr ergeben und mit ihm handelseinig geworden ist; sie umfaßt die Mehrheit der höheren Beamten und Angehörigen der freien Berufe. Dann die Gruppe, die wir manchmal zu Unrecht das revolutionäre Kleinbürgertum nennen. Es ist der Teil, der eine nationale Gesinnung entwickelt und auch den Gedanken der nationalen Befreiung formulierte. Dazwischen steht derjenige Teil des Kleinbürgertums, der noch nicht fähig war, sich zwischen der nationalen Befreiung und den Portugiesen zu entscheiden ...

Unser Problem ist nun zu sehen, wer fähig ist, die Kontrolle über den neuen Staatsapparat zu übernehmen, wenn die koloniale Gewalt zerstört ist. In Guinea können die Bauern weder schreiben noch lesen ... Die Arbeiterklasse existiert kaum als definierte Klasse, sie ist nur ein Keim. Es gibt keine ökonomisch leistungsfähige Bourgeoisie, da der Imperialismus ihr Entstehen verhindert. Es gibt jedoch eine Schicht von Leuten im Dienste des Imperialismus, die lernten, wie man den Staatsapparat organisiert: die afrikanische Kleinbourgeoisie ... Das Kleinbürgertum kann sich entweder mit dem Imperialismus und den reaktionären Schichten im eigenen Land verbünden, um sich selbst als Kleinbürgertum zu erhalten, oder es kann sich mit den Arbeitern und Bauern verbünden ... Das revolutionäre Kleinbürgertum ist aufrichtig. Das bedeutet, daß es sich trotz aller feindseligen Bedingungen mit den fundamentalen Interessen der Masse identifiziert. Das mag Selbstmord bedeuten, aber er wird nicht umsonst gewesen sein. Indem es sich selbst opfert, kann es wieder zum Leben zurückkehren, aber in Gestalt von Arbeitern und Bauern ..."[113]

Zu diesem hoffnungsvollen Bild von Tod und Auferstehung einer Klasse hat der christliche Katechismus mindestens soviel Ideengut beigesteuert wie die Schriften von Karl Marx. In der politischen Praxis von Guinea-Bissao seit seiner Unabhängigkeit 1974 (Amilcar Cabral wurde mehr als ein Jahr früher ermordet) haben die Bürokraten zwar ebensowenig Selbstmord als Klasse begangen wie irgendwo sonst in Afrika. Aber darauf kommt es hier weniger an, auch nicht auf die altbekannte These, daß Marxisten bei der Analyse bestehender Elendsverhältnisse erheblich klarer sehen als bei ihrer Prognose einer besseren Zukunft. Mir kommt es darauf an zu zeigen, wie die Theorie des Sozialismus in Afrika sich vom Traum der konfliktfreien Abkürzung des Entwicklungsweges fort- und auf eine Einsicht in die Unvermeidbarkeit innenpolitischer Konfrontation zubewegte.

Gerade wo diese Spannungen in Blutvergießen ausarteten und womöglich noch rabiate außenpolitische Konflikte hinzukamen, brachen um 1975 politische Systeme durch, die sich selbst als marxistisch-leninistisch proklamierten. Wir sehen dabei von anderen Staaten ab, deren Chefs die Rote Fahne eher als Spielzeug schätzten (Kongo-Brazzaville, Benin, Madagaskar). In Äthiopien[114] wehrte sich die hier nun wirklich traditionelle Aristokratie gegen ihre Liquidierung durch die jungen Offiziere, die den Kaiser gestürzt hatten, in Eritrea herrschte Bürgerkrieg, im Ogaden griff Somalia nach gewaltsamer Vollendung seiner nationalen Einheit. In Angola[115] mußte nach dem Abzug Portugals die *Volksbefreiungsbewegung* (MPLA) gegen rivalisierende Befreier, vor allem Savimbis UNITA, und gegen den Einmarsch südafrikanischer Truppen die Soldaten Fidel Castros ins Land rufen, um ihr Machtmonopol durchzusetzen. In Mozambique[116] hatte zwar schon die *Organisation der Afrikanischen Einheit* (OAU) während des Antikolonialkrieges dieses Monopol der FRELIMO zugesprochen; Rhodesien und Südafrika sorgten auch hier für Destabilisierung durch die RENAMO-Guerrilla.

In diesen drei Staaten wollten die Regierungen simpel überleben, der Leninismus war nur der Rettungsring, nach dem sie griffen. Er erschien tragfähig, nicht weil er für übermorgen das Paradies verhieß, in dem der Staat „absterben" würde, sondern weil der „real existierende" Sozialismus sich als ein Block starker Staaten darstellte – stark gegenüber dem eigenen Volk. Ein derart starker Staat mußte jetzt her in Äthiopien, Angola und Mozambique, und wenn er die gegen Südafrika erforderliche internationale Rückendeckung nur in Moskau fand, und wenn Moskau die Umwandlung der Befreiungsbewegungen in leninistische „Avantgarde"-Parteien wünschte, dann galt es eben, diesen Weg einzuschlagen. Erst runde 15 Jahre später sollte sich erweisen, daß Macht und Ruhm des Kommunismus zwischen Berlin und Moskau ein Koloss mit tönernen Füßen war.

Vorher schon scheiterte die Option des „wissenschaftlichen" Sozialismus in Afrika an drei ihrer Komponenten. Erstens versagte die Solidarität des Ostblocks wirtschaftlich; Mozambique wurde bereits 1981 (also lange vor Gorbatschow) die Vollmitgliedschaft im *Rat für gegenseitige Wirtschaftshilfe* (RgW) verweigert, da Vietnam und Kuba ihm schon genug Last aufbürdeten. Nun kann niemand behaupten, daß die „Entwicklungs-Zusammenarbeit" des Westens einschließlich Lomé-

Konventionen und Weltbank-Studien dem übrigen Afrika effektiv auf die Beine geholfen hätte, aber im Vergleich zum Ostblock glitzerte sie doch recht reizvoll. Zweitens bedeutete Gorbatschow gleich nach seinem Machtantritt 1985 den Afrikanern unverblümt, selbst das militärische Engagement der Sowjetunion werde künftig eher zurückgenommen als ausgebaut. Drittens erwies sich die zentralisierte Planwirtschaft, die nun einmal neben Einheitspartei, Geheimpolizei und Anlehnung an die Sowjetunion *auch* zum Leninismus gehört, überall in Afrika als Katastrophe, ganz besonders auf dem die Masse des Volkes betreffenden Feld der Landwirtschaft. „Ich habe jetzt Kollektivierung der Bauern dreimal erlebt – in Rußland, in Polen nach 1945, in Ghana unter Nkrumah; ich sehe nicht ein, warum es hier in Tanzania besser laufen soll..." Dieser Stoßseufzer eines polnischen Kollegen in Dar Es Salaam 1967 (damals natürlich unter vier Augen geäußert) klingt mir noch heute in den Ohren. Auch im Sozialistischen Äthiopien hat die schon im Frühjahr 1975 verkündete radikale Agrarreform zwar jedem Äthiopier das Recht erteilt, maximal 10 ha Land eigenständig zu nutzen; insofern handelte es sich bei der gleichzeitig proklamierten Überführung allen Grundbesitzes in „kollektives Volkseigentum" nicht um Übernahme des Stalinschen Modells von 1929, sondern um Zerstörung der aristokratischen Grundherrschaft. Die militaristische Implementierung der Reform[117] degradierte jedoch die örtlichen Bauernvereinigungen zu Befehlsempfängern der zentralen Militärjunta und lähmte folglich die bäuerliche Initiative mindestens ebenso effektiv wie in Tanzania.

Goran Hyden hat eindringlich für seine These argumentiert, Afrikas Bauern müßten vom Staat „gefangen genommen" *(captured)* werden, wenn Afrika jemals zur „modernen" Welt des Nordens aufschließen wolle. Das ist den „starken Staaten" der sozialistischen Option (genauer: den „stark sein wollenden Staaten...") nicht gelungen. Hier steht nicht zur Debatte, ob Afrikas Modernisierung wünschenswert ist, ob die Ökologie der Erde sie ertragen könnte, ob der Norden nicht auch im Westen zu Recht an seiner eigenen Modernitäts- und Fortschrittsgläubigkeit irre wird. Vorerst wollen noch alle politischen Systeme Afrikas eben jene Modernisierung, für die sie ihre Bauern einspannen müssen. Die wiederum reagieren auf Zumutungen des Staates mit Rückzug auf ihre althergebrachte Weise des Produzierens und Verteilens von Gebrauchsgütern im kleinen Kreis. Politisch bedeutet das Steuerstreik, ökonomisch für die Städter (d.h. für jene Afrikaner, die aus den Netzwerken der alten Gesellschaft herausfallen) Teuerung bis hin zum Hunger. Zur Debatte steht, warum marktorientierter Politik das Einspannen der Bauern etwas leichter zu fallen scheint als sozialistisch orientierter – gerade in ein und demselben Land zu verschiedener Zeit. Tanzania, Ghana und andere Staaten fahren mit der Auflösung von Zwangskollektiven, mit Preisanreizen zur Produktion von Nahrungsmitteln durch Privatbauern jetzt besser als früher; teurer werden freilich die Lebensmittel in den Städten dabei auch.

Eine doppelte Antwort liegt nahe. Erstens war es falsch zu glauben, Afrikas Bauern hätten jemals kollektiv produziert; wohl gab es in der Regel kein veräußerbares Privateigentum an Grund und Boden, jedoch private Verantwortung für Ackerbau und Vieh. Wir erwähnten, wie rasch die Kakao-Pflanzer Ghanas in der Frühzeit der Kolonialherrschaft aus eigenem Antrieb auch das private Grundeigentum einführten. Generell scheinen Afrikas Bauern, solange die Obrigkeit sie in Ruhe läßt, (genau wie die Bauern anderer Kontinente!) sozialer Differenzierung zu unterliegen; einfacher ausgedrückt: Einige werden reicher und erwerben mehr Land, andere verarmen. Kulaken entwickeln sich auch außerhalb der Ukraine.

Zweitens versagte die Wirtschaftspolitik jener Regierungen, die eine sozialistische Option wählten, außerhalb des Agrarsektors ebenfalls - teils an der Bürokratie in den „volkseigenen" Industrie- und Dienstleistungsbetrieben, teils an ihrer relativen Abkoppelung vom westlichen Weltmarkt und den Schwächen seines östlichen Gegenstücks. Konkret gesagt: wenn Ujamaa-Dörfer die vom Staat versprochenen Wasserpumpen nicht erhalten, und wenn dann mangels Benzin und

Ersatzteilen auch keine Lastkraftwagen kommen, um die Ernte abzuholen, und wenn die Kaufkraft des Geldes verfällt, dann produzieren die Bauern nicht mehr für den Plan.

Wenigstens diese Lektion beherzigte Präsident Robert Mugabe in Zimbabwe während des ersten Jahrzehnts der 1980 endlich errungenen Unabhängigkeit; seine hartnäckige Vorliebe für das Einpartei-System blieb auf die Politik im engeren Sinne beschränkt. Mugabe schwor zwar seine Befreiungsbewegung *Zimbabwe African National Union* (ZANU) noch während des Krieges gegen das weiße Regime Rhodesiens auf Marxismus-Leninismus ein. ZANU fand aber nie, suchte wohl auch kaum jemals das Wohlwollen der Sowjetunion, die sich seit 1969 als Schutzmacht der rivalisierenden Befreiungsbewegung *Zimbabwe African People's Union* (ZAPU) unter Joshua Nkomo festgelegt hatte (ZANU spaltete sich 1964 von ZAPU ab). Folglich gab es auch keine Beratung aus dem Reich des „wissenschaftlichen (Real-)Sozialismus", weder über Guerrilla-Strategie vor der Unabhängigkeit (was der ZANU-Kriegführung nur zugute kam) noch über Agrarpolitik danach. Mugabe garantierte in den Entkolonisierungs-Verhandlungen mit Großbritannien den ca. 5000 weißen Farmern Zimbabwes auf zehn Jahre (also bis 1990) das Privateigentum an ihren kommerziell geführten landwirtschaftlichen Betrieben. Er bot den ca. 600 000 schwarzen Kleinbauern *ohne* Kollektivierungsprogramm Anreiz zur verstärkten Produktion, und sie (faktisch die 15% der schwarzen Bauern, die auf relativ fruchtbarem Land sitzen)[118] dankten es ihm mit Rekordernten an Mais und Baumwolle. Man mag es (von linksaußen) als Verrat an einer versprochenen Revolution oder (aus dem demokratischen Lager) als Etablierung einer Diktatur bedauern, oder denselben Vorgang als Pragmatismus loben: Von der sozialistischen Option Zimbabwes blieb im wesentlichen nur der Drang nach dem „starken Staat" übrig. Auch als nach 1990 Präsident Mugabe begann, einzelne weiße Farmen im Zeichen eines Ansiedlungsprogramms für landlose Schwarze zu enteignen, wurde gelegentlich aus der kritischen Presse bekannt, daß nicht etwa ein paar Dutzend arme Familien, sondern ein Minister, Abgeordneter oder hoher Beamter als Pächter eingesetzt wurde. Kenia läßt grüßen.

Nur teilweise mit Zimbabwe vergleichbar ist die Entwicklung Namibias, dessen *South West Africa People's Organisation* (SWAPO) Ende 1989 bei freien und fairen, von der UNO kontrollierten Wahlen siegte, aber vorher über dreißig Jahre lang zu den Schützlingen und Militärhilfe-Empfängern des Ostblocks zählte. 1976 hatte die Exil-SWAPO viele Kennworte des „wissenschaftlichen Sozialismus" in ihr politisches Programm hineingeschrieben. Die Mißhandlung von SWAPO-Dissidenten in Angola und Zambia als „Spione" des Kriegsgegners Südafrika (Haft und Folter ohne Gerichtsverfahren) trägt deutliche Züge stalinistischer Polizeipraxis. Aber als die SWAPO 1990 die Regierung übernahm, akzeptierte sie das Mehr-Parteien-System und einen Katalog von Grundrechten, der auch Privateigentum an Produktionsmitteln schützt, nicht nur vorläufig auf Diktat der UNO. Die zweiten freien Wahlen im Dezember 1994 verstärkten zwar die SWAPO auf 72,7% der Stimmen; sie ließen aber zwei Oppositionsparteien mit immerhin 20,5% bzw. 2,7% intakt. Trotz der Zweidrittelmehrheit blieb die Verfassung unverändert. Die ca. 4000 kommerziellen Farmen (in dem trockenen Land dienen sie fast nur der Viehzucht und müssen gewaltige Größe von bis zu 10.000 ha haben) bleiben als Rückgrat der Landwirtschaft unangetastet und meist in weißen Händen. Für kapitalistische Investoren wird der rote Teppich ausgerollt. Sozialismus? Selbst die Debatte darüber scheint zu verdorren.[119]

Anders in Südafrika: Es ist nach dem bravourösen Sieg des ANC 1994 (sein Befreiungskampf füllt fast das ganze 20. Jahrhundert und verdient deshalb auch in der Neuauflage dieses Buches ein eigenes Kapitel) der einzige Staat der Welt, wo eine reguläre Kommunistische Partei maßgeblich mitregiert - als Ergebnis einer freien Wahl. Wir haben es in Südafrika nicht mit PDS-verschämten sogenannten Postkommunisten zu tun wie in Italien oder Deutschland. Die *South African Communist Party* (SACP), nach 1950 im Untergrund und Exil aus der 1921 gegründeten *Communist Party of South Africa* (CPSA) hervorgegangen, sieht auch 1997 keinen Anlaß, ihren Namen oder die rote Fahne, Marx oder Lenin zu verleugnen. Sie darf stolz darauf sein, Rassismus in ihren eigenen Reihen nie geduldet zu haben, weder weißen noch schwarzen. Spätestens seit 1955 arbeiten ihre Kader eng mit dem ANC zusammen, 1961 gründeten ANC und SACP gemeinsam die Militärorganisation *Umkhonto weSizwe* (MK = Speer der Nation) für den bewaffneten Kampf; seit 1969 sind Kommunisten direkt in den ANC integriert, an der Führungsspitze vertreten durch den weißen, aus Litauen (1926) gebürtigen Rechtsanwalt Joe Slovo. Er war bis 1990 Stabschef von MK; er starb am 6. Januar 1995 im Amt des Wohnungsbau-Ministers. Ihre eigenständige Organisation hat die SACP, ganz im Sinne der Lehren Lenins vom II. Komintern-Kongreß 1920, dabei immer erhalten, Slovo war von 1986 bis 1991 ihr Generalsekretär.

CPSA und SACP folgten ideologisch stets der Moskauer Linie, nachdem Stalin in den 1930er Jahren selbst im fernen Südafrika Abweichler aus der Partei vertrieben hatte. 1990 allerdings, nach fünf Jahren Gorbatschow, gab es keine klare Moskauer Linie mehr. Da reagierte Joe Slovo mit einem „analytischen Diskussionspapier", wie er es vorsichtig nannte, im *African Communist* (der SACP-Zeitschrift) auf *Glasnost* und die Umwälzungen in Osteuropa. Ich kenne keine andere derart einschneidende, ernsthafte Selbstkritik eines afrikanischen Theoretikers und Politikers, der für den Sozialismus (gleich welcher Spielart) eintrat - Julius Nyerere eingeschlossen. Slovos Argumentation läuft im Kern darauf hinaus, Stalin *und* (das war das Neue) das angeblich erst von ihm geschaffene System zu verurteilen, Lenin dagegen zu retten, um ein bestimmtes Maß real-sozialistischer Tradition weiterhin bejahen und als Ziel für Südafrika anstreben zu können.

„... Die zweite Jahreshälfte 1989 sah den dramatischen Kollaps der meisten kommunistischen Partei-Regierungen Osteuropas. Ihr Sturz wurde durch massive Aufstände bewirkt, welche die Unterstützung nicht nur der Mehrheit der Arbeiterklasse fanden, sondern auch eines großen Teils der Mitglieder der herrschenden Parteien selbst. *Dies waren Volksrevolten gegen unpopoläre Regime; wenn Sozialisten unfähig*

*sind, mit dieser Realität ins Reine zu kommen, ist die Zukunft des So-
zialismus in der Tat finster...*

Der Begriff „Stalinismus" bezeichnet den bürokratisch-autoritären
Stil der Führung (von Parteien sowohl an der Macht wie ohne Macht),
der die Partei und die Praxis des Sozialismus der meisten Teile ihres
demokratischen Gehalts entblößte, um die Macht in den Händen einer
dünnen, sich selbst verewigenden Elite zu konzentrieren.

Obgleich die Gußform für Stalinismus unter Stalins Führung ge-
brannt wurde, behaupten wir nicht, daß er die alleinige Verantwortung für seine negativen Praktiken trägt. Der wesentliche Inhalt des
Stalinismus – Sozialismus ohne Demokratie – wurde in der Sowjetunion nach Stalin beibehalten (bis zu Gorbatschows Intervention),
wenn auch ohne einiges von dem Terror, der Brutalität und den Verzerrungen der Rechtsprechung, die mit Stalin selbst verbunden sind."

Slovo fährt fort mit Kritik an jenen, die den Stalinismus retten
wollen, oder auch solchen, die Gorbatschow Schuld an der
Krise geben. Dann jedoch stemmt er sich nach der anderen
Seite gegen den Siegesjubel im Westen:

„... Es ist keine Übertreibung zu betonen, daß im Augenblick die sozialistische Kritik am Kapitalismus und der Schwung, Herzen und
Hirne der Menschheit für den Sozialismus zu gewinnen, so gut wie
aufgegeben sind. *Die beispiellose Offensive kapitalistischer Ideologen
gegen den Sozialismus wird tatsächlich mit einseitiger ideologischer
Abrüstung beantwortet.*

In dem Maße, wie dies geschah, um sich auf das Ordnungschaffen in
unserem eigenen Hause zu konzentrieren, ist das wenigstens verständ-
lich. Aber in vielen Fällen gibt es Unfähigkeit, zwischen Sozialismus
im allgemeinen und den unkorrekten Methoden zu unterscheiden, die
benutzt wurden, um ihn mit den Füßen auf den Boden zu setzen. Das
hat zu einem ungerechtfertigten Flirt mit gewissen ökonomischen und
politischen Werten des Kapitalismus geführt.

Die Perversion der Demokratie in der sozialistischen Erfahrung
wird fälschlich kontrastiert mit ihrer Praxis im kapitalistischen Westen, als ob der letztere angemessenen Raum für die Erfüllung der demokratischen Ideale gewährte...

Wenn wirklich, was in der sozialistischen Welt geschehen ist, *geschehen mußte* auf Grund einiger oder aller unserer theoretischen
Ausgangspunkte, wenn die stalinistische Perversion unvermeidbar ist,
dann ist nichts mehr zu sagen; dann müssen wir offenbar entweder eine Alternative zum Sozialismus suchen oder einige seiner Postulate
über Bord werfen, mindestens qualifizieren.

Wir glauben jedoch, daß die Theorie des Marxismus in allen ihren wesentlichen Zügen gültig bleibt . . ."

. . . obgleich Slovo selbst im Fortgang seines Arguments ein-räumt, daß die Theorie der marxistischen Klassiker „bezüglich der Form und Struktur der künftigen sozialistischen Gesell-schaft unterentwickelt" blieb. Für diese kaum bestreitbare, unter Kommunisten dennoch ketzerische Aussage zitiert Slovo als Rückendeckung Gorbatschow mit einem *Prawda* –Artikel vom 26. 11. 1989. Auf dieser gedanklichen Basis stellt er sich der Frage „Sozialismus und Demokratie". Er scheut nicht vor Rosa Luxemburgs berühmten Satz zurück „Freiheit ist immer nur Freiheit des anders Denkenden", und hält korrekt fest, daß er aus der Schrift *Die Russische Revolution* vom Herbst 1918 stammt, also einer Kritik an Lenin und Trotzki, nicht an Stalin. Aber Slovo verteidigt sofort Lenin:

„. . . Ohne eine Eingrenzung der Demokratie gab es keinen Weg, auf dem die Revolution sich im Bürgerkrieg und gegen die direkte Inter-vention der ganzen kapitalistischen Welt hätte verteidigen können. Aber Luxemburgs Konzept der Freiheit ist sicherlich unwiderlegbar, sobald eine Gesellschaft Stabilität erreicht hat. Lenin nahm offenbar an, was auch immer an Repression unmittelbar nach der Revolution notwendig wäre, es würde relativ mild und kurzlebig sein. Der Staat und seine traditionellen Machtinstrumente würden beginnen ‚abzu-sterben'. . ."

Gefährliche Spekulation für einen afrikanischen Kommuni-sten, wie oben ausgeführt! Slovo spinnt sie auch nicht weiter, sondern hält sich an seiner Forderung nach Demokratie im stabilisierten Sozialismus fest, wobei zu bedenken bleibt, daß Demokratie eine Staatsform ist (kein Wirtschaftsmodell, kein Gesellschaftsmodell wie Sozialismus!) und durchaus die Form eines starken Staates sein kann, wie Winston Churchill und andere bewiesen haben. Aber muß der Staat im Sozialismus ein Einpartei-Staat sein? Wieder stellt sich Slovo der Frage, wieder rettet seine Antwort den klassischen Marxismus bis ein-schließlich Lenin:

„Hegel prägte den tiefen Aphorismus, daß die Wahrheit meist als Ket-zerei geboren wird und als Aberglaube stirbt. Ohne ein wirkliches

Recht auf Widerspruch seitens der Bürger oder sogar seitens der Masse der Parteimitglieder wurde die Wahrheit mehr und mehr durch tödliches Dogma blockiert; eine Art Katechismus nahm den Platz kreativen Denkens ein. Im Einpartei-Staat war die Alternative zu aktivem Konformismus entweder Schweigen oder das Risiko, als ‚Volksfeind' bestraft zu werden.

Ist diese Unterdrückung des Rechts auf Widerspruch dem Einpartei-Staat inhärent?..."

Und wieder muß Gorbatschow herhalten, mit einem Zitat aus dem nämlichen *Prawda*-Artikel, um Slovo abzuschirmen: Demokratie im Einpartei-System sei „eine edle, aber sehr schwierige Mission ..." Wer will das leugnen? Die Frage ist doch, ob es eine lösbare oder unlösbare Aufgabe ist (ich fürchte, letzteres). Joe Slovo ringt sich endlich zu einem fast klaren Votum durch:

„...Nicht alle Einpartei-Staaten auf unserem Erdteil erwiesen sich faktisch als autoritär; an der Spitze einiger von ihnen stehen besonders humane Führer, die leidenschaftlich an demokratische Prozesse glauben. Wir können auch nicht die Rolle von der Hand weisen, die sie bei der Verhinderung tribaler, ethnischer und regionaler Zersplitterung gespielt haben; sie haben gegen von außen inspiriertes Banditentum gekämpft und einige der schlimmsten Verzerrungen korrigiert, die wir aus der Kolonialzeit geerbt hatten.

In Beziehung zur sozialistischen Perspektive wird manchmal vergessen, daß das Konzept des Einpartei-Systems nirgends in der klassischen marxistischen Theorie zu finden ist. *Und wir hatten genügend Erfahrung mit Einpartei-Herrschaft in verschiedenen Teilen der Welt, um vielleicht (!! F. A.) zu schlußfolgern, daß die ‚Mission', echte Demokratie unter einem Einpartei-System zu fördern, nicht nur schwierig ist, sondern auf lange Sicht unmöglich.*

Aber, jedenfalls wo ein Einpartei-Staat besteht und nicht einmal Demokratie und Rechenschaftspflicht innerhalb der Partei existiert, da wird er zur Abkürzung zu politischer Tyrannei über die ganze Gesellschaft. Und zu verschiedenen Zeitpunkten ist es das, was in den meisten sozialistischen Staaten geschehen ist ..."[120]

Ist es notwendig, sich jetzt – 1997 – so ausführlich mit dieser theoretischen Debatte zu befassen, da doch der real existierende Sozialismus schon seit knapp zehn Jahren tot zu sein scheint – in Europa? Ja, es ist notwendig, wenn wir über Afrika nachdenken wollen. Wir wissen jetzt aus offener Information, wie sie im demokratischen Südafrika üblich ist, daß die SACP erhebliches Gewicht in den unabhängigen Gewerkschaften der Industrie-Arbeiterklasse besitzt - der einzigen real existierenden proletarischen Klasse des Kontinents.[121] Wir verfolgen im *African Communist* die Fortführung der 1990 durch Slovo intonierten Debatte. 1996 hat Jeremy Cronin, ein angesehener Funktionär der mittleren Generation (ein Weißer, aber das spielt hoffentlich in der SACP immer noch keine Rolle), den Finger auf das Konzept „Diktatur des Proletariats" gelegt. In Deutschland erinnern wir uns, daß unter anderem seinetwegen das Bundesverfassungsgericht 1956 die KPD verbot. Cronin plädiert jetzt dafür, das Konzept aufzugeben, da die SACP doch die parlamentarische, repräsentative Mehrparteien-Demokratie ernst nehme; ist einer wie er deshalb kein Kommunist mehr, sondern ein Sozialdemokrat? Wir müssen genau hinhören:

„...Die Schwäche des Konzepts der Diktatur des Proletariats ist nicht, daß es uns erinnert, eine Volksrevolution müsse verteidigt werden, sondern eher, daß es unsere Fähigkeit stark vermindert zu verstehen, wie man sie am besten verteidigt. Die Schwäche des Konzepts ist auch nicht, daß es die Begrenzungen der parlamentarischen Demokratie in einem Kontext kritisiert, in dem die Bourgeoisie alle Sphären der Gesellschaft beherrscht. Ebensowenig ist es falsch, andere Formen demokratischer Organisation zu feiern, die organisch aus Kämpfen des Volkes und der Arbeiterklasse entstehen. Seine Schwäche liegt in der Tatsache, daß es parlamentarische und Sowjet-Demokratie gegeneinander stellt. In der Praxis hat diese Frontstellung wirklich zu rascher Stagnation und bürokratischer Kontrolle über etwas geführt, was einmal dynamische organische Organe [*wörtlich übersetzt! F.A.*] von Volksmacht waren.
   Wir müssen das Konzept der Diktatur des Proletariats aufgeben, nicht stillschweigend im Dunkeln, sondern offen und mit klarem Verstand..."[122]

Kann das Volk Südafrikas sich darauf verlassen, daß die SACP ihr politisches Gewicht und ihr historisches Prestige künftig für eine freie Mehrparteien-Demokratie in die Waagschale werfen wird? Kann sie damit eine sozialistische Option in

Afrika lebendig erhalten, ungeachtet des kapitalistischen Triumphzuges durch die ganze Welt der 1990er Jahre? Die Frage geht nicht nur Südafrika an. Es wird oft übersehen, daß in Eritrea 1993 eine Befreiungsbewegung die Macht ergriffen hat, die sich während ihres jahrzehntelangen bewaffneten Kampfes zu einem lupenreinen Marxismus-Leninismus bekannte - allerdings eher albanischer als sowjetischer Spielart, kämpfte sie doch seit 1974 gegen ein mit Moskau verbündetes Sozialistisches Äthiopien.

Ein kanadischer Politikwissenschaftler schreibt in einer Untersuchung der aktuellen Wirtschaftspolitik (und -misere) Afrikas:

„. . . Das Pendel, das jetzt so stark in Richtung auf liberal-demokratische marktwirtschaftliche Lösungen ausschlägt, könnte später zurückschwingen . . ."

denn

„. . . marxistische Theorien haben ihre Anziehungskraft für viele afrikanische Intellektuelle behalten."

Zwar führt ihn die Analyse der vergangenen radikal-populistischen Experimente in Mozambique, Ghana, Burkina Faso und partiell in Zimbabwe zu der Schlußfolgerung, diese Alternativen,

„. . . selbst wenn sie von lobenswerten Absichten beseelt sind, riskieren den Zusammenbruch und das Umkippen . . ."[123]

Aber das dürfte von Marx faszinierte Afrikaner, mögen sie an der Regierung sein wie in Pretoria und Asmara oder vorläufig in der Opposition, kaum davon abhalten, dem Fortschritt erneut mit Sozialismus auf die Sprünge (hoffentlich nie mehr auf den großen Sprung eines Mao Tse-tung!) zu helfen.

8. Demokratie oder Staatszerfall

Wie im vorigen Kapitel geschildert, bot die Sowjetunion den neuen Staaten Afrikas ein Modell politischer Entwicklung an: die sozialistische Orientierung, auch als „nicht-kapitalistischer Weg" bezeichnet, mit den beiden Stufen einer unmittelbar vollziehbaren „national-demokratischen" und einer künftigen „proletarischen" Revolution. Dieses Modell ist spätestens 1991 in Verruf gekommen.

Der Westen hat Afrika als politisches Modell so gut wie nichts angeboten. Das ist erstaunlich, ist er doch mit Afrika historisch viel enger verflochten als Rußland oder irgend ein anderes Land des einstigen Sowjetblocks. Gleichwohl ist es wahr, mögen auch manche Afrikaner nach wie vor klagen, man habe ihnen im Moment der Unabhängigkeit „Westminster-Demokratie" übergestülpt, die nicht zu ihren „Traditionen" passe. In Wirklichkeit war für London oder Paris der Oktroi oder das Aushandeln demokratischer Verfassungen um das Jahr 1960 herum eine Verlegenheitsgeste. Sie diente dazu, die Kurve des Übergangs in die Eigenstaatlichkeit so zu schrägen, daß die Fuhre möglichst nicht umkippen würde. Ob dann später die Verfassungen taugen würden, Afrika weiterzuhelfen? Danach fragte kaum jemand. Als vordringliche Aufgabe galt, die Wirtschaftsgeschäfte mit Afrika ungestört weiter laufen zu lassen. Auf welchem politischen Fundament? Der Westen fand sich schnell und elegant mit afrikanischen Einparteiregimen, mit persönlicher Herrschaft, mit autoritären Militärregimen ab.

Das Commonwealth, obgleich als weltweiter Club von Regierungschefs um die „Mutter der Parlamente" in London geschart, bot afrikanischen Demokraten jahrzehntelang wenig Rückenstärkung. Es drängte zwar 1961 die weiße Oligarchie, die Südafrika regierte, zum Austritt, fand sich aber mit allen übrigen Diktatoren an der Spitze eines Mitgliedstaates (einschließlich Idi Amin in Uganda) ebenso glatt ab wie schon 1958 mit dem Zusammenbruch der Demokratie in Pakistan. Erst als Afrika in den 1980er Jahren von sich aus anfing, nach Demokratie zu rufen, schaltete sich auch das Commonwealth ein, speziell mit Amtshilfe bei der Organisation von Wahlen, die dann von Commonwealth- (und anderen internationalen) Beobachtern als „frei und fair" deklariert werden sollten.[124]

In Frankreich bewahrte die Nation ihre Demokratie, auch als sie mit der Verfassung der V. Republik dem Präsidenten eine enorme Machtfülle gewährte. In Afrika gestalteten viele Präsidenten die Texte ihrer Unabhängigkeits-Verfassungen nach dem Muster der Französischen V. Republik – und nutzten sie zur Etablierung einer handfest autoritären Verfassungswirklichkeit. Sie blieben dennoch willkommene Gäste auf den alljährlichen Gipfeltreffen der franko-afrikanischen „Familie", unter De Gaulle und allen seinen Nachfolgern. 1979 stürzte eine französische Eingreiftruppe den absolut nicht mehr vorzeigbaren Kaiser Bokassa von Zentralafrika; sie brachte den Nachfolge-Diktator gleich mit. 1990 mahnte der Sozialist François Mitterrand auf dem Gipfeltreffen von La Baule in wohlgesetzten Worten Demokratisierung an; die autoritären „Dinosaurier" des frankophonen Afrika erschraken einen Moment und beruhigten sich bald, denn Taten folgten keine.[125] Unter Mitterrands Nachfolger, dem Gaullisten Jacques Chirac, erhielt 1995 der Uralt-Geheimdienstmann Jacques Foccart (*1913) wieder eine offizielle Berater-Funktion, der schon De Gaulles und Pompidous Afrikapolitik von 1960 bis 1974 verwaltet hatte.[126]

Wenn sich die beiden in Afrika immer noch einflußreichsten europäischen Mächte – Frankreich und Großbritannien – vornehm zurückhalten bei der Förderung afrikanischer Demokratie (ich vermute, sie tun den afrikanischen Demokraten damit eher Gutes als Böses), vielleicht ist dann mehr Engagement von internationalen Organisationen zu erwarten, denen niemand nachsagen kann, sie versteckten dahinter eigene Machtinteressen?

Die Vereinten Nationen haben sich in einigen Ländern Afrikas mit Blauhelm-Operationen um die Stabilisierung demokratischer Staatsordnung verdient gemacht. Die aufwendige Kongo-Operation 1960–64 brachte allerdings nach einem Jahr Schamfrist die Herrschaft Mobutus hervor – 1997 immer noch Prototyp der diktatorischen Dinosaurier. Trotzdem: UNTAG in Namibia 1989/90 half, die südafrikanische Herrschaft zu beenden; ONUMOZ in Mozambique war 1993-95 maßgeblich an der Beilegung des Bürgerkrieges durch freie Wahlen und politischen Kompromiß beteiligt. In Angola versagte UNAVEM II mangels Personal (das heißt mangels Geld) 1992 kläglich, erst UNAVEM III stützt seit 1995 den brüchigen Frieden mit etwas verstärkter Muskelkraft. Die Organisation einer Volksabstimmung in der ehemals spanischen Westsahara (MINURSO) kommt seit 1991 gegen Marokkos *fait accompli* der Annexion dieses Gebiets nicht voran.[127] In Liberia überließ die UNO 1990 dem westafrikanischen Regionalverbund ECOWAS (unter Führung Nigerias) die Entsendung einer Friedenstruppe.[128] Das Versagen der UNO in Somalia 1992–94, in Rwanda 1994 ist notorisch; bei Licht besehen, wurden die Weichen der mörderischen Politik in beiden Fällen jedoch nicht in New York bei der UNO gestellt, sondern in Washington von Präsident und Kongreß der USA.[129] Mindestens in Somalia war dabei eine Demokratiebewegung kaum zu erkennen, die Alternative hieß nach dem Sturz des Diktators Siad Barre entweder ein neuer Militär-Diktator oder (was dann eintrat) Staatszerfall.

Die Europäische Union offeriert Afrika bekanntlich seit ihrer Entstehung als EWG 1958 ein einzigartiges Patronage-System für Finanzspritzen (zinslos, keine Rückzahlung) – seit 1975 unter dem Stichwort Lomé bekannt.[130] Alle afrikanischen Regierungen gleich welcher Couleur griffen zu, selbst die marxistisch-leninistischen Avantgarden in Angola und Mozambique. Die Konvention Lomé IV, am 15. 12. 1989 für zehn Jahre abgeschlossen, umfaßt ganz Afrika südlich der Sahara (einschließlich Sudan) mit der einzigen Ausnahme Südafrika, dem die EU nach dem Ende der Apartheid nur ein Freihandelsabkommen anbot. In unserem Zusammenhang interessieren die wirtschaftlichen Lomé-Mechanismen nur am Rande, ebenso der Mißmut in London und Bonn über das ganze System, an dem der ursprüngliche Erfinder Frankreich gleichwohl unbeirrt festhält.[131] Ob Afrika von Lomé unterm Strich profitiert oder nicht, müssen Wirtschaftsforscher entscheiden. Uns interessiert die Verknüpfung der Konvention mit der Innenpolitik der afrikanischen Partner.

Bei der Gretchenfrage nach der Demokratie war Brüssel nie päpstlicher als die beiden EG/EU-Päpste Frankreich und Großbritannien. Allerdings preschte die EG-Kommission 1983/84, als Lomé III auszuhandeln war, mit dem Ansinnen vor, Respekt vor Menschenrechten anzufordern; ihre Garantie ist in der Tat eines der wichtigeren Fundamente für Demokratie. Sofort konterten die AKP-Regierungen mit dem Vorwurf, hier wolle jemand ihre Souveränität beschneiden. Wenn schon Menschenrechte – wie stünde es dann mit Sanktionen gegen die Apartheid? Schließlich fanden die Diplomaten einen erwartungsgemäß windigen Kompromiß. In der Präambel der Konvention bestätigten sich alle nur ihren „Glauben" an die Grundrechte etc.; in Art. 4 stand etwas von „... Anerkennung der Rolle der Frau und Entfaltung der menschlichen Fähigkeiten unter Achtung ihrer Würde ..." in den AKP-Staaten; hinzu kam eine gemeinsame Erklärung, in der immerhin von „Rechten" der Menschen die Rede ist, ausdrücklich jedoch nur von „wirtschaftlichen, sozialen und kulturellen",[132] was bekanntlich im Vertrags-Völkerrecht strikt unterschieden wird von „bürgerlichen und politischen" Rechten.

Lomé IV ging den kleinen Schritt weiter, ausführliche und schöne, freilich unverbindliche Formulierungen über „... die Würde und die Rechte des Menschen, die legitime Bestrebungen der Einzelnen und der Völker darstellen ..."[133] (wir kommen auf letztere gleich zurück), als Art. 5 in die Konvention selbst aufzunehmen. Am 28. 11. 1991 beschloß der Europäische Rat einen Text, in dem er

„... bekräftigt, daß die Achtung, die Durchsetzung und der Schutz der Menschenrechte ein entscheidender Faktor der internationalen

Beziehungen sind und einen Eckstein der europäischen Zusammenarbeit sowie der Beziehungen zwischen der Gemeinschaft, ihren Mitgliedstaaten und den Drittländern darstellen. Diesbezüglich betont er sein Eintreten für die Grundsätze der repräsentativen Demokratie, der Rechtsstaatlichkeit, der sozialen Gerechtigkeit und der Wahrung der Menschenrechte . . ."

Dieses „gemeinsame Konzept" sollte sich in „konkrete Leitlinien, Verfahren und Handlungsvorgaben" bei der Zusammenarbeit mit Entwicklungsländern verwandeln. Es schlug sich tatsächlich in einer Anzahl EU-Projekte in Afrika nieder; in Malawi und Uganda wurden freie Wahlen organisatorisch betreut, Kirchen und andere Nicht-Regierungs-Organisationen (NRO) bei politischer Bildung gefördert, Journalisten zu freier Berichterstattung angeleitet; in Tunesien kümmerte sich die EU unter Einschaltung gesamt-arabischer NRO vor allem um die Weiterbildung von Juristen.[134] In diesen Jahren nach 1991 bedeutete das nicht, Afrika Menschenrechte aufzuzwingen, sondern der partiell erfolgreichen afrikanischen Demokratiebewegung angesichts erster Rückschläge Hilfestellung zu leisten.

Als die EG-Kommission anläßlich Lomé III entdeckte, daß Menschenrechte etwas mit Entwicklungspolitik zu tun haben könnten, besaßen die in der OAU vereinigten Staaten Afrikas bereits ihren eigenen Grundrechte-Pakt: die *African Charter on Human and Peoples' Rights*, beschlossen im Juli 1981 vom obersten Organ der OAU, der (18.) Versammlung ihrer Staats- und Regierungschefs. In Kraft treten konnte der Pakt erst nach Ratifizierung durch mehr als die Hälfte der 50 Mitgliedstaaten.[135] Erst am 21. Oktober 1986 war es so weit.

Diese Afrikanische Charta ist ein eigentümliches Dokument. Sie beansprucht, Menschenrechte der „Dritten Generation" zu berücksichtigen. Als erste Generation gelten die klassischen Freiheitsrechte des Einzelnen, die ihn, historisch betrachtet, gegen Willkür des absolutistischen Staates schützen sollen. Als zweite Generation gelten die sozialen Rechte z.B. auf Arbeit und Wohnung, die der Einzelne vom Staat einfordert. Marxisten stellen sie gern den „liberalen", angeblich nur „formalen"

Rechten entgegen, und erwirkten nach 1945 ihren Eingang in einige westeuropäische Grundrechts-Kataloge; in Wirklichkeit sind gerade die sozialen Rechte nicht einklagbar (wenigstens nicht in Staaten mit privater Marktwirtschaft), deshalb erscheinen sie z.B. in der Verfassung Namibias von 1990 nicht unter den Grundrechten in Kapitel 3 *(Fundamental Human Rights and Freedoms)*, sondern als eigenes, weniger verbindliches Kapitel 11 *(Principles of State Policy)*.[136]

Dritte Generation sollen kollektive Rechte sein, eben Rechte der „Völker". 1986 hat die UN-Generalversammlung in diesem Sinne ein „Recht auf Entwicklung" deklariert, wozu Generalsekretär Boutros-Ghali nüchtern vermerkt, die UN-Menschenrechtskommission „... habe noch fast zehn Jahre später die Mittel zu seiner Erfüllung zu bestimmen";[137] auch das Heimatrecht vertriebener Volksgruppen, das in Deutschland so gern beschworen wird, fällt in diese Kategorie. Die Afrikanische Charta zeigt, wie leicht sich unter der Hand gewisse Rechte der „Völker" in massive Rechte der Regierungen verwandeln, mit ihren Bürgern nach Belieben umzuspringen. Beispielsweise liest man in Art. 12.2 der Afrikanischen Charta:

„Jeder Mensch soll das Recht haben, jedes Land zu verlassen, einschließlich seines eigenen, sowie in sein Land zurückzukehren. . ."

Soweit ist der Text identisch mit Art. 13 der Allgemeinen Erklärung der Menschenrechte von 1948; er fährt aber fort:

„Dieses Recht darf nur durch Gesetz eingeschränkt werden zum Schutz der nationalen Sicherheit, von *law and order*, öffentlicher Gesundheit oder Moral."

So schließt sich ein nicht gerade ruhmreicher historischer Kreis vom absoluten Staat der europäischen Vergangenheit zum diktatorischen Staat der afrikanischen (und europäischen!) Gegenwart.

Die Afrikanische Charta kennt wohl eine Kommission zur Überwachung ihrer Bestimmungen; deren elf Mitglieder werden von den OAU-Regierungschefs gewählt. Einzelmenschen oder NRO dürfen sich sogar bei dieser Kommission beschweren, aber einer Erörterung solcher Beschwerden muß die Mehrheit der Kommission zustimmen. Voraussetzung hierfür ist u.a., daß die Beschwerden

„... nicht in herabsetzender oder beleidigender Sprache geschrieben sind, die sich gegen den betroffenen Staat und seine Institutionen oder gegen die OAU richtet" (Art. 56.3)[138]

Da nützt auch Art. 13.1 wenig, der besagt:

„Jeder Bürger soll das Recht haben, frei an der Regierung seines Landes teilzunehmen (*to participate*), entweder direkt oder durch frei gewählte Vertreter in Übereinstimmung mit den gesetzlichen Bestimmungen."

So ähnlich lauten auch Art. 21 der Allgemeinen Erklärung von 1948 und Art. 25 des Paktes über bürgerliche und politische Rechte von 1966. Beide Dokumente haben wenig zur Ausbreitung von Demokratie beigetragen. „Partizipation" der Bürger wurde und wird vielerorts als bloße Akklamation, als kollektive Huldigung vor der real existierenden Staatsgewalt ausgelegt.

Gleichwohl gibt es die Hin-, die Rückwendung Afrikas zur Demokratie. Sie ist (ich muß es wiederholen) keine Einflüsterung aus dem Norden, weder eine Spätfrucht von Präsident Carters Außenpolitik mit Menschenrechten, noch ein Nebenprodukt des westlichen Sieges im Kalten Krieg. Sie ist genuin afrikanischen Ursprungs. Dieses Gewächs bricht seit runden zehn Jahren mit Vehemenz durch den verkrusteten Erdboden der afrikanischen Politik. Selbst die Gipfelrunde der OAU mußte es 1990 zur Kenntnis nehmen; allerdings fürchtete sie damals, der Westen würde nun ernsthaft politische Bedingungen an seine „Hilfs"-Gelder knüpfen.[139] Besonders heiß gegessen wurde dieser Brei, den einige Experten (auch in Deutschland) anrührten, in der Folge nicht, auch die autoritären Dinosaurier bezogen weiter erhebliche Subsidien.[140]

Bei Licht besehen, ist der Wille zur Demokratie nie ganz abgestorben. Zwar wurde vor dem Jahr 1991 in allen Staaten Afrikas nur einmal eine Regierungspartei vom Volk regulär abgewählt: Das widerfuhr 1982 auf Mauritius der konservativen *Labour Party*. Erst 1991 brachte dann ein gehäuftes Maß demokratischen Wechsels: im Januar und Februar auf den Kapverden die Abwahl der einstmals linken Befreiungsbewegung PAICV;[141] im März in Benin; am 31. Oktober in Zambia, wo Präsident Kenneth Kaunda sein Amt an den Gewerkschaftsführer Frederick Chiluba verlor, der für ein *Movement for Multi-Party Democracy* (MMD) kandidierte.[142]

Aber auch in anderen Ländern brannte das Flämmchen der Demokratie – wenn auch zumeist schwach und flackernd. Im kleinen Gambia hielt sich die Demokratie von der Unabhängigkeit 1965 bis zum Militärputsch 1994 und wurde 1996 notdürftig wiederhergestellt. In Marokko und Botswana bestehen seit jeher Mehrparteien-Systeme, allerdings mit diversen Schönheitsfehlern. Am schwersten wiegt, daß bisher immer die „richtigen" Parteien, das heißt die Freunde der amtierenden Staatsgewalt, Wahlen gewannen. Dennoch: richten wir den Blick auf drei in Afrika tonangebende Staaten – Nigeria, den Sudan, Ghana. Sie büßten ihre demokratischen Unabhängigkeits-Verfassungen schon nach wenigen Jahren durch Putsche ein, aber immer von neuem versprachen die Regenten in Uniform ihren Völkern, die Demokratie wiederherzustellen, und mehrmals taten sie es. Auch die Zweiten oder gar Dritten Republiken dieser Staaten scheiterten, immer wieder beginnt der Kreislauf der Demokratie-Versprechen. Das tun die Regierenden kaum aus Herzensgüte (zumindest dem nigerianischen Diktator Sani Abacha wird daran niemand sie unterstellen), sondern weil starke Trends im Volke Demokratie fordern – was eben dieses Volk unter Umständen nicht hindert, beim nächsten Putsch gegen eine korrupte Zivilregierung den „neuen Besen" zuzujubeln.

Welche Gesellschaftsschichten oder Berufsgruppen sind maßgeblich für Afrikas Trend zur Demokratie? Zweideutig erscheint mir die Rolle der Religionsgemeinschaften. Das Bündnis zwischen islamischen Fundamentalisten und einer Militärjunta hat im Sudan die Stimme der Demokratie (jedenfalls in der Öffentlichkeit) seit 1989 verstummen lassen. In Algerien trug die islamistische Opposition gegen das Regime, zu dem sich die einstige Befreiungsbewegung FLN als Einheitspartei und das Militär seit 1965 verbunden hatten, den Zwiespalt zwischen Theokraten und Technokraten in sich.[143] Einerseits stellte sich die Islamische Heilsfront (FIS) im Juni 1990 dem demokratischen Test freier Kommunal- und Regionalwahlen: Sie errang einen eindrucksvollen Sieg, der sich in der ersten Runde der Parlamentswahlen mit 47,27% der Stimmen bestätigte. Daraufhin fuhr das Regime die junge Mehrparteien-Demokratie Algeriens gegen die Wand und handelte sich den endemischen Bürgerkrieg ein. Andererseits veröffentlichte der FIS-Führer Ali Benhadj (*1956) in der Parteizeitung *El Mounquid* einen Frontalangriff gegen das seiner Meinung nach antiislamische Konzept der Demokratie:

„Die Demokratie stellt Unglauben und Glauben auf die gleiche Ebene. Die demokratische Idee gehört zu den schädlichen intellektuellen Neuerungen ... Was bedeutet demokratischer Liberalismus? Das ist ein Ausdruck europäischer Herkunft, den wir allein im Zusammenhang dieser Kultur studieren müssen, ohne aus dem Auge zu verlieren, daß die ideologischen Inhalte, die man ihm gibt, sich stark widersprechen ... Es fällt schwer, im 20. Jahrhundert eine sozio-politische Ideologie zu finden – Liberalismus, Sozialismus, Kommunismus, sogar Faschismus und Nazismus –, die nicht behauptete, die authentische Demokratie zu verkörpern, und die nicht ihre Konkurrenten der Fälschung bezichtigte ...

... Das Wort Freiheit stellt die Gruppen der Menschen gegen jede Autorität, bis hin zur *Sunna* Gottes. Deshalb werden wir dieses Vokabular auslöschen, soweit wir können, denn es vermittelt die Idee brutaler Gewalt, die den Pöbel nach Blut dürsten läßt wie Tiere. Das Wort Freiheit gehört zum Gift der Freimaurer und Juden ...“[144]

Von Vertretern der christlichen Kirchen erwarten wir keine Fundamentalkritik der Demokratie mehr, seit sogar der Römische Papst seinen Frieden mit diesem weltlichen Konzept gemacht hatte – eindeutig erst unter dem Pontifikat Pius XII. gegen Ende des Zweiten Weltkriegs. In der Tat übernahmen katholische Bischöfe nach 1990 z. B. in Benin und Zaire Schlüsselstellungen der Vermittlung zwischen der alten autoritären und der neuen demokratischen Politik an den Runden Tischen der Nationalkonferenzen. In Zaire, wo die demokratischen Ansätze bisher nicht zum Zuge kommen, mahnte am 20. 1.

1996 eine gemeinsame Botschaft der katholischen Bischöfe in drastischen Worten:

„... Als betrübte Zeugen des Mordes an unserem Volk haben wir nicht aufgehört, den Zerstörungswahn und den moralischen Tod des zairischen Staates anzuprangern, der auf seine eigene Bevölkerung losgeht. Wie unser Vertreter auf der Souveränen Nationalkonferenz erklärt hat, rührt dieser abartige Wille, das zairische Volk zu zerstören, her von der Mißachtung Gottes und der Leugnung des einzigartigen Wertes der menschlichen Person ...
     Unter den derzeitigen Umständen – wir können es nicht oft genug sagen – ist die Abhaltung von freien und durchschaubaren Wahlen der geeignete Weg, um aus der lang anhaltenden politischen Krise herauszukommen; und um das zu erreichen, müssen Vorbedingungen erfüllt werden. Dazu zählen insbesondere:
– die Sicherheit der Personen und ihres Eigentums, garantiert von glaubwürdigen und von allen Bürgern akzeptierten Institutionen;
– die Freiheit der Meinungsäußerung für alle, besonders im nationalen Rundfunk und Fernsehen, die allen politischen Parteien und den verschiedenen Meinungsgruppen im Lande zugänglich sein müssen ...“[145]

Der katholische Erzbischof von Gitega in Burundi, Joachim Ruhuna, fiel am 10. 9. 1996 einem Attentat zum Opfer, nachdem er erklärt hatte, „die Verbrecher sollten zu Gott zurückkehren und um Vergebung bitten", was jede der Bürgerkriegsparteien (Tutsi-Armee und Hutu-Rebellen, vereinfachen unsere Medien) allein auf ihren Feind bezog und diesem folglich den Mord in die Schuhe schob.

     Die Kirchen- oder Christenräte einzelner Länder, in denen reformatorische Kirchen den Ton angeben, aber auch die Katholiken mitarbeiten, exponieren sich häufig gegenüber der Staatsmacht als Wächter über Menschenrechte. Das schließt kritische Rückfragen an die Demokratie nicht aus. So lesen wir im Rechenschaftsbericht des Generalsekretärs der Allafrikanischen Kirchenkonferenz, José B. Chipenda, vor deren 6. Vollversammlung Ende Oktober 1992 in Harare:

„... Der naive Glaube, daß eine Verbindung von Demokratie und Mehrparteien-System Wohlstand bringen könnte, ist falsch. Wir beobachten im Gegenteil das Entstehen neuer Konfliktbereiche. Wo immer politische Führer ihre eigenen Stammesgenossen an der Regierung beteiligen, entstehen Probleme ... Obwohl Demokratie ein teures Gut ist, sollten wir die Gefahren nicht aus den Augen verlieren, die Mehrparteien-Systeme in die afrikanische Politik bringen können. Eine aufgeblähte Zahl von Parteien macht ein Land noch nicht demokratisch. Ein Land kann aber dann demokratisch fortschrittlich sein, wenn es die Freiheit besitzt, ohne Diskriminierung die besten Beiträge seiner Bürger anzunehmen ..."[146]

Zu den echten, nämlich wirklich eigenständigen Nicht-Regierungs-Organisationen, die in Afrika für demokratische Werte eintreten und dadurch die Bürgergesellschaft (*civil society*) aufbauen, deren Fehlen in Afrika so viele Kommentatoren beklagen (zu unterscheiden von „Quasi-NRO", hinter denen doch die Regierung oder ein ausländischer Sponsor steht), zählen außer kirchlichen Gruppen vor allem die freie Presse, die seit 1990 vielerorts aufblüht, und einflußreiche Juristenverbände. Die ghanaische *Bar Association* drängte schon 1966–69, dann wieder 1978/79 aktiv darauf, dem Land eine demokratische Verfassung zu geben, und die Juristen Nigerias taten es ihr in den 1970er Jahren gleich.

Verfassungen kamen zustande, die universale Grundsätze der Demokratie vernünftig auf die Gegebenheiten der westafrikanischen Gesellschaft anwenden wollten. Beide entlehnten 1979 aus den USA und Frankreich die direkte Wahl des Staatspräsidenten durch das Volk, mit entsprechend starken exekutiven Vollmachten des Präsidenten. Sie forderten dabei in Ghana, daß ein Kandidat mindestens 50% aller Stimmen erringen müsse (sonst Stichwahl), und in Nigeria, daß er mindestens 25% der Stimmen in mindestens zwei Drittel der 19 Einzelstaaten auf sich vereinigen müsse (Art. 126). Nigeria schrieb den politischen Parteien in Art. 201 ff. ausdrücklich vor, nicht nur (angelehnt an das deutsche Grundgesetz) ihre Organe demokratisch zu wählen, sondern auch, daß mindestens zwei Drittel der 19 Staaten in der Partei-Exekutive vertreten sein müßten. Man hielt also doppelte Sicherungen gegen zentrifugalen Partikularismus (afrikanisch: „Tribalismus") für erforderlich, wollte gleichzeitig der Gründung einer Unzahl politischer

Parteien vorbeugen. Auch Ghana schrieb den Parteien vor, sie müßten im ganzen Land organisiert sein, und mittels dieser Bestimmung reduzierte der Wahlleiter (ein Richter) die Kandidaturen zum Parlament 1979 von 19 auf 6 Parteien. Selbstverständlich enthielten die Verfassungen Ghanas wie Nigerias ausgefeilte Grundrechts-Kataloge.

Beide Verfassungen bestanden wenigstens den Test der ersten Wahl. Mit anderen Worten: In Ghana wie in Nigeria begriffen die Wähler die formalen Erfordernisse einer Demokratie. In Ghana gingen am 18. 6. 1979, zwei Wochen nach dem ersten Militärputsch des Luftwaffen-Leutnants Jerry Rawlings, zwar nur etwas mehr als 20% der Wähler tatsächlich an die Urnen; diese gaben jedoch schon im ersten Wahlgang einem Bewerber um die Präsidentschaft, Dr. Hilla Limann, einen deutlichen Vorsprung (631559 von 1788199 Stimmen = 35,3%). Bei der Stichwahl siegte er klar mit 62% vor dem verbliebenen Konkurrenten. Im Parlament errang Limanns *People's National Party* (PNP), die sich eindeutig auf Nkrumahs Tradition berief, eine knappe Mehrheit, nämlich 71 Sitze von 140, aus allen Landesteilen, während die stärkste Opposition, die *Popular Front Party* (PFP) unter Victor Owusu sich deutlich auf Busias alte Bastion im Aschantiland konzentrierte.[147]

Ein verändertes Bild zeigt Ghanas nächster und jüngster Anlauf zur Demokratie: Präsidentschafts- und Parlamentswahlen Ende 1992. Ein Jahrzehnt lang hatte Rawlings nach seinem zweiten Putsch am 31. 12. 1981 autoritär regiert, dann stellte er sich selbst mit einer eigenen Partei zur Wahl, dem *National Democratic Congress* (NDC). Um die Präsidentschaft ließ Rawlings immerhin einen ernsthaften Konkurrenten zu, den international angesehenen Historiker Albert Adu Bohaen. Er gewann am 3. 11. 1992 30,1% der Stimmen bei einer Wahlbeteiligung von 53%. Die Parlamentswahl wurde dann auf den 29. 12. 1992 verschoben. Vier Oppositionsparteien boykottierten daraufhin diese Wahl trotz Beschwörungen von Commonwealth-Beobachtern, und die NDC besetzte zusammen mit einigen Freunden alle 200 Mandate.[148] Wer will, mag auch nach den Wahlen von 1996, die dem NDC „nur" 130 der 200 Sitze einbrachten, weiter streiten, ob das Glas der ghanaischen Demokratie gegenwärtig halb voll oder halb leer ist.

Nigeria wirft diesbezüglich kein Problem auf, seit das Militär die Präsidentschaftswahl am 12. 6. 1993 einfach kassiert hat, weil offenbar der „falsche" Bewerber gewann. Umso wichtiger ist es, in Erinnerung zu behalten, daß die Bundes- und Einzelstaatswahlen im Juli-August 1979 ein grundsätzlich arbeitsfähiges Mehrparteien-System zuwege gebracht hatten. Als Präsident setzte sich unter fünf Bewerbern mit 33,8% der Stimmen Shehu Shagari durch, ein Moslem aus dem Norden und Kandidat der *National Party of Nigeria* (NPN); mehr als ein Viertel der Stimmen erhielt er in zwölf Staaten, davon drei außerhalb der alten Nordregion – nur dort freilich massive Mehrheiten bis zu 76%. Im Unterhaus des nigerianischen Bundesparlamentes kam die NPN 1979 mit 168 Mandaten von 449 (bei 37,9% der Stimmen) ebenfalls auf einen proportional gerechtfertigten Platz Eins, errang aber keine absolute Mehrheit. Ihr folgte die *United Party* (UPN) des Altpolitikers Obafemi Awolowo (1909–1987) mit 111 Sitzen (29,5% der Stimmen); sie ging in die Opposition. Als Präsidentschafts-Kandidat sammelte „Awo" 29,2% aller Stimmen, in seiner Heimat im Yorubaland gewann er zwischen 86 und fast 95%.[149] Präsident Shagari behauptete seine Mehrheit am 6. 8. 1983 bei der anstehenden Präsidentschaftswahl mit 47,3%, im Anschluß gewann seine NPN auch Gouverneurs- und Senatswahlen. Diese Konsolidierung einer angeblich korrupten Demokratie löste den Putsch vom 31. 12. 1983 aus.

Es ist nicht zu leugnen: der alte Nord-Süd-Gegensatz innerhalb Nigerias, der 1966 zum Kollaps der Ersten Republik geführt hatte, lebte weiter. Demokratie muß mit solchen Konflikten leben, wie die Amerikaner wissen, die Italiener, die Deutschen und manche anderen Völker. Es zeigten sich aber 1979 auch regionale (wenn man will, tribalistische) Einsprengsel des Einpartei-Systems im Mehrparteien-Spektrum Nigerias. Etwas ähnliches werden wir unter anderen historischen Voraussetzungen bei den Unabhängigkeits-Wahlen in Namibia

1989 beobachten. Das ist ein ernsthafteres Gebrechen afrikanischer Demokratie.

An dieser Stelle ist es angezeigt innezuhalten, um die theoretische Frage zu stellen, warum die Existenz mehrerer politischer Parteien auch in Afrika als maßgebliches Kriterium für die demokratische Staatsform gelten soll. Der Überschwang an Begeisterung für „Multipartismus" ist abgeflaut, seit die Erstauflage dieses Buches 1992 in Druck ging. Ich habe bereits den protestantischen Theologen Chipenda zitiert; bereits 1991 hatte Julius Nyerere, inzwischen auch als Vorsitzender der Staatspartei CCM außer Dienst, aus seinem Herzen keine Mördergrube gemacht:

„... Ich argumentierte kräftig zugunsten der Einheitspartei für eine Nation wie die unsrige. Jetzt sage ich, wenn diese Leute ein Mehrparteien-System einführen wollen, dann führt es ein. Aber ich denke, eine Einheitspartei hat uns gute Dienste geleistet ..."[150]

Immer noch hat der *Mwalimu* (Lehrer) Tanzanias die Finger am Puls seiner Nation. 1994 erklärten bei einer Meinungsumfrage 54,7% der Wähler das Mehrparteien-System für „*hopeless*" (62,5% auf dem Land, 45,5% in städtischen Gebieten – die afrikanische Demokratiebewegung ist ein ausgeprägt urbanes Phänomen). Grund: für 60,1% (Stadt: 51,9%) stärkt ein Mehrparteien-System den Tribalismus, nur 35% (Stadt: 42%) erwarten von ihm eine Stärkung der Demokratie. Diese Einstellung geht Hand in Hand damit, daß die Befragten zu 56,6% (Stadt: 63%) Pressefreiheit einer Zensur vorziehen, also dieses demokratische Grundrecht für sich in Anspruch nehmen. Hintergrund: auf die Frage nach der wichtigsten Zukunftsaufgabe nennen 57,3% (Stadt: 50,8%) Verbesserung der Wirtschaftslage, 29,2% (Stadt: 32,4%) *Law and Order*, nur 9,4% (Stadt: 12,5%) den Schutz politischer Freiheiten.[151] Resultat: bei den ersten Wahlen mit Parteien-Wettbewerb im Oktober 1995 (sie verliefen nach dem Urteil der Beobachter chaotisch, aber frei) eroberte die CCM 186 Parlamentssitze, nur 46 entfielen auf (vier!) Oppositionsparteien. Der neue Präsident Benjamin Mkapa (*1938), natürlich ein Schüler Nyereres, wurde mit 61,8% der Stimmen gewählt.

Ugandas Befreier vom Chaos der Befreiung des Landes von der Idi-Amin-Schreckensherrschaft, Yoweri Museveni (*1944), betrat von vornherein höchst mißtrauisch die ugandische Parteienlandschaft, nachdem die von ihm geführte Guerrilla-Armee im Januar 1986 siegreich in die Hauptstadt Kampala einmarschiert war. Uganda ist seit Kolonialzeiten nicht nur von regionalen, sondern zusätzlich von christlich-konfessionellen Rivalitäten gezeichnet. Im Dezember 1985 hatte Museveni in einer westdeutschen Evangelischen Akademie noch Goldene Worte gesprochen:

„. . . Diktaturen behindern den Fortschritt, da sie die Diskussion über die unterschiedlichen Ansätze im Entwicklungsprozeß zum Erliegen bringen und Dieben sowie Dummköpfen den Verbleib an der Macht ermöglichen. Ohne Demokratie und Menschenwürde für die Afrikaner wird sich Afrika niemals entwickeln . . .“[152]

Als jedoch nach dem Sieg, 1991, Journalisten der Londoner Zeitschrift *West Africa* Museveni interviewten (er gab damals gerade den Vorsitz der OAU weiter), wurde er konkreter. Wie zu erwarten, stimmte er in den Ruf nach Demokratie ein – *aber:*

„. . . Jene, die sagten, Demokratie wäre ein Luxus, hatten Unrecht. Ich habe diese Ansicht nie unterschrieben. . . Aber es gibt da eine Art begriffliche Konfusion. Denn Leute im Westen denken, Demokratie bedeute Mehrparteien-Demokratie, und irgend etwas anderes als diese westliche Philosophie wäre keine Demokratie. Meine Ansicht ist, daß Demokratie gewisse Elemente hat, die dasein müssen: regelmäßige Wahlen durch das ganze Volk, und alle Menschen, die für ein Wahlamt kandidieren wollen, sollen sich bewerben . . . Demokratie muß sein. Wie wollen Sie die Korruption kontrollieren, wenn die Leute nicht frei sprechen?
. . . Ich möchte darauf abzielen, was wirklich erreichbar ist, denn wir leben in einer vorindustriellen Gesellschaft. Ich denke nicht, daß *multi-party* zu irgendeinem guten Ergebnis führen würde. Für uns ist unsere Linie Massendemokratie. Demokratie, aber auf einer nicht-parteilichen Grundlage . . .“

Das ist für Afrika wirklich keine neue Idee, sowenig übrigens wie für den Westen; „die Väter der amerikanischen Verfassung haben bewußt und entschieden gegen das Parteiwesen Front gemacht . . .", schrieb Ernst Fraenkel.[153] In Ghana hat General Acheampong nach 1972 versucht, ein *Union Government* anzuordnen, das ohne Partein funktionieren sollte. Nur verstand das ghanaische Volk etwas anderes unter Demokratie. 1991 ließen die Journalisten Museveni gegenüber nicht locker; sie fragten nach:

„So you have a no party system.
     Ja, Demokratie ohne Parteien.
     Aber werden sich Menschen mit ähnlicher Gesinnung nicht in Parteien oder irgendeiner Art Gruppen zusammenschließen?
     Sie würden sich nach Linien gruppieren, nicht in Parteien.
     Was für Linien?
     Zum Beispiel, wenn vorgeschlagen wird, wir sollten die Industrie verstaatlichen oder nicht, dann würde es interne Debatten geben. . . Einige wären dafür und andere dagegen. Und die Mehrheit würde gewinnen. Dann käme ein anderes Thema, sagen wir: sollen Frauen erbberechtigt sein oder nicht. Eine Debatte würde stattfinden. Sehen Sie, debattiert würde über Themen. Diese Art Demokratie würde sich nicht zu ethnischen oder sektiererischen Manipulationen anbieten. Denn ich glaube nicht, Leute aus einem Stamm würden sagen, wir wollen Verstaatlichung, während andere sagen, wir wollen keine Verstaatlichung, sehen Sie, entlang ethnischer Linien . . .“[154]

Parlamentarismus ohne Fraktionszwang also . . . Oder soll das Volk abstimmen wie in der Schweiz? Die Botschaft läßt sich hören. Es stimmt schon, daß gerade in Uganda die Parteien, die nach dem Sturz Idi Amins wieder auferstanden (also müssen sie doch im Volk Wurzeln besessen haben!), nicht nur regionale, sondern auch christlich-konfessionelle Zerstrittenheit repräsentieren. In der Praxis drängte Museveni alsbald darauf, anstelle des Mehrparteien-Systems etwas einzuführen, was er *movement system* nennt. Parteien sollen existieren dürfen, entscheiden soll das *movement* – Singular, wohlgemerkt! Niemand darf sich wundern, daß es identisch ist mit dem *National Resistance Movement* (NRM), das 1986 aus Musevenis siegreicher *National Resistance Army* hervorgegangen war. Man muß nicht unbedingt als Deutscher das Wort *movement* mit dem ominösen Begriff „Bewegung" übersetzen, um der Sache zu mißtrauen.

Am 28. 3. 1994 wählte das Volk seine Verfassunggebende Versammlung; die Wahl wurde von der EU, Japan und USA mit 5,4 Mio. $ finanziert, Großbritannien druckte die Stimmzettel. Internationale Beobachter verfügten also über einen gewissen Einfluß, und die deutschen stellten am Ende fest, trotz „Unregelmäßigkeiten" habe es „keine Anzeichen für zentral gesteuerte, geplante Manipulationen" gegeben. Offiziell durfte es keine Zuordnung von Kandidaten zu politischen Parteien geben. Aber die Menschen sind ja nicht blöd. Im nachhinein wurde bekannt, daß von den 214 zu wählenden Abgeordneten[155] 129 zum NRM gehörten, 49 zu dem im Norden und im Protestantismus verwurzelten *Uganda People's Congress* (UPC) des einstigen Präsidenten (Regierungszeiten 1962–66, 1979–85) Milton Obote, 28 zur *Democratic Party* (DP – im katholischen Milieu des alten Königreichs Buganda daheim[156]). Nur 8 der Gewählten blieben als Unabhängige übrig. Die Versammlung arbeitete zügig; sie debattierte öffentlich, kräftig und frei. Im Oktober 1995 war die neue Verfassung Ugandas fertig. Wie das in der Demokratie manchmal so geht – der entscheidende Streitpunkt wurde vertagt. Erst in fünf Jahren soll es eine Volksabstimmung darüber geben, ob Uganda ein echtes Mehrparteien-System bekommt. Vorerst dürfen die Parteien zwar existieren, aber nur das NRM darf agieren.

Das Volk war's zufrieden. Im Mai 1996 wählte es, bei einer für Afrika hohen Beteiligung von 72,6% (man vergleiche die oben angeführten Ziffern aus Ghana!), Museveni mit 74,2% zum Präsidenten; sein wichtigster Rivale, Paul Ssemogerere von der DP, errang mit 23,7% höchstens einen Trostpreis; er unterlag selbst in Buganda.[157]

Musevenis *movement system* ähnelt fatal der Utopie Julius Nyereres aus den 1960er Jahren, Tanzania in Gestalt der TANU ein „demokratisches Einpartei-System" zu bescheren; kein Wunder, hat doch Museveni (*1944) gerade zu jener Zeit in Dar Es Salaam Politikwissenschaft studiert. Die Fatalität liegt darin, daß er aus der Erfahrung des Nachbarn hätte lernen können. Sein Experiment wird – sonst hüte ich mich vor Prognosen – ähnliche Kritik auf sich ziehen, wie wir sie von damals aus der Feder von W. Arthur Lewis zitiert haben. Auch in der aktuellen theoretischen Demokratie-Diskussion gibt es durchaus afrikanische Stimmen, die ein Mehrparteien-System für unerläßlich halten. Jacques Mariel Nzouankeu aus Kamerun setzte 1991 diese Forderung an die Spitze von fünf Prinzipien des demokratischen Pluralismus.[158] Im gleichen Text brandmarkte auch er das Einpartei-System:

„... Die Einheitsparteien haben sich als Haupthindernisse für die nationale Einheit erwiesen, denn sie zwingen ideologischen Monolithismus auf, wollen die Einzelmenschen nach einem vorgegebenen Prototyp modellieren ... Anstatt den Einzelnen zu erziehen, ihn zum Rang des *Citoyen* zu erheben, erdrückt ihn die Einheitspartei. Er lernt von ihr, seine wirklichen Gefühle zu simulieren und zu verstecken, die stereotype Umgangssprache zu verwenden, um sich der Parteilinie anzupassen und der Unterdrückung zu entgehen. Kurz, der *Citoyen* wird in ihrem Rahmen zu einem traumatisierten und frustrierten Menschen. So ist durch ein einmaliges Paradoxon die Einheitspartei zur Hauptursache für Entwicklung und Verstärkung des Tribalismus geworden, denn der Stamm erscheint nun als letzte Zuflucht für die in einer totalitären Gesellschaft verirrten Individuen ..."[159]

Ebenso wie die Gestalter afrikanischer Politik, sollten auch Beobachter von außen solche Worte bedenken, bevor sie Wert und Nutzen eines Mehrparteien-Systems für Afrika bezweifeln. Erfahrungen anderer Kontinente ergänzen sie. Der Verlauf der demokratischen Revolutionen in Osteuropa einschließlich Rußland, die man neuerdings zurückhaltend „postkommunistische Transformationen" nennt, deutet nicht nur darauf hin, daß mehrere politische Parteien sich elementar bilden, wenn eine Zwangsherrschaft abdankt; mehr noch, er zeigt, daß Demokratie sofort wieder in einen Strudel autoritärer Versuchungen gerät, wenn die Formierung handlungsfähiger Parteien mißlingt.

Nur ein Mehrparteien-System erfüllt die zwei entscheidenden Bedingungen für Demokratie, nämlich dem Volk (unabhängig vom wirtschaftlichen Entwicklungsstand) die freie Wahl – in regelmäßigen Abständen, versteht sich! – zu ermöglichen zwischen

1. mindestens zwei Entwürfen, wie der Staat zu regieren, die Gesellschaft zu gestalten, die Wirtschaft zu ordnen sei;

2. mindestens zwei Garnituren (im Idealfall zu gemeinsamer Arbeit bereiten Teams) von Personen, die sich zur Ausführung jeweils eines solchen Entwurfs in Legislative und Exekutive verpflichten. Die Unabhängigkeit der Justiz, die Garantie von Menschen- und Bürgerrechten (einschließlich Pressefreiheit) sind von einer solchen politischen Verfassung des Staates abhängig, die natürlich Wirklichkeit sein muß und nicht nur Papier.

Es stimmt, daß in afrikanischen Mehrparteien-Systemen, auch wo sie in Traditionen verwurzelt sind wie in Ghana und Nigeria, die programmatische Differenzierung zu wünschen übrig läßt. Alle Parteien bekannten sich während des Kalten Krieges mehr oder weniger explizit zur Blockfreiheit. Alle schwärmen (damals wie heute) von einem möglichst egalitären Wirtschaftswachstum, für das sie als Beschwörungsformel *mixed economy* verwenden, seit Sozialismus außer Mode ist; für ein rationales wirtschaftspolitisches Programm ist das zu wenig. Alle sind gegen Tribalismus und für *nation building*, kaum eine für Betonung regionaler Eigenarten mittels Föderalismus – mit der großen Ausnahme Nigeria; in Uganda und Südafrika sträubt sich die Staatsgewalt heftig gegen föderalistische Zugeständnisse an regionale Interessenvertreter.

Die scheinbare Harmonie der politischen Programme ist meines Erachtens ein Nachklang der einheitlichen antikolonialen Befreiungsbewegung. Er wird verstärkt durch den Trend in westeuropäischen Demokratien, überlieferte „linke" und „rechte" Klassenparteien nach amerikanischem Modell in „Volksparteien" umzuwandeln, die zwar unvermindert miteinander rivalisieren, aber sich programmatisch kaum noch unterscheiden; Otto Kirchheimer sprach mit Recht von *catch-all-parties*, zu deutsch: Allerweltsparteien.

Dieser Trend ist kein Unglück. Er verbessert die Chance, daß Wähler sich auf Nr. 2 meiner oben definierten Grundbedingungen für Demokratie konzentrieren, folglich die Auswahl zwischen den konkurrierenden Personen ernst nehmen, ohne sich durch Loyalität für eine Konfession, eine soziale Klasse oder auch eine Ethnie auf den Wählerstamm einer bestimmten Partei festlegen zu lassen. Nur Wechselwähler sorgen für Machtwechsel.

Der afrikanische *Citoyen* mag noch für mehrere Generationen fester in überlieferte Loyalitäten eingebunden sein als die meisten Europäer (vergessen wir für einen Moment das ehemalige Jugoslawien!). Sicher spielt die Heimatregion, die Ethnie, der Stamm (Worte für ein und dieselbe Sache) dabei eine Hauptrolle. Es gibt keine andere Sozialversicherung, auf die der einfache Afrikaner sich angesichts der Schwäche und Korruption seiner Staatsverwaltung noch einigermaßen verlassen könnte.

In Zimbabwe haben 1980 und 1985 die Ndebele ziemlich kompakt und vermutlich blindlings ZAPU gewählt, die Shona ZANU; sie ließen sich nicht von akademischen Studien beeinflussen, die nachweisen, daß beide „ethnische Identitäten" erst während der Kolonialzeit erfunden wurden.[160] Vor den Wahlen von 1990 brachte dann Präsident Mugabe die Verschmelzung der beiden Parteien in „seiner" ZANU zuwege; sogleich meldete sich eine neue Opposition unter dem (zugegeben: leicht paradoxen) Namen *Zimbabwe Unity Movement* (ZUM) und erstritt für ihren Präsidentschafts-Kandidaten Edgar Tekere immerhin beachtliche 16% der Stimmen.[161] Er bot höchstens *cum grano salis* eine programmatische Alternative an: Bekenntnis zum Mehrparteien-System (selbstredend!); Huldigung vor der Marktwirtschaft (in der Praxis auch vom „Sozialisten" Mugabe betrieben). Es muß die personelle Alternative gewesen sein, die eine beachtliche Minderheit unzufriedener Wähler reizte.

Auf ganz ähnliche Weise provozierte zwanzig Jahre früher in Kenia die Verschmelzung der KANU mit der regionalistischen KADU (*Kenya African Democratic Union*) 1963 die Gründung der oppositionellen *Kenya People's Union* (KPU) 1966. In diesem Fall zeichnete sich auch eine klare Programm-

Alternative links von der KANU ab: „wissenschaftlicher" Sozialismus anstelle des rein verbalen *African Socialism*. 1969 bereits wurde die KPU abgewürgt. Als 1991 nach über zwanzig Jahren Einpartei-Regime wieder eine Opposition gegen den Stachel löckte, hätte sich Oginga Odinga (1912–1994), 1963–66 als KANU-Mann Vizepräsident, 1966–69 KPU-Führer, gern wieder an ihre Spitze gestellt. Er stieß jedoch auf jüngere Rivalen, die Demokratiebewegung FORD (*Forum for the Restoration of Democracy*) zersplitterte, es reichte für Odinga als Präsidentschafts-Kandidat bei den ersten Mehrparteien-Wahlen am 29. 12. 1992 nur zu 17,1% der Stimmen.[162]

Nein, man darf die Völker Afrikas nicht dafür verantwortlich machen, wenn ihre Politiker, die in Opposition zur etablierten Staatsmacht stehen und sich Demokraten nennen, heillos zerstritten sind. Die Wähler wissen sehr wohl vom Instrument eines Mehrparteien-Systems Gebrauch zu machen, wann und wo es ihnen gestattet wird. Seit dem Abzug der Kolonialverwaltungen ergab sich diese Chance unter von Fall zu Fall sehr unterschiedlichen Bedingungen.

Von Ghana, Nigeria, vom Sudan, von Uganda, Tanzania und Kenia, von den Kapverden, Benin und Zambia war bereits die Rede. Versuchen wir, etwas Ordnung in die Vielfalt zu bringen, und dann weitere Fälle in das Schema einzutragen.

1. Wir können die eben genannten Beispiele zu einem Typ politischer Entwicklung zusammenfassen, bei dem Autokraten, seien sie durch Putsch an die Macht gelangt (Ghana, Nigeria, Benin, Gambia) oder durch ein Einpartei-System (Kenia, Tanzania, Zambia, Kapverden), tatsächlich demokratischen Pluralismus einschließlich freier Wahlen zulassen. Als besonderen Typ will ich allerdings den Sieg einer Gruppierung im Bürgerkrieg betrachten (Uganda, Äthiopien), deren Sprecher sich während des bewaffneten Kampfes zur Demokratie bekannt haben. Varianten des Typs 1 ergeben sich je nachdem, ob die Herrscher „in die Kasernen zurückkehren" (Ghana und Nigeria 1979), oder ob sie selbst am demokratischen Wettbewerb teilnehmen (Ghana und Kenia 1992, Benin). Dabei haben sie natürlich recht gute Karten – sei es dank „Kanzlerbonus",

wie wir in Deutschland sagen, oder mittels massiverer Einflußnahme bis zu Einschüchterung oder Wahlfälschung. Dann freilich überschreiten sie die Grenzen zu anderen Typen politischer „Transformation".

Erfolgreich war die demokratische Opposition am 17. 5. 1994 in Malawi. Einer der dienstältesten Diktatoren Afrikas, Dr. Hastings Kamuzu Banda, verlor sein Amt durch die ersten freien Wahlen seit der Unabhängigkeit 1964. Seine *Malawi Congress Party* (MCP) errang nur 55 Mandate gegenüber 84 für die *United Democratic Front* (UDF – ist die Namensgleichheit mit der legalen Tarnorganisation des südafrikanischen ANC 1983–90, ein Zufall?), 36 für eine *Alliance for Democracy* (AFORD) sowie 2 weitere. Bakili Muluzi von der UDF wurde der neue Präsident. Zwei Jahre später liest man wehmütig in einer Londoner Zeitschrift, die in Afrika das Gras wachsen hört:

„... Autozusammenstöße, Korruption und Verschwörungen: Präsident Bakili Muluzis Schönes Neues Malawi schaut allzu sehr wie Kamuzu Hastings Bandas altes aus. Verschwörungstheoretiker erlauben Politikern selten, bei echten Verkehrsunfällen zu sterben, besonders in Malawi..."[163]

2. Häufig sind leider auch Fälle, daß nach einem Putsch die „neuen Besen" Demokratie versprechen und sich bald eines Schlechteren besinnen, nämlich die Macht einfach festhalten. So geschah es in Mali nach 1968, in Liberia nach 1980, in Zentralafrika nach 1981. Inzwischen ist es üblich geworden, selbst unter solchen Umständen ein Ritual durchzuführen, das als Wahl bezeichnet wird. Entweder gibt es dabei aber gar keine *Aus*wahl, sondern vom Volk gefordert wird nur die Akklamation für den Machthaber, oder die Manipulation des „Wettbewerbs" ist so offenkundig, daß es auf das gleiche herausläuft. Wer das Glas der *good governance*, d.h. des international vorzeigbaren Regierungssystems unbedingt halbvoll sehen will, mag auch solche Veranstaltungen auf den Druck der Demokratiebewegung zurückführen.

Nigeria befindet sich mindestens seit 1993 in diesem Zustand. Davor hatte es so ausgesehen, als begebe sich der volkreichste Staat Afrikas auf den Weg einer „Gelenkten Demokratie", den wir im nächsten Absatz als dritten Typ politischer Entwicklung vorstellen werden. Der seit August 1985 regierende General Ibrahim Babangida (*1941; er übernahm durch Putsch die Macht von General Muhammed Buhari, der Ende 1983 den gewählten Präsidenten Shagari gestürzt hatte) verordnete mit der einen Hand eine präzise Folge von Stufen, über die Nigeria bis 1992 zur Demokratie zurückkehren sollte. Ende 1987 fanden Kommunalwahlen in den 5000 Gemeinden statt – ohne Zulassung politischer Parteien. Mit der anderen Hand dekretierte Babangida im Oktober 1989 die Zulassung von zwei Parteien aus der Retorte, einer *Social Democratic Party* (SDP) und einer *National Republican Convention* (NRC) – und mehr durften es nicht werden, obwohl die 1987 berufene Wahlkommission nach Prüfung vieler Anträge die Zulassung von sechs (anderen) Parteien empfohlen hatte.[164] Am 4. 7. 1992 durften die zwei Parteien Wahlen zu einem Zweikammer-Parlament bestreiten; im Repräsentantenhaus gewann die SDP 314, die NRC 275 Sitze. Ernst wurde es aber erst am 12. 6. 1993, als ein Präsident gewählt werden sollte, der die Militärs als Exekutivgewalt ablösen würde. Dabei gewann offenbar der „falsche" Kandidat, der Yoruba Moshood Abiola (SDP) und nicht Bashir Tofa aus dem Norden (NRC), beide übrigens Moslems und reiche Geschäftsleute. Die Wahl wurde schlicht kassiert. General Sani Abacha (*1943) schob den Halbdemokraten (ein Begriff, den erst 1996 ein gewisser Alexander Lebed in die Weltpolitik einführen sollte) Babangida beiseite. Abiola wurde im Juni 1994 verhaftet und des Hochverrats angeklagt, seine Frau am 4. 6. 1996 in Lagos ermordet.

Côte d'Ivoire machte eine vergleichbare Erfahrung. Nur wurde hier kein Militär-Regime restauriert, sondern ein klassisches Einpartei-System. Die vormalige Elfenbeinküste (warum man sie nur noch auf Französisch so nennen darf, ist ein Geheimnis) schien sich in den letzten Lebensjahren von Félix Houphouet-Boigny, Vater des Vaterlandes, „Der Alte Weise Mann" (1905–1993), auf die Demokratie rückzubesinnen, die irgendwann im Zuge der Entkolonisierung zugunsten eines mehr oder weniger aufgeklärten Absolutismus in Vergessenheit geraten war. Der Alte selbst amtierte noch, als Laurent Gbagbo, sein Konkurrent bei der Präsidentenwahl im Oktober 1990, am 6. 3. 1992 zu zwei Jahren Gefängnis verurteilt wurde – oh nein, nicht wegen Majestätsbeleidigung oder Hochverrats, sondern wegen „Tätlichkeiten und Sachbeschädigung" bei einer Kundgebung der Opposition. Nach dem Tode Houphouets am 7. 12. 1993 trat Parlamentspräsident Henri Konan Bédié (*1934) die Nachfolge an, streng verfassungsgemäß. Am 22. 10. 1995 ließ er sich wählen, mit über 90%, gegen den Kandidaten einer unbedeutenden Linkspartei unter Boykott der Partei Gbagbos und einer weiteren, relativ bekannten Oppositionspartei. Zur Wahlbeteiligung schrieb *Le Monde* ironisch:

„. . . Während die meisten Journalisten, verteilt in ganz Côte d'Ivoire, ziemlich starke Stimmenthaltung konstatierten, beschloß die Regierung, mit 62% einen vergleichbaren Satz zu beanspruchen wie bei der Wahl von 1990 (70%) . . ."[165]

Natürlich geraten auch die Ritter der Mehrparteien-Demokratie, die 1991 oder kurz darauf Autokraten in freier Wahl aus dem Sattel hoben, allmählich in Versuchung, sich an den ihrigen zu klammern, wenn die Wahlperiode sich dem Ende zuneigt. Ein Frederick Chiluba in Zambia soll diesbezüglich ebenso Anfechtungen ausgesetzt sein wie sein Nachbar Bakili Muluzi in Malawi.

3. Den dritten Typ politischer Entwicklung, die „Gelenkte Demokratie", von dem Nigeria 1993 abwich (theoretisch zwischen den Typen 1 und 2 anzusiedeln, natürlich mit unscharfen Grenzlinien), erfand schon während der 1950er Jahre Präsident Sukarno in Indonesien: Ein Autokrat sucht nach einem Ventil, um den Druck im Kessel zu senken, das heißt Spannungen im Volk von seiner Person abzulenken; er will aber die Macht möglichst bis zum Sankt-Nimmerleins-Tag festhalten.

König Hassan II. von Marokko exerziert dem republikanischen Afrika seit seiner Thronbesteigung 1962 vor, wie man das macht. Dort waren sogar die Stützen des Throns um 1990 in sich ein Mehrparteien-System von vier Parlaments-

Fraktionen (natürlich in Koalition); als Opposition saßen seit langem die bürgerliche Antikolonialpartei traditionsreichen Angedenkens – *Istiklal* –, die halblinke *Union Socialiste des Forces Populaires* (USFP), ja sogar echte Kommunisten im Parlament. Es gibt Gewerkschaften, die gelegentlich aufmucken dürfen. Polizeiliche Repression droht eigentlich nur Islamisten. Im Endeffekt haben sie alle gegenüber dem Monarchen, der als Nachfahre des Propheten sein eigener Islamist ist, politisch kaum Gewicht. Am 25. 6. 1993 überrundeten *Istiklal* und USFP gemeinsam bei Parlamentswahlen mit 91 Mandaten die bisherige Koalition (88 Mandate). Aber die Verfassung sah vor, daß nur 222 Abgeordnete vom Volk gewählt werden, 111 stoßen als Vertreter von Gemeinderäten und Berufsverbänden hinzu. Dort wirkte das Schwergewicht der Macht wie gewohnt, und unterm Strich fanden sich im neuen Parlament 154 Regimetreue als *Entente Nationale*, 120 Oppositionelle als „Demokratischer Block" und 59 angeblich Unabhängige wieder.[166] Der König bot den Demokraten Regierungsbeteiligung zu seinen Bedingungen an; die lehnten ab. Darauf berief Hassan im Mai 1994 den parteilosen Diplomaten bzw. „Technokraten" (wie *Le Monde* ihn nennt) Abdelatif Filali (*1928) als Premierminister.

Südlich der Sahara trieb Senegals Präsident Senghor mit der Eleganz seiner französischen Poesie dieses Spiel. Seine Partei, die er 1948 von den Sozialisten abgespalten hatte, um die Stimmen der neuerdings wahlberechtigten Bauern des Hinterlandes auf sich zu ziehen,[167] regierte seit 1966 de facto als Einheitspartei. Linksradikale Dissidenten waren seit der Unabhängigkeit 1960 so heftig drangsaliert worden, daß sie schließlich darauf verzichteten, Senghors *Union Progressiste Sénégalaise* (UPS) durch Gründung einer Oppositionspartei herauszufordern; legal wäre das immer gewesen. Erst 1975 erforschte der Präsident sein demokratisches Gewissen und ordnete an, Oppositionsparteien zu gründen – aber nur zwei, deren Programme er gleich vorgab, nämlich eine liberale rechts und eine marxistisch-leninistische Partei links von der UPS. Die sollte in der Mitte sozialdemokratisch auftreten, versprach doch ihr Beitritt zur Sozialistischen Internationale eines Willy Brandt zusätzliche Freundschaften in Westeuropa.

Diese offene Gängelung der Demokratie überlebte Senghors freiwilligen Rückzug aus dem Amt nicht lange. Präsident Abdou Diouf, der ihm Anfang 1881 nachfolgte, gab grünes Licht für jedwede Parteigründung, und prompt zählte man in Senegal 16 Parteien. Zu einer ernsthaften Konkurrenz der Führungspartei (jetzt *Parti Socialiste* (PS) – ganz wie im Mutterland) entwickelte sich jedoch nur der *Parti Démocratique Sénégalais* (PDS) unter dem Juristen Abdoulaye Wade. Er erzielte bei Präsidentschaftswahlen 1983 14,7%, 1988 25,8%, am 21. 2. 1993 32% gegen Diouf.[168] Jedesmal beschwerte die Opposition sich lautstark über Betrug bei der Auszählung, 1983 nannte Wade die ganze Wahl „eine groteske Komödie" – in einem Interview mit der Regierungszeitung *Le Soliel*! Im März 1995 nahm Präsident Diouf 5 PDS-Mitglieder in seine Regierung auf; man darf von einer Besänftigung der Opposition durch Teilhabe am Pfründenkuchen sprechen – eine auch früher in Senegal und nicht nur dort bewährte Taktik. Demokratie mit gebremstem Schaum . . .[169]

Etwas früher als Senghor leitete in Ägypten Präsident Sadat, Hand in Hand mit der Liberalisierung der Wirtschaft, eine „Politik der Öffnung" ein. Den Absprung fand er nach dem Krieg gegen Israel im Oktober 1973. Zunächst erlaubte er nur die Formierung von Flügeln innerhalb der Einheitspartei *Arabische Sozialistische Union*; sie durften 1976 bei Parlamentswahlen gegeneinander kandidieren. Alsbald entpuppten sie sich als eigene Parteien, die Sadat jedoch (und nach ihm Präsident Mubarak) sämtlich fest am Zügel hielt. Offiziell regierte Sadat ab 1978 mit der *Nationaldemokratischen Partei* (NDP), der eine *Sozialistische Arbeiterpartei* (SAP) als „Opposition" gegenüberstand; deren Gründer war Sadats Freund Ibrahim Schukri, und der Präsident veranlaßte einige NDP-Abgeordnete zum Übertritt in die SAP, damit diese wenigstens auf 27 Mandate im Parlament kam.[170]

Madagaskar lieferte bis 1993 ein drittes Beispiel „gelenkter Demokratie". 1976, im Honigmond der sozialistischen Option des Militärregimes, organisierte der seit einem Jahr als Präsident amtierende Fregattenkapitän (später Admiral) Didier Ratsiraka (*1936) eine *Avant-Garde de la Révolution Malgache* (AREMA), vorsichtshalber nicht als Einheitspartei, sondern in einer „Nationalen Front" mit sechs anderen Parteien verbunden. 1983 lockerte er den Block, alle sieben Parteien durften gegeneinander antreten. Das Volk spielte damals noch mit, AREMA siegte mit 65% der Stimmen und gewann 117 Mandate. Die seit Jahrzehnten aktive Marxistenschar des AKFM (madegassisches Akronym für *Unabhängigkeits-Kongreß*) kam nur auf knapp 7% und 9 Mandate; freilich galt der AKFM schon zu Zeiten des 1957–72 regierenden Präsidenten Tsiranana als tribalistisch, nämlich als einzig unter dem vorkolonialen Herrenvolk der Insel, den Marina präsent.[171] 1989 zeigte das Volk durch Wahlmüdigkeit (immer noch siegte AREMA), 1991 durch Demonstrationen in der Hauptstadt seinen Unmut. Ratsiraka, der soeben vom Leninismus zur Marktwirtschaft konvertiert war, ließ zunächst schießen: 30 Tote am 10. 8. 1991. Am 14. 2. 1993 gab er sich geschlagen; diesmal siegte bei den Präsidentschaftswahlen der Kandidat der Opposition, Albert Zafy, mit 66,7%, und nur 33,3% votierten für Ratsiraka.[172]

Kamerun ... Dürfen wir das Regime des Paul Biya (*1933), der 1982 die Nachfolge des Einpartei-Präsidenten Ahmadou Ahidjo (1922–1988) mit der Parole eines „Gemeinschaftsorientierten Liberalismus" antrat,[173] noch zu den gelenkten Demokratien zählen, oder klammert sich Biya mittels Manipulationen an die Macht wie ein Autokrat unseres Typs 2? Anfangs sah es sogar fast nach Typ 1 aus: Ende 1990 beugte sich der Präsident dem all-afrikanischen Ruf nach Multipartismus, und einige Demokraten begannen in ihm wieder, wie runde zehn Jahre zuvor, den Vorkämpfer des aufgeschlossenen, modern gebildeten, christlichen Südteils im ex-französischen Treuhandgebiet gegen den feudal-patriarchalischen islamisch beherrschten Norden (Ahidjos Hausmacht) zu sehen. Aber seine Polizei und das Militär schlugen weiterhin die Demonstrationen der Unzufriedenen nieder, seine Gerichte machten Kritikern den Prozeß wegen Beleidigung des Staatschefs und des Parlaments. In diesem Klima boykottierte die vermutlich wichtigste Oppositionspartei, die *Social Democratic Front* (SDF), die Mehrparteien-Parlamentswahl am 1. 3. 1992. Aber immerhin stellten 32 Parteien insgesamt über 750 Kandidaten für die 180 Sitze auf, so daß eine Auswahl halbwegs möglich war. Resultat: Beteiligung 60,6%; 88 Mandate für die vormalige Einheitspartei RDPC (*Rassemblement Démocratique du Peuple Camerounais*, bis 1985 UNC = *Union Nationale Camerounaise*), 68 für die im Norden verwurzelte UNDP (*Union Nationale pour la Démocratie et le Progrès*), 18 für den legalen Überrest der ursprünglichen Befreiungsbewegung UPC, 6 für das MDR (*Mouvement pour la Défense de la République*) eines jahrelang unter Biya inhaftierten politischen Gefangenen. Vor und nach den Wahlen erschütterten und spalteten Krisen alle Parteien, auch das RDPC; es verlor Ende Januar 1992 seinen „progressiven" Flügel. Der Rest hielt die Macht fest mit Hilfe einer Koalition, auf die sich das kleine MDR einließ. Anfang vom Ende des Regimes – oder der Demokratisierung? Zum 11. 10. 1992 schrieb Biya Präsidentschaftswahlen aus. Die Opposition konnte sich – wie in Kenia – nicht auf einen Gegenkandidaten einigen. Immerhin trat der SDF-Führer John Fru Ndi diesmal an. Das Regime schikanierte während des Wahlkampfes die kritische Presse nach Kräften, schaffte es aber nicht, sie völlig und dauerhaft mundtot zu machen. Offizielles Resultat, verkündet am 23.10. (die SDF war am 18. 10. aus der Zählkommission ausgezogen ...): Biya 39,98%, Fru Ndi 35,97% bei 71,87% Beteiligung; der Rest entfiel auf vier weitere Bewerber. Kein Wunder, daß der Teufelskreis von Demonstrationen, Streiks, Repression, neuen Protesten, Strafprozessen gegen Journalisten sich danach weiterdrehte. Die Berliner *Tageszeitung* berichtete Anfang 1994:

„... Der Oppositionsführer und wahrscheinlich wirkliche Sieger der Präsidentenwahl von 1992, John Fru Ndi von der Sozialdemokratischen Front, ist immer noch Hoffnungsträger. Doch er ist kaltgestellt. Zwar steht er nicht mehr unter Hausarrest. Wenn er aber seine Heimatstadt Bamenda, fünf Autostunden von Jaunde entfernt, verläßt, um in die Hauptstadt zu kommen, muß er um sein Leben fürchten. Die Regierung wäre ihn nur zu gerne los".[174]

Das 1991 vielleicht halbvolle Glas der kameruner Demokratie leert sich zusehends.

4. Eine vierte Variante politischer Entwicklung, die wir bis zum Erweis des Gegenteils von den üblichen Militärputschen unterscheiden sollten, wäre der Sieg der Demokratie im Bürgerkrieg – gewaltsame Demokratisierung von unten. Museveni in Uganda ... Ich habe seine Taten nach dem Sieg bereits erwähnt, und noch immer will ich nicht ausschließen, daß die demokratischen Lippenbekenntnisse während des bewaffneten Kampfes in eine demokratische Verfassungswirklichkeit einmünden könnten.

Von Uganda schwenkt der Blick seit 1994 wie von selbst südlich nach Rwanda. Die Katastrophe des Jahres 1994 war einerseits ein Völkermord, verübt von den Extremisten der bis dato herrschenden Hutu-Clique um den Militär-Präsidenten Juvénal Habyarimana (1937–1994) nicht nur an der (fälschlich als Ethnie verstandenen) Kaste der Tutsi, sondern auch an „feindlichen" Hutu;[175] andererseits öffnete der Genozid die Tür zum militärischen Sieg des *Front Patriotique Rwandais* (FPR) der seit 1959 nach Uganda vertriebenen Tutsi. Seine Armee, etwa 5000 Mann stark, fiel 1990 von Uganda aus in Rwanda ein; seit Juli 1994 ist der FPR Herr im Lande.[176] Formal ist die Regierung eine Koalition mit Hutu-Parteien, die am Völkermord unschuldig waren und jetzt sogar den Staatspräsidenten und den Premierminister stellen dürfen. Hindurch schimmern bei den wirklichen Machthabern die Vorstellungen ihres Freundes und Helfers Museveni. Der FPR muß nach wie vor mit Gegenoffensiven rechnen: die Mörder von 1994 blieben inmitten der Flüchtlingsmassen, die damals nach Zaire oder Tanzania strömten und Ende 1996 nach Rwanda zurückgedrängt wurden, organisiert und bewaffnet.

Die EPLF in Eritrea (seit 1995 nennt sie sich *People's Front for Democracy and Justice*) ... Hat sie den Einpartei-Anspruch wirklich aufgegeben, wie Bereket Habte Selassie, Vorsitzender

der Verfassungskommission, deutschen Journalisten zusicherte?[177]

Der wichtigste Kandidat für diese Art Demokratisierung ist Äthiopien. Am 28. 5. 1991 war die Armee der *Ethiopian People's Revolutionary Democratic Front* (EPRDF) in Addis Abeba einmarschiert, ihr Vorsitzender Meles Zenawi übernahm die Präsidentschaft. Er überließ Eritrea sofort der EPLF, entließ es somit in die Unabhängigkeit. Im übrigen deutet schon der Singular *People* im Titel der EPRDF an, daß sie das verbleibende Äthiopien zusammenhalten will – fragt sich nur wie. Harter Kern der EPRDF war seit ihrer Gründung während des Krieges gegen Mengistu, Anfang 1989, die Befreiungsfront der (um 1980 ca. 3,3 Mio.) Tigriner, deren Heimatregion in Nordäthiopien liegt. Tigre gehörte seit jeher zum alten christlichen Kaiserreich, als dessen Staatsvolk sich die Nachbarn im Süden, die (ca. 6,6 Mio.) Amharen sahen. Dennoch betrachten sich Tigriner und Amharen als verschiedene Völker, und letztere empfinden nach dem Urteil mancher Beobachter den Sieg der EPRDF, samt Ablösung des amharischen Patriarchen der autokephalen äthiopischen Kirche durch einen Tigriner, als Demütigung.[178]

An Wahlen hat es in Äthiopien seit 1991 nicht gefehlt. Schon im April 1992 fanden Vorwahlen zu Regionalwahlen statt, die dann am 21. 6. über die Bühne gingen. Gleichzeitig prallten aber im Süden des Landes die Regierungstruppen blutig mit Kämpfern der *Oromo Liberation Front* (OLF) zusammen, die theoretisch in der Hauptstadt Koalitionspartner der EPRDF war, bis der Präsident ihr Ende August den Stuhl vor die Tür setzte; die im späten 19. Jahrhundert von Kaiser Menelik II. Äthiopien einverleibten Oromo gelten mit (1980) ca. 16,6 Millionen als zahlenmäßig stärkstes Volk im Lande.[179] – Am 5. 6. 1994 wählte das Volk wieder, diesmal eine Verfassunggebende Versammlung: 484 von 547 Sitzen fielen an die EPRDF . . . in Addis Abeba, wo internationale Wahlbeobachter sich umtaten, allerdings nur 13 von 23. Im Dezember war die neue Verfassung fertig. Äthiopien ist seitdem ein Bundesstaat mit neun Regionen, einem Sonderstatus für Addis Abeba und einem parlamentarischen Regierungssystem, so daß die Macht nicht mehr beim Präsidenten, sondern beim Premierminister liegt. Am 7. 5. 1995 wählte das Volk sein Bundesparlament (EPRDF 540 Sitze, sonstige 8) und die Regionalräte.[180] Die meisten Oppositionsgruppen boykottierten diese Wahl ebenso wie ihre Vorgängerinnen 1994 und 1992. Die OAU, die im Umfeld ihres Hauptquartiers Addis Abeba gut plaziert war, die Wahlen zu beobachten, erklärte sich mit dem ihrer Ansicht nach freien Urnengang von 1995 zufrieden. Zum Premierminister wählte das neue Parlament – wen wohl? – den bisherigen Interims-Präsidenten Meles Zenawi.

5. Demokratie oder Quasi-Demokratie, lebendiger oder vorgetäuschter Föderalismus als Ergebnis der äthiopischen Bürgerkriege: Völker dürfen aufatmen, wenn jahrelanges Blutvergießen überhaupt eine erträgliche politische Ordnung hervorbringt und die Gewalt aus den Maschinengewehren zurückdrängt in die Sphäre der ordinären Kriminalität. Wir müssen einen fünften Typ politischer Transformation in Afrika konstatieren (ehe wir hier von „Entwicklung" reden, sollten wir uns auf die Zunge beißen): Bürgerkrieg, der endemisch wird und dadurch Politik auf ein Prätorianer-Regime reduziert, ohne daß der Staat völlig zerfällt (das ist dann Typ 6 und das Ende der Fahnenstange).

Algerien ist in dieser Lage, und sein blutiges Schicksal unmittelbar vor Europas Türen sollte nicht nur das ehemalige „Mutterland" Frankreich bedrücken,[181] sondern die ganze Europäische Union. Algeriens Präsident Chadli Bendjedid hatte auf Jugendkrawalle in Algier am 5. 10. 1988 sofort mit Abschüttelung des Sozialismus-Vokabulars reagiert, am 12. 6. 1989 mit freien Gemeinderatswahlen in den Städten. Als Sieger gingen daraus aber weder liberale noch linke Kritiker der Staatspartei FLN hervor, sondern die kurz zuvor gegründete Islamische Heilfront (FIS = *Front Islamique du Salut)*. Das Kassieren der Parlamentswahl im Januar 1992 löste Terror und Gegenterror aus (müßig zu fragen, wer anfing), den auch eine fünfköpfige Junta, die Chadli ablöste, nicht einzudämmen vermochte; vielmehr fiel der aus dem Exil heimgerufene und von der Junta zum Präsidenten ausgerufene FLN-Veteran Mohammed Boudiaf (*1919) selbst am 29. 6. 1992 einem Anschlag zum Opfer.[182] Im Februar 1994 wagte sich dann General Liamine Zéroual (*1941) in das höchste Staatsamt vor. Er schaffte es, sich am 16. 11. 1995 mit 61,3% (bei 75% Beteiligung) vom Volk wählen zu lassen, gegen drei Konkurrenten, von denen der gemäßigte Islamist Mahfoud Nanah immerhin 25,4% verbuchen konnte. Zéroual ermutigte die nicht-islamistische Opposition, die es nach wie vor auch gibt und die im November 1994 in Rom versuchte, mit gemäßigten FIS-Politikern eine gemeinsame Plattform zu finden, Anfang 1996 einige Minister in sein umgebildetes Kabinett zu entsenden. Er schaffte es nicht, den Bürgerkrieg zu beenden, mit seiner endlosen Blutspur ermordeter Journalisten und anderer bekennender Demokraten, Ausländer, Regierungsbeamter – und natürlich Untergrundkämpfer. Ohne inneren Frieden hat die Demokratie keine Chance.

Im Süd-Sudan hat der bewaffnete Kampf gegen die Regierung in Khartum 1955 begonnen, ein Jahr vor der Unabhängigkeit, ist trotz Aussöhnungs-Versuchen mehrmals wieder aufgeflammt und 1997 in vollem Gange; die Aufstandsbewegung, die sich angeblich im Namen des Christentums gegen Islamisierung wehrt, hat sich gespalten, die Nachbarstaaten Äthiopien, Uganda, Eritrea intervenieren kaum verschleiert, Khartum interveniert nach Kräften zurück.

Im benachbarten Tschad suchte ein ähnlicher Nord-Süd-Konflikt seit 1966 die Menschen heim. Nur war hier ursprünglich der christlich-animistische Süden an der Macht, der islamische Norden griff unter dem Banner der FROLINAT *(Front de Libération Nationale du Tchad)* zu den Waffen; der Norden gewinnt, seine Protagonisten beginnen prompt, sich gegenseitig zu zerfleischen. Als auswärtige Interventen halten sich Frankreich und Libyen von 1980 bis 1994 abwechselnd in Schach.[183] Zuletzt marschiert Anfang Dezember 1990 Idriss Déby (*1952) in die Hauptstadt N'Djamena ein und erfreut von Januar bis April 1993 die Außenwelt mit der Einberufung einer *Conférence Nationale Souveraine,* die den Übergang zur

Demokratie bewerkstelligen soll. Parteien entstehen in Fülle, der Präsident sorgt für angemessenes Gewicht seines *Mouvement Patriotique du Salut* (MPS). Eine neue Verfassung wird in Volksabstimmung am 31. 3. 1996 mit 61,5% Ja- gegen 38,5% Nein-Stimmen gebilligt (Beteiligung 71,2%); nur: der Südwesten, wo die christlich-animistischen Bauern sitzen, stimmte zu über 80% mit Nein. Präsidentschaftswahlen folgten, wie in Frankreich zuerst mit mehreren Bewerbern, in einer zweiten Runde nur mit zwei: Déby gewann im Juli 1996 mit 69% gegen Abdelkader Wadal Kamougué (dem Namen nach ein Moslem aus dem Süden; bis Mitte 1994 Minister unter Déby), der 30,9% erhielt. – Ist das schon Demokratie? Wir müssen offen lassen, ob Tschad in einigen Jahren eher mit Äthiopien vergleichbar sein wird oder, wie jahrzehntelang in der Vergangenheit, mit dem Sudan.

Die Nationalkonferenzen . . . Sie bilden in den 1990er Jahren die Achse der afrikanischen Demokratiebewegung, um die alle anderen Ereignisse und Institutionen kreisen.[184] Das Vorbild der Runden Tische Osteuropas, die einen überwiegend gewaltfreien Ausweg aus der kommunistischen Parteiherrschaft öffneten, ist unverkennbar. Wir müssen nach Abschluß unseres Versuchs einer Schematisierung afrikanischer politischer Systeme noch einen Blick auf ihre Auswirkungen werfen, bevor wir das Ende der systematischen Politik (nicht der Geschichte!) im Staatszerfall registrieren.

Über die Auswirkung der tschadischen Nationalkonferenz sind die Meinungen geteilt. Als vorbildlich galt anfangs die Demokratisierung in Benin, ehemals Dahome, als Quartier Latin des französischen Afrika bekannt. 1990 sah sich dort der bis dato „marxistisch-leninistische" General-Präsident Mathieu Kérékou (*1933; auch im Ostblock glaubte ihm niemand so recht seine Bekenntnisse zur proletarischen Revolution) mit der Forderung einer von ihm selbst einberufenen Nationalkonferenz konfrontiert, Demokratie einzuführen. Er gab ohne langes Sträuben nach und berief im März 1990 Nicéphore Soglo (*1934) zum Regierungschef, einen Absolventen der Pariser Elite-Verwaltungshochschule ENA und späteren Weltbank-Direktor. Soglo versprach außer Demokratie noch Marktwirtschaft und wurde im März 1991 in der Stichwahl mit 67,6% (erste Runde bei mehreren Kandidaten 36,7%) gegen Kérékous 32,4% zum Präsidenten gekürt. Unschön war, daß der Süden massiv für Soglo stimmte, der Norden ebenso massiv für Kérékou; ich muß nicht extra schreiben, aus welchen Landesteilen beide stammen. Jahre gingen ins Land. Die Demokratie hielt stand, die Vorwürfe gegen Soglo, er lasse die Korruption in der „Staatsklasse" weiterlaufen, wurden allmählich lauter. Am 18. 3. 1996, wieder in Stichwahl um die Präsidentschaft, stellte das Volk die Quittung aus: Mit dem Vorsprung einer Nasenlänge (52,49%) siegte diesmal Kérékou – unter dem selbstgewählten Symbol des Chamäleons! *Le Monde* kommentierte (26. 3. 1996):

„. . . Seit der offiziellen – und späten – Ankündigung seiner Kandidatur im Januar profitierte der General von einer „Anti-Soglo"-Welle, die umso mehr der „Anti-Kérékou"-Bewegung von 1990/91 vergleichbar ist, da es zumeist dieselben Personen sind, die sich in beiden Fällen in Bewegung setzten. Dabei sind die Erfolge Soglos unbestreitbar. Sie beziehen sich vor allem auf die spektakuläre Erholung der Wirtschaft und der Finanzen. Aber die Politik der Strukturanpassung, betrieben von diesem ehemaligen Weltbank-Administrator, war schmerzlich. . . Außerdem: wenn der Ex-Tyrann . . . sich zum Demokraten gewandelt hat, so hat auch Soglo sich verändert. Der Technokrat ließ sich auf ein autoritäres Gehabe ein, das kaum mit Demokratisierung vereinbar ist . . ."

Zwei gewaltfreie Machtwechsel per Stimmzettel in Benin können sich als demokratisches Ergebnis einer Nationalkonferenz, meine ich, durchaus sehen lassen. Denn andernorts scheiterte die Transformation schon im Ansatz. In Togo, Benins Nachbar und ethnisch-wirtschaftsgeographisch fast sein Zwilling, griff der General-Präsident Eyadema (keineswegs ein Leninist, vielmehr Freund und Klient des Freistaats Bayern) im März 1991 zur Nationalkonferenz wie zu einem Halteseil, als ihn die seit Oktober 1990 andauernden Studentenproteste in der Hauptstadt Lomé allzu sehr nervten. Eyadema versprach Amnestie und (was wohl?) *multipartisme*. Auf der Konferenz schlossen sich ein Dutzend Oppositionsgruppen um den Vorsitzenden der Menschenrechts-Liga, Kogou Koffigoh, zusammen. Irgendwer bremste sofort mit Terror: Am 11. 4. wurden 19 massakrierte Leichen aus der Lagune von Lomé geborgen. Trotzdem wählte die Nationalkonferenz am 26. 8. Koffigoh zum Premierminister. Er beugte sich bald den Einschüchterungen der Machthaber. Anfang 1993 bereitete Eyadema die fällige Präsidentschaftswahl durch Massaker und Razzien seiner getreuen Soldaten gegen Oppositionelle und angebliche Verschwörer vor; über 100 starben, mehr als 200 000 flüchteten über die Grenzen nach Benin oder Ghana. Am Wahltag 25. 8. trat außer Eyadema nur ein Herr an, „. . . der als Zählkandidat des amtierenden Präsidenten gilt",[185] die deutschen und die amerikanischen Wahlbeobachter waren schon zwei Tage vorher abgezogen worden. Bei Parlamentswahlen im Februar 1994 allerdings errang die Opposition 43 Sitze von 81, und Eyadema mußte wohl oder übel von ihren Bänken Edem Kodjo (*1938) zum Premierminister berufen. Anfang August 1996 hatte der Präsident selbst diesen ehemaligen Generalsekretär der OAU (1978-83) so verschlissen, daß er zurücktrat und der angeblich „neutrale Technokrat"[186] Kwassi Klutse an seine Stelle treten konnte.

Noch offensichtlicher scheiterte die Demokratisierung über eine Nationalkonferenz in Zaire, dem Musterland afrikanischer „Kleptokratie".[187] Am 24. 4. 1990 verfügte Präsident Mobutu Sese Seko das Mehrparteien-System. Im Januar 1991 eröffnete er den „Dialog mit dem Volk". Am 7. 8. versammelte sich die Souveräne Nationalkonferenz. Sie zeigte sich den Listen des wahren Souveräns von vornherein nicht gewachsen. Mobutu erfand nicht nur von ihm gesteuerte Oppositions-Parteien – das hatten ihm andere schon vorgemacht. Er erfand auch im September 1991 das Marodieren von Soldaten (Plünderung von Geschäften in Kinshasa, Hatz auf bestimmte Ausländer) auf Befehl. Am 15. 8. 1992 wählte zwar die Nationalkonferenz mit 71% einen wirklichen Opponenten, Etienne Tshisekedi, zum Premierminister; er verlor jedoch den sofort einsetzenden Machtkampf mit Pauken und Trompeten – und unter schlimmen Blutopfern des Volkes. Die Nationalkonferenz löste sich selbst im Dezember 1992 auf, setzte einen *Haut Conseil de la République* (HCR) als Nachfolge ein, aber den drangsalierte Mobutu sofort durch seine Elitetruppen, setzte ihm im März 1993 ein „Konklave" entgegen und zwang beide Versammlungen im Januar 1994 zu einem Gebilde zusammen, das sich HCR-PT (für *Parlement de Transition*) nennt und am 14. 6. 1994 „den als gemäßigt geltenden Oppositionspolitiker"[188] Joseph Kengo Wa Dondo zum Regierungschef wählte. Tshisekedi stand derweil seit 1993 unter De-facto-Hausarrest, sein Haus wurde Zielscheibe von „anonymen" Überfällen, sein taktisches Kompromiß-Angebot im Sommer 1995 diente Mobutu nur zur weiteren Zersplitterung und Kompromittierung der Gegner. Im Juli 1995 sollte gewählt werden? Leider, leider unmöglich, vertagt per HCR-PT auf 1997! Das ganze Schmierentheater war möglich, weil die Welt – angefangen von der ursprünglichen Schutzmacht Mobutus, den USA, über Weltbank, Paris und Bonn bis zum Vatikan, ja bis nach Peking (auch die VR China leistet Zaire Militärhilfe) – Mobutu anscheinend braucht. An der Ostgrenze Zaires brannten Rwanda und Burundi, im Südwesten blutete Angola, und schließlich ist das Riesenland mit seinen Bodenschätzen und Energiereserven auch dann nicht zu verachten, wenn gute Geschäfte momentan schwerfallen. Nur kein Staatszerfall in Zaire! Aus der „politischen Konditionalität", die da vorgibt, Menschenrechte oder gar Demokratie über Diplomatie und „Entwicklungszusammenarbeit" einzufordern, ist jedenfalls angesichts des Dinosauriers Mobutu Sese Seko nichts geworden.

6. Das harte Wort Staatszerfall ist zu einer Chiffre geworden für den Afro-Pessimismus, der die Demokratie-Euphorie der frühen 1990er Jahre so schnell eingeholt und überholt hat – nicht nur im wehleidigen Deutschland, das selbst über seine eigene Wiedervereinigung vorwiegend klagt, sondern ziemlich flächendeckend in Europa und Nordamerika – und nicht zuletzt in Afrika selbst. Afro-Pessimismus ist angesichts der vor allem wirtschaftlichen, aber auch politischen Misere, eines weitgehenden „Staatsversagens",[189] das auch ich vorstehend

dokumentieren mußte, sicher mehr als nur ein Vorwand für die Kürzung der „Entwicklungshilfe" oder die Streichung akademischer Afrika-Programme an unseren Universitäten.

Aber Staatszerfall ist deshalb noch lange nicht der Passepartout zum Verständnis afrikanischer Politik. Einen eindeutigen Tod des postkolonialen Staates konstatieren wir (abgesehen von den südafrikanischen Bantustans) nur in Somalia. Liberia war nie europäische Kolonie, der Kolonistenstaat der Americo-Liberianer ist vielleicht definitiv zusammengebrochen. Über längere Zeit scheintot war Sierra Leone. Eine vielleicht zum Tode führende Krise erlebt seit 1996 Burundi.

Wie erklärt man das Debakel Somalias? Es galt doch als fast einziger homogener Nationalstaat in Afrika, bis 1969 unter einem halbwegs demokratischen Regime, noch dazu als erfolgreiche Verschmelzung italienischer und britischer Kolonial-Traditionen. Somalia war starkem Druck von außen und nach außen unterworfen: Im Kalten Krieg waren seine Häfen ein Objekt der Begierde für USA und UdSSR; der Nationalstaat fühlte sich, eben weil er ausnahmweise einer war, zu Irredenta-Konfrontationen mit den Nachbarstaaten aufgerufen, wo auch Somal lebten, bis hin zu den aussichtslosen Kriegen gegen das kaiserliche, von den USA gestützte Äthiopien 1964, gegen das Sozialistische Äthiopien und seine kubanischen Hilfstruppen 1977/78. Als die Folgen der nationalen Überanstrengung nach innen durchschlugen und der Militär-Präsident Siad Barre Ende Januar 1991 stürzte, fielen auch die Somalier in das „traditionelle" soziale Netz zurück; nur leider war dieses in ihrem Fall aus waffenstarrender Loyalität für kleine Clans gestrickt, die es gewohnt waren, um karge Ressourcen notfalls gegeneinander zu kämpfen.[190] Die Leute vom anderen Stern waren da hilflos, egal ob sie unter dem blauen Helm der UNO oder unter dem olivgrünen der USA steckten.

Die Katastrophe in Liberia dürfte ganz andere Ursachen haben. Als Charles Taylor[191] gegen Jahresende 1989 in den Nimba-Bergen, weit weg von der Hauptstadt Monrovia, zum Krieg gegen das ziemlich finstere Regime des Feldwebels Doe blies, mag ihm das Modell Museveni vor Augen geschwebt haben.

Was er bewirkte, war der Hobbes'sche Urzustand des *bellum omnium contra omnes,* aus dem die UNO sich heraushielt, in dem die von Nigeria dominierte Eingreiftruppe der ECOWAS kaum Besseres bedeutete als eine weitere Bürgerkriegspartei.

Ein Rezept gegen Staatszerfall kann die hypothetische „Weltgemeinschaft" sowenig verschreiben, wie die Strukturanpassungsprogramme der Weltbank oder bloßer Multipartismus eine Garantie dafür bieten, das Staatsversagen zu heilen. Intervention der Supermacht USA, der Vereinten Nationen, der Ex-Kolonialmächte? Womöglich gar mit dem Ziel, die Unabhängigkeit von Staaten zurückzudrehen auf ein Treuhand-Regime oder eine *Transitional Authority,* wie die UNO sie in Kambodscha von März 1992 bis November 1993 ausgeübt hat (UNTAC) – aber nie in Afrika?[192] Sicher, man darf philosophieren, ob Geschichte linear fortschreitet oder in Kreisen, oder in Pendelschwüngen sich bewegt. Eine Rekolonisierung Afrikas mag in der Publizistik diskutiert, vielleicht vereinzelt im Ernst empfohlen werden – offen oder verschlüsselt, wie z.B. von Ulrich Menzel:

„... Damit diese Basishilfe [im Sinne eines Vorschlags von Gunnar Myrdal 1981, F. A.] aber auch tatsächlich die Armen erreicht, muß mit den dortigen Eliten härter umgegangen werden, ggf. durch den größeren Einsatz eigenen Personals der sachgerechte Einsatz der Hilfe unter Umgehung der Eliten von den Geberländern direkt kontrolliert werden."[193]

Trotzdem steht Afrikas Rekolonisierung für den Rest des 20. Jahrhunderts wohl kaum auf der Tagesordnung. Das liegt weniger daran, daß Afrika sich nachdrücklich genug wehren könnte, sondern ist eher so, weil keine Großmacht jetzt (anders als vor 100 Jahren) ihr nationales Interesse mit den erforderlichen Feldzügen verbunden sieht, und auch kein transnationaler Konzern für sich bei einer Nachahmung des Belgierkönigs Leopold II. ausreichenden Gewinn errechnet.

Beenden wir die versuchsweise Systematisierung der politischen Systeme Afrikas im Übergang! Fragen wir nach einem Schlüsselwort für die Sehnsüchte und mehr oder (meist) weniger exakt artikulierten Ziele der Demokratiebewegung einschließlich gewaltsamen Aufbegehrens gegen unpopulär gewordene Regime, dann finden wir den am ehesten einleuchtenden Begriff schon bei den Rebellen, die Anfang der 1960er Jahre in Zaire zu den Waffen griffen – viele, um den Mord an Patrice Lumumba zu rächen. Sie riefen nach der *deuxième indépendance*. Naivität? Wenn ja, ist sie nicht exklusiv afrikanisch. Laut Thomas Mann zogen Anno 1848 „... jugendliche Hafen- und Lagerarbeiter, Dienstmänner, Volksschüler, einige Matrosen von Kauffahrteischiffen..." vor das Lübecker Bürgerschaftshaus mit der Parole: „Wi wull nu'ne Republike ...", worauf Konsul Buddenbrook dem Wortführer erwiderte: „Öwer, du Döskopp – Ji heww ja schon een!", um dann zu erfahren: „Je, Herr Kunsel, denn wull wi noch een".[194] – Zurück nach Afrika: Wieviele einfache Menschen nicht nur in Zaire müssen früher oder später von dem Gefühl überwältigt worden sein, das Hissen neuer Staatsflaggen etc. sei alles nur Humbug? Die Ernüchterung muß jener vor (nur) zwei Generationen geähnelt haben: Die Kolonialeroberung als qualitativ neuen, einzigartig schmerzhaften Eingriff in die überlieferte Geschichte und Gesellschaft zu erfahren. Kein Wunder, daß die Reaktion manchmal die gleiche war und ist – Griff nach den Waffen unter alter oder neuer sozio-politischer Organisation. Erstaunlich ist eher, daß das Volk mindestens ebenso oft nach Wahlurnen rief wie nach Kalaschnikows.

Das Schlagwort von der „zweiten Unabhängigkeit" ist, bei Licht besehen, gar nicht naiv. Es greift tiefer als die (von Verfechtern der *Dependencia*-Theorien überbetonte, wenngleich richtige) Einsicht, daß die neuen Staaten Afrikas nur formal unabhängig wurden, real-wirtschaftlich und kulturell vom Nord-Westen abhängig blieben. Afrikaner setzten Unabhängigkeit prinzipiell mit Freiheit gleich, alle antikolonialen Protestierer (gerade auch die gewaltfreien) sahen sich als Befreiungsbewegung und wurden weltweit als solche akzeptiert. Freiheit von Fremdherrschaft kann jedoch keinen Menschen zufriedenstellen, wenn sie direkt in Unterdrückung durch einen neuen Tyrannen einmündet. Das haben die Deutschen nach dem Sieg über Napoleon I. gelernt, die Polen nach dem Untergang Hitlers, die Vietnamesen nach der Vertreibung zuerst der Franzosen, dann der Amerikaner. Es ist leider die primäre politische Erfahrung fast aller Afrikaner seit 1960. Erst über dieses Nessus-Hemd einheimischer Gewaltherrschaft wird Afrika der Rock (die Zwangsjacke) der Abhängigkeit vom Weltmarkt und seiner Weltbank gezogen.

Nun neigen auch die Blumen der Demokratie dazu, unter Afrikas Sonne rasch zu welken. Als die Politikwissenschaftler der Universität Nairobi 1985 zu einem Demokratie-Seminar einluden, war ich überrascht, wie (fast) einmütig sie sich zu demokratischen Werten und Normen europäischen Ursprungs bekannten – ganz im Sinne des oben zitierten Kollegen Jacques Mariel Nzouankeu aus Kamerun.[195] Ein knappes Jahr später versammelten sich andere afrikanische Wissenschaftler, Schriftsteller, Gewerkschafter und sogar ehemalige Politiker, um unter der Ägide einer *International Foundation for Development Alternatives* eine „Erklärung zu Afrika" zu proklamieren. Zu den Unterzeichnern gehörten der frankophone Ägypter Samir Amin (Afrikas wohl wichtigster *Dependencia*-Theoretiker) und der Historiker Joseph Ki-Zerbo, nach 1970 Oppositionsführer in Burkina Faso während einer der demokratischen Phasen dieses Staates. Absatz eins der Erklärung trägt die Überschrift „Für Demokratie"; hier lesen wir:

„... Elementare Freiheitsrechte werden oft verletzt. Willkürliche Festnahmen, Verhaftungen, Folter und Mord haben viele tatsächliche oder vermutete politische Oppositionelle zum Schweigen gebracht ... Jede abweichende Meinung wird als subversiv angesehen ..."

Und die Konsequenz war der Ruf nach Menschenrechten, nach freien Wahlen, Meinungsfreiheit, wenn auch nicht ausdrücklich nach dem Mehrparteien-System.[196] Das ist jetzt mehr als zehn Jahre her.

Enttäuschung über das westliche Demokratie-Modell war und ist bei Intellektuellen vorprogrammiert, die sich entschieden haben, vorzugsweise in Kategorien des Marxismus oder Leninismus zu denken. Issa G. Shivji zum Beispiel von der Juristischen Fakultät der Universität Dar Es Salaam, den ich bereits als Kritiker des harmoniesüchtigen „Afrikanischen Sozialismus" erwähnte, hielt auch 1988 daran fest, die Befreiung Afrikas von allen seinen Übeln erfordere Klassenkampf gegen die „Kompradoren" einschließlich sämtlicher „Staatsbourgeoisien" – auch der Verbal-Leninisten, die damals noch Äthiopien regierten; und der St. Michael im Schwarz-Weiß-Schlachtengemälde Shivjis war, wie zu erwarten, ein Klassenbündnis um den Kern des Proletariats und „der" Bauern, das die „nationale" oder „neue Demokratie" durchsetzt. Dieses politische Ziel allerdings ist bei Shivji nicht als Einpartei-System gedacht, sei es im Gefolge sowjetischer Lehre („Nationale Demokratie") oder von Maos Schriften („Neue Demokratie"); er fordert freie Gewerkschaften, erkennt das Abwürgen freier Debatte im Parlament als verhängnisvoll, überwindet sich sogar dazu, „. . . bürgerlichen Liberalismus, Verfassungswesen, Achtung vor Menschenrechten, Legalität usw . . ." als „unmittelbare" Forderungen an die Herrscher gutzuheißen.[197]

Nun läßt sich gerade im Gefolge von Karl Marx darüber streiten, ob der böse Feind der einfachen Menschen Afrikas als Bourgeoisie richtig anvisiert ist. Die berüchtigten Staatsklassen eignen sich doch, so argumentiert z. B. Hartmut Elsenhans, keinen Mehrwert aus der Ausbeutung produktiver Lohnarbeit als Profit an, um ihn dann wieder produktiv zu investieren; vielmehr zweigen sie sich „Renten" ab aus dem Surplus von Handels- und Finanzgeschäften (inklusive, vielfach sogar vorrangig „Entwicklungshilfe"), aus ihrer politisch fundierten („bürokratischen") Verfügungsgewalt über den Boden und seine Schätze. Das Problem Afrikas sieht Elsenhans weniger darin, daß diese Staatsklassen zu habgierig wären, oder daß ihnen die Unternehmergesinnung mangele. Sie sind vielmehr zu schwach:

„. . . Kleinstaaterei als Respektierung vorkolonialer Strukturen und niedriges Surplus haben die Chancen auf Wirtschaftswachstum durch Staatsklassen begrenzt, so daß Afrika seiner Möglichkeit einer wie immer erfolglosen/-reichen, aber doch – wie die größeren Länder Lateinamerikas und Indien zeigen – Produktivkräfte entwickelnden importsubstituierenden Industrialisierung mit entsprechenden Effekten auf die gesellschaftliche Vernetzung beraubt wurde.

Die Krise der bürokratischen Entwicklungsgesellschaften in Afrika in den 1980er Jahren nimmt einen anderen Verlauf als in Asien und Lateinamerika. Zwar bricht der Entwicklungsstaat in Afrika aus ähnlichen Gründen zusammen, wie in anderen Regionen der Dritten Welt; die Kräfte, die die Macht übernehmen, sind jedoch erheblich schwächer. Ein dauerhafter Durchbruch zur Demokratie ist deshalb nicht zu erwarten".[198]

Die Demokratie erzeugt gewiß ihre eigenen Gelegenheiten und Anreize, „Renten" in die privaten Taschen ihrer Amtsträger abzuzweigen. Der kanadische Politik-Professor Richard Sandbrook argumentiert am Beispiel Nigerias, daß „... Neo-Patrimonialismus – eine Regierungsform, die hauptsächlich auf persönlichen Loyalitäten, Netzwerken von Patronen und Klienten, und auf Zwang beruht ..." sich auch während demokratischer Perioden behauptet hat, ja daß freie Wahlen das Pfründenwesen beleben, da sie viele neue Staatsämter verfügbar machen. Immerhin räumt er sofort ein, daß unabhängige Gerichte, garantierte Grundrechte, eine freie Presse, demokratisch organisierte politische Parteien usw. „... die persönliche Macht eindämmen, Freunde zu belohnen und Feinde zu vernichten". Seine Skepsis steht der von Elsenhans nicht nach.

„... Eine breite und verarmte Bauernschaft, eine kleine Industrie-Arbeiterklasse, ein wachsendes städtisches Sub-Proletariat und eine winzige privilegierte Gruppe von Geschäftsleuten (die stark vom Staat abhängen), Bürokraten, Politikern, Akademikern und Landbesitzern, wie man das oft in Afrika sieht, ist keine Klassenstruktur, die Macht verteilen und Kompromisse erleichtern würde ..."

Wie erwähnt, riskieren laut Sandbrook auch linksgestrickte Experimente, „... selbst wenn sie von lobenswerten Absichten beseelt sind, den Zusammenbruch und das Umkippen ..."[199] – genauso wie die marktwirtschaftlich-liberalen!

Kein Licht also am Ende des Tunnels? Keine Chance, die *politique du ventre* wirklich zu überwinden, jenes Sich-Vollfressen einer parasitären Oberschicht, das Jean-François Bayart schon 1989 als Wesen des Staates in Afrika gebrandmarkt hat? Theoretische Aufrufe afrikanischer Intellektueller aus jüngster Zeit, wie die Weichen richtig zu stellen wären, öffnen zwar viele interessante Perspektiven und verraten besten Willen, neu anzufangen; nur überzeugen sie mich schwerlich, nachdem ich seit meiner ersten Feldforschung 1959 soviel guten Willen und interessante Theorien zur Kenntnis genommen habe. Allerdings geht es mir mit unseren europäischen Konferenz-Kommuniqués, Sonntagsreden, Reformvorhaben nicht anders.

Hermann Yaméogo zum Beispiel, *Avocat à la Cour* und zeitweilig Minister in Burkina Faso, will den afrikanischen Staat in einer Art Zangengriff eher abschaffen als reformieren: von unten durch eine *„responsabilisation des collectivités de base"*,[200] und damit meint er die Übertragung wirklicher Verantwortung vom „Nationalstaat" auf die Dörfer, in denen dann eine Art Rätedemokratie Platz greifen soll. Hier schimmert nicht nur das Revolutionsmodell Thomas Sankaras durch, der Burkina Faso 1983–87 regierte; er wurde nicht deshalb ermordet, weil der Staat sich aufgelöst hätte, sondern weil Sankara nach dem Geschmack „des anderen" (so nennt man den Mörder/Nachfolger im Lande) zuviel Macht in seiner Person konzentrierte. Yaméogo ist offensichtlich auch von der anarchischen Utopie beeinflußt, die 1968 in Paris *l'imagination au pouvoir* bringen wollte. Der andere Kiefer der Zange, mit welcher er den als Volksfeind verstandenen Staat aufknacken will, ist ein ernstgemeinter Panafrikanismus im Sinne Kwame Nkrumahs. Das würde also die Errichtung einer echten Zentralregierung der Vereinigten Staaten von Afrika bedeuten.

Beide Utopien sind vielleicht gar nicht so irrational, wie es auf den ersten Blick scheint. Selbst die Europäische Union, mögen ihre Staatsregierungen sich auch mit Händen und Füßen sträuben, wird eines Tages entscheiden müssen, ob sie echte Entscheidungskompetenzen nach oben auf ein demokratisch kontrolliertes „Brüssel", nach unten auf die Regionen verlagert. Für Afrika dürfte der Weg zum Absterben des heutigen Staates aber noch viel weiter sein.

Das Buch des hochqualifizierten senegalesischen Bankiers Mamadou L. Diallo (*Polytechnicien et ingénieur civil de l'Ecole des Mines de Paris*) verspricht im Titel, möglicherweise könnten die Afrikaner Afrika retten. Man schlägt es gespannt auf. Diallo postuliert dazu als erste Voraussetzung eine staatliche Verwaltung, die „kompetent, respektiert, vor Korruption geschützt . . ." und noch dazu schlank ist. Zweiter Schritt: eine Grundschule neuen Typs zwecks Bekämpfung der Rentenverteilungs-Mentalität (Diallo steht mit Elsenhans auf gleicher Theoriebasis).

„. . . Wenn es gelingt, eine Generation zu bilden, die sich der Nivellierung auf Durchschnittsniveau verweigert, die begreift und akzeptiert, daß sozialer Fortschritt von Individuen ausgehen kann, die dynamischer sind als andere und die man unterstützen muß, nicht sie bekämpfen, dann wird Schwarzafrika einen großen Schritt auch in allen anderen Bereichen tun als bei Sport und Tanz . . ."

Auf diesem administrativ-pädagogischen Fundament erhebt sich eine ökonomische Konstruktion, unter Einbeziehung als vernünftig anerkannter Elemente der Strukturanpassung, z.B. Budgetdisziplin; Privatisierung wettbewerbsfähiger Betriebe; Anreize für die Bauern, damit sie die Versorgung der wuchernden Städte mit Nahrungsmitteln sichern (anstelle der rententrächtigen *food aid* aus dem Ausland); ein vertrauenswürdiges Bankensystem; aus dem vielberufenen informellen Sektor erhofft Diallo das Hinüberwachsen einiger produktiver Branchen, z.B. Möbel- und Ersatzteilherstellung, in die offizielle, für den Staat steuerlich faßbare Wirtschaft . . . Was fehlt, was aber meines Erachtens unerläßlich wäre, ist eine entsprechende Blaupause für das politische System. Diallo begnügt sich mit Kritik an der Demokratie und der Unterstellung, einige Afrikaner würden ihr nur huldigen, um vom Westen etwas mehr „Hilfe" herauszuschlagen:

„. . . Es gibt kein direktes Band zwischen Parlamentarismus und Wirtschaftswachstum, weniger noch zwischen Achtung der Menschenrechte und Wirtschaftswachstum. Manche Leute in Schwarzafrika behaupten das Gegenteil, aber das ist nur eine List, um einen Teil der Rente aus westlicher Auslandshilfe einzufangen . . ."[201]

Nein, ich denke, der Mann tut seinen Landsleuten (im engeren senegalesischen und im weiteren afrikanischen Sinne) Unrecht. Diejenigen unter ihnen, die in den vergangenen zehn Jahren und teils noch viel früher mit dem Ruf nach Demokratie auf die Straßen oder bewaffnet in den Busch gingen, hatten mehr im Sinn als preußische Korrektheit im Staat nach dem Gusto eines Friedrich Wilhelm I. oder Friedrichs des Großen. Wollten sie alle wirklich nur ein Stück vom Kuchen der Korruption ergattern? Auch wenn bei manchen ein solches Motiv mitspielen sollte – selbst der Halbdemokrat Museveni sieht ein, daß es ohne gewisse konstitutive Elemente von Demokratie unmöglich ist, die Korruption wirksam zu bekämpfen.

9. Knotenpunkt Südafrika

Der Konflikt um die politische Verfassung Südafrikas ist 1994 mit dem Sieg des ANC bei der ersten allgemeinen Wahl in diesem Lande entschieden worden – vorläufig, sicher, aber so nachhaltig, wie das in der Geschichte überhaupt möglich ist. Die Republik Südafrika ist seitdem eine Demokratie unter vielen. Die Lage dieses Staates in einem eigenen Kapitel zu behandeln, und damit eine Politische Geschichte ganz Afrikas im 20. Jahrhundert abzuschließen, erscheint mir dennoch angezeigt. Denn der Konflikt, dessen Ende wir jetzt erlebten, hat nicht nur die Innenpolitik dieses großen Landes während des ganzen Jahrhunderts bestimmt, er hat sich auch seit 1945 viel stärker auf die Weltpolitik ausgewirkt als jede andere Entwicklung in Afrika – meines Erachtens sogar die Entkolonisierung nicht ausgenommen, denn die hat an den großen internationalen Konstellationen kaum viel verändert.

Der Südafrika-Konflikt stellte sich bis zum 11. Februar 1990, als Nelson Mandela das Gefängnis verließ, als ein Gordischer Knoten dar. Die wichtigste Lehre für die Weltpolitik besteht darin, daß ein solcher Knoten nicht mit dem Schwert durchhauen werden muß (wie es einst Alexander der Große mit dem Urtyp getan haben soll), sondern geduldig entwirrt werden kann, was blutige Gewalttaten zwar nicht verhindert, jedoch ihren Umfang begrenzt.

Der Ausgangspunkt: In Südafrika hat sich ein erheblicher Teil des einzigen afrikanischen Volkes weißer Hautfarbe um das Jahr 1900 gegen das Britische Imperium im Krieg aufgelehnt, als es merkte, daß seine althergebrachte Lebensweise und politische Ordnung (wenn man ihr diesen Namen geben darf; in den Buren-Republiken herrschte eher eine im Verfassungsrecht garantierte Anarchie) im Zeichen des Bergbau-Kapitalismus eines Cecil Rhodes tödlich bedroht war. Dieses weiße Afrikaner-Volk wurde militärisch besiegt. Es hat sich alsbald den Regeln des Britischen Reiches für demokratisches *self-government* in einer Zeit angepaßt, als die De-facto-Reservierung dieser Regeln „Nur Für Weiße" europaweit als selbstverständlich galt. In der Mittagsstunde des europäischen Kolonialismus, genau im Jahre 1931, hat die Regierung der Südafrikanischen Union, in der jetzt Weiß-Afrikaner und „Engländer" zusammenarbeiteten, die Chance ergriffen, gemeinsam mit den anderen weißen Siedlungskolonien des *Empire* die volle Souveränität zu gewinnen. Schon vorher, dann später mit besonderem Schwung seit dem Wahlsieg der *Apartheid* 1948, bedienten sich die weiß-afrikanischen Politiker Südafrikas des Staatsapparats, um die sozio-ökonomische Unterentwicklung ihres „Bauern"-Volkes zu überwinden. Die Umpolung der *Nasionale Party* (NP) James Hertzogs, Daniel Malans, Hendrik Verwoerds und Johannes Vorsters von einer antikolonialen Befreiungsbewegung zum Entwicklungs-Instrument gelang. Bis in die jüngste Vergangenheit stand das Afrikaner-Volk loyal und so gut wie geschlossen zur NP als seiner Einheitspartei – und 1994 ist es weitgehend in freier Stimmabgabe zu dieser Haltung zurückgekehrt. Anders ausgedrückt: Die weißen Afrikaner Südafrikas haben geschafft, was die schwarzen und arabischen Afrikaner auf dem übrigen Kontinent ungefähr eine Generation später vergeblich ins Werk setzten.

Sie haben für sich selbst sogar die Demokratie aufrecht erhalten – oder doch wesentliche Teile derselben, die auch in den Jahren der Apartheid von antidemokratischen, polizeistaatlichen Elementen nicht völlig überwuchert wurden. Südafrika hatte immer eine freie Presse, es gab immer legale Oppositions-Parteien und regelmäßige Wahlen für die Minderheit der Wahlberechtigten. Die große Mehrheit der Bevölkerung, vor allem die Schwarzen, lebten freilich als Untertanen einer autoritären Kolonialherrschaft, und es machte keinen allzugroßen Unterschied, ob die Weißen dieses System eine „Rassenschranke", *White Supremacy*, *Apartheid* oder „Getrennte Entwicklung" nannten.

Die Republik Südafrika gilt heute gemäß der Weltbank-Statistik, die das Bruttosozialprodukt pro Kopf jedes Staates verzeichnet, mit 3040 US-$ (1994) als „Land mit mittlerem Einkommen – Obere Kategorie".[202] Bekanntlich täuscht diese Ziffer. Millionen schwarzer Südafrikaner leben auch nach Überwindung der *Apartheid* realiter unter genau so schlimmen Bedingungen wie Menschen in den anderen, sogar in den „am wenigsten entwickelten" Ländern Afrikas. Dennoch bleibt wahr, daß die weißen Afrikaner Südafrikas seit Ende des Ersten Weltkrieges den Sprung aus der Dritten in die Erste Welt bewältigt haben.

Sie haben dafür die große Mehrheit ihrer Landsleute politisch unterdrückt und wirtschaftlich ausgebeutet, und daß sie dies zu so später Stunde taten, noch dazu nach dem irrationalen „rassischen" Schema der Hautfarbe und nicht im Klassenkampf (wie Europas Oberschicht im 19. Jahrhundert) oder nach ehrwürdiger Tradition (wie das kaiserliche Äthiopien) oder im Namen der Wissenschaft (wie die regierenden Kommunistischen Parteien bis vor kurzem), hat den Weiß-Afrikanern den geballten Zorn der Weltöffentlichkeit eingetragen.

Als einziger Staat Afrikas hat Südafrika daraufhin den Rat der *Dependencia*-Theoretiker befolgt und sich von der bösen Außenwelt abgeschottet – zwar nicht kommerziell, aber dafür kulturell und politisch. Obwohl der Kommunismus den rechtgläubigen Weiß-Afrikanern als Verkörperung extremer Bösartigkeit erschien, als Betreiber eines „totalen Ansturms" gegen Sitte und Ordnung (wie die Regierungspropaganda zu Zeiten Pieter Willem Bothas verkündete – er regierte Südafrika seit 1978 als Premierminister, 1984-89 als Staatspräsident), zögerte die NP nicht, die Modernisierung im Dienste *ihres* Volkes mittels eines festen Netzes von staats- und parteieigenen Unternehmen in Industrie, Verlagswesen und anderen Dienstleistungsbereichen zu betreiben. Wirklich überzeugte Marktwirtschaftler (darunter die „englischen" Privatkonzerne) stöhnten deshalb über die Fesseln eines quasi-sozialistischen Systems in Südafrika. Daß die Unterbindung eines freien Arbeitsmarktes für Schwarze zu den ehernen Säulen des Systems der *Apartheid* zählte, versteht sich von selbst.

Von den Problemen, die wir für ganz Afrika in den vorstehenden Kapiteln behandelten, fehlt Südafrika nur die Erfahrung mit Militärregimen. In der Tat ballten sich die finsteren Wolken eines möglichen Putsches der südafrikanischen Wehrmacht in den Jahren des Übergangs zur Demokratie 1990-94 zwar immer wieder einmal zusammen, aber der Blitz schlug nicht ein. Lag das an der politischen Einsicht der Generäle? Einer von ihnen, Constand Viljoen (*1933), 1980-85 Kommandeur der *South African Defence Force* (SADF), beteiligte sich sogar 1994 an der Spitze einer *Vrijheidsfront* an den Wahlen und brach damit dem Boykott anderer „verkrampfter" weißer Gruppen die Spitze ab. Lag es an dem zähen Überleben einiger Elemente der Demokratie „Nur für Weiße" unter der Apartheid? Unter P. W. Botha verhinderte gerade der Umstand, daß die Wehrmacht ohnehin seine Hausmacht (aus seiner Zeit als Verteidigungsminister 1966-78) war, Übergriffe der Generalität oder des militärischen Geheimdienstes auf die höchste politische Entscheidungsebene.

Bothas Nachfolger Frederik Willem de Klerk (*1936), seit 1972 für die NP im politischen Geschäft, brach dann Anfang 1990 mit der Freilassung Mandelas und der Legalisierung der 1960 verbotenen Befreiungsbewegungen den Bann. Dabei galt De Klerk keineswegs als Versöhnler, als Liberaler (in Südafrika galt das bei Apartheid-Verfechtern und konsequenten Anti-Apartheid-Kämpfern gleichermaßen als Schimpfwort), nicht einmal als besonders aufgeklärt (*Verligte* war die Fachbezeichnung für diesen Flügel der NP). Seine Hausmacht war der Parteiapparat im eher konservativen Transvaal. De Klerk erwies sich als weiter nichts denn ein zu Kehrtwendungen bereiter Realist („Wendehals" ist nun wieder in Deutschland ein Schimpfwort...). Er stellte fest: Der Druck auf das Regime steigt beständig – nicht so sehr der Druck von außen in Gestalt der Wirtschafts-Sanktionen, über die man in Westeuropa und Nordamerika seit Mitte der 1960er Jahre redete und redete, mit denen aber die USA und die EG erst 1986 (und dann noch halbherzig) Ernst zu machen begannen. Auch der bewaffnete Kampf des ANC, 1961 proklamiert und damals rasch unterdrückt, nach dem Abzug Portugals aus Angola/Mozambique 1975 und dem Sieg der ZANU in Zimbabwe 1980 wieder mit sowjetischer Militärhilfe intensiviert, spielte nicht die Hauptrolle. Der Druck von innen war gefährlicher. 1960, nach Sharpeville, war die Polizei binnen Tagen mit dem Protest der Schwarzen fertig geworden; 1976, nach dem Aufruhr schwarzer Schüler in Soweto (und anderen Städten) erzwang die Repression binnen Wochen Friedhofsruhe; als 1984 wieder gewalttätiger Protest der inzwischen neu herangewachsenen Jugend in den schwarzen Städten ausbrach und der ANC aus dem Exil die Parole ausgab, Südafrika „unregierbar" zu machen, waren Polizei und Armee jahrelang außerstande, diese Städte wieder unter etwas ähnliches wie effektive Verwaltung durch die weiße Staatsgewalt zu zwingen.

Werfen wir nochmals einen Abschiedsblick auf das *politische* System der Apartheid, wie es sich nach den kosmetischen Korrekturen der Bothaschen Verfassung von 1984 darstellte: Der seit 1910 (eigentlich seit 1652) unveränderte Kern ist die „weiße Vorherrschaft", genauer gesagt die Garantie, daß die legitimierten Vertreter jener Minderheit, die sich selbst „weiße" Hautfarbe bescheinigt,[203] immer das letzte Wort bei allen politischen Entscheidungen haben. Die exekutive Gewalt ist dabei (genau wie in fast allen anderen Ländern Afrikas) in den Händen eines Staatspräsidenten konzentriert, von dem feststeht, daß immer die Mehrheits-Partei des weißen Afrikaner-Volkes ihn stellen wird. Insbesondere hat dieser Präsident das letzte Wort gegenüber dem Parlament, das ein bescheidenes Plus an Demokratie (Einrichtung getrennter Kammern der Mischlinge und Inder) insgesamt mit einem erheblichen Minus an Kontrollgewalt über die Exekutive bezahlt; wieder liegt der Vergleich nahe mit dem Bedeutungsverlust der Volksvertretung z. B. in der „Einpartei-Demokratie" Tanzania.

Die als „schwarz" (früher: Bantu) klassifizierte 75%-Mehrheit des südafrikanischen Volkes bleibt nach dieser Verfassung des Jahres 1984 von der Staatsgewalt total ausgeschlossen – fast möchte man 1997 hinzufügen: zum Glück; denn so erzwang „das Leben" (im Sinne des Gorbatschow von 1989) den wirklich radikalen Neuanfang. In einem wichtigen Bereich der Gesellschaft allerdings wich schon P. W. Botha, ja vor ihm bereits Premierminister Balthazar Johannes Vorster (1915-1983, Amtszeit 1966–78) vor schwarzem Aufbegehren mehrere Schritte zurück: Aus spontanen Streiks von Industriearbeitern entstanden ab 1973 neue freie Gewerkschaften, in denen sich überwiegend Schwarze sammelten; sie setzten mit Rückendeckung bei den Gewerkschaften Westeuropas und der USA kräftige Lohnsteigerungen durch, und der Staat erkannte sie 1979 endlich als tariffähig an.[204]

Der Durchbruch von 1990 wäre ohne die Existenz der Gewerkschaften schwieriger gewesen. Er wäre nicht möglich gewesen ohne die Bereitschaft des ANC, seine eigene Kehrtwendung vom bewaffneten Kampf (in der Praxis und vor allem in der Theorie) und von der theoretischen Forderung einer Revolution weg und hin zur Aushandlung eines Kompromisses mit dem Gegner zu wagen; und dieses Wagnis wäre vielleicht mißlungen ohne das beinahe übermenschliche Prestige des einen Mannes Nelson Mandela (*1918), der 1952 die gewaltfreie *Defiance Campaign* des ANC gegen die ersten Apartheid-Gesetze organisiert, der 1961 den Griff zu den Waffen legitimiert und dafür als „Saboteur" von 1962 bis 1990 hinter Gittern gesessen hatte, am 12. 6.1964 im Rivonia-Prozeß[205] zu lebenslanger Haft verurteilt. Mandela ordnete innerhalb weniger Monate nach der Legalisierung des ANC die heterogenen Kräfte in dieser Bewegung aufeinander zu: Exilkader und Untergrund-Aktivisten, ungeduldige „junge Löwen" aus den spontan seit 1984 entstandenen Revolutions-Organen der Schwarzen-Städte und UNO-erfahrene leicht angegraute Diplomaten, Kommunisten und Nichtkommunisten, Zivilisten und Soldaten. Im Juli 1991 wählten auf einem ersten ANC-Kongreß, zu dem die rapide anschwellenden Mitgliedermassen (ein Jahr später über 800 000) 2244 Delegierte entsandt hatten, 94,7% den designierten Generalsekretär der Kommunistischen Partei und Stabschef von *Umkhonto weSizwe*, Chris Hani (*1942, ermordet

10. 4. 1993) in die Parteispitze, 93% derselben Delegierten den erklärten Nichtkommunisten und Diplomaten Thabo Mbeki (*1942). Das klassische Bündnis mit den Kommunisten war somit bekräftigt, der mit Abstand stärkste Bund unter den seit 1973 neu gegründeten Gewerkschaften, COSATU (*Congress of South African Trade Unions*), in die Allianz einbezogen. Dieser konsolidierte ANC setzte zwar im Verhandlungs-Marathon mit der Regierung De Klerk nicht alle früher formulierten Verfassungs-Vorstellungen durch, aber er stand unerschütterlich zu Mandelas Strategie, den Konflikt jetzt im Konsens mit der NP aus den alten Formen der Repression und des Protestes, dann der Guerrilla und staatlichen Gegenterrors, in die ganz andere Form des demokratischen Disputs und Wettbewerbs zu überführen. Gerade dadurch, durch ehrlichen und beiderseits eingehaltenen Waffenstillstand im Terrorkrieg, stabilisierte der ANC das Vertrauen, das ihm die große Mehrheit des schwarzen Volkes seit Generationen schenkte, und gewann die Wahlen Ende April 1994.

Zum Unglück für die Betroffenen, nämlich für allzuviele schwarze Südafrikaner vor allem in Natal, bedeutete Waffenstillstand zwischen den Weißen und dem ANC kein Ende der Gewalt Schwarzer gegen Schwarze. Zwischen dem ANC und der Einheitspartei des seit 1970 quasi-autonomen *Homeland* KwaZulu wurde bittere Rivalität seit 1985 (der ANC war verboten, er agierte in der Legalität seit 1983 unter dem Mimikry der *United Democratic Front* – UDF –) in blutigen Scharmützeln hart unterhalb der Schwelle zum Bürgerkrieg ausgetragen.

Mangosuthu Buthelezi (*1928), in eigener Einschätzung Erbe jener Großfamilie, die dem Zulu-König traditionell den Premierminister stellt, durch seine Mutter selbst Angehöriger des Königshauses, ließ 1975 unter dem Namen *Inkatha yeNkululeko yeSizwe*[206] jenen Traditionsbund wieder aufleben, den König Solomon 1922 als *Inkatha kaZulu* gegründet hatte, wobei zunächst unbestimmt blieb, ob mit *Sizwe* wiederum nur die Zulu-Nation gemeint sei oder die größere Gemeinschaft aller Schwarzen Südafrikas, oder gar aller Südafrikaner;

man vergleiche den 1961 geprägten Titel *Umkhonto weSizwe* (= Speer der Nation) für den bewaffneten Arm des ANC. Buthelezis Inkatha erhielt eine Satzung, die von Zambias Staatspartei kopiert wurde, und Inkatha funktionierte im *Homeland* KwaZulu haargenau nach deren Vorbild bzw. nach dem Modell eines beliebigen afrikanischen Einpartei-Systems. Ja, man mußte Inkatha-Mitglied sein, um in KwaZulu einen Posten zu ergattern. Sich darüber zu empören, steht nur jenen zu, die das Einpartei-System grundsätzlich und allerorten kritisieren.

1990 etablierte sich die *Inkatha Freedom Party* (IFP) mit Anspruch auf Wettbewerb in einem ganz Südafrika und alle „Rassen" Südafrikas umfassenden Mehrparteien-System. Der ANC faßte das als neuerliche Kampfansage auf, als definitive Zurückweisung seines nach 1975 diskret an Buthelezi herangetragenen Angebots, *Inkatha* als eine Art Zulu-Bauernliga unter die eigenen Fittiche zu nehmen und in der Legalität des Apartheid-Systems operieren zu lassen; auf einem Treffen mit der ANC-Exilführung in London (Oktober 1979) hatte Buthelezi dieses Ansinnen abgelehnt. Allein im Jahre 1990 bezahlten, wie das *South African Institute of Race Relations* ermittelte, 3699 Menschen diese Rivalität zweier Befreiungsgruppen mit dem Leben, davon 3622 in Natal. Mandela hatte gleich nach seiner Freilassung die Schwarzen beschworen, „alle Waffen ins Meer zu werfen"; in diesem Punkt hörten sie ihm nicht zu, und es war sein Fehler, daß er sich zwar mit De Klerk sofort an den Verhandlungstisch setzte, Buthelezi aber (offenbar auf Druck aus den eigenen Reihen, denn im Gefängnis hatte er sich vor Jahren versöhnlich über Buthelezi geäußert)[207] erst am 29. 1. 1991 persönlich traf. Nach einem gewissen Rückgang 1991 und 1992 erreichte die makabre Statistik-Kurve politischer Morde 1993 wieder Höchststand, um dann erst abzusacken;[208] mit den Wahlen im April 1994 war die Entscheidung gefallen, und mit Müh und Not war es ANC und NP gelungen, die IFP vom Boykott der Wahl zurückzuhalten und in die danach gebildete Regierung der Nationalen Einheit unter Präsident Mandela einzubinden; Buthelezi erhielt ein in seinen Kompetenzen nicht allzu üppig ausgestattetes Innenministerium.[209]

KwaZulu als politische Einheit hat das Ende der Apartheid nicht überlebt, so wenig wie die übrigen *Homelands*. In Kwa-Zulu-Natal, der jetzt aus vorher „weißem" und „schwarzem" Land vereinigten Provinz, behauptete sich die IFP sowohl 1994 bei der Wahl des Verfassunggebenden Parlaments, wie am 26. 6. 1996 bei Kommunalwahlen als stärkste politische Kraft (wenigstens außerhalb der 1996 vom ANC „eroberten" Städte . . .).[210] Der ANC muß Buthelezi zuliebe, obwohl dieser durch ein internes Zerwürfnis mit dem Zulu-König geschwächt ist, in der endgültigen Verfassung des demokratischen Südafrika Elemente föderativer Autonomie für die Provinzen unterbringen, obwohl er in seinen *Constitutional Guidelines* von 1988 für einen unitarischen Staat votiert hatte.[211]

Die noch intakte weiße Staatsgewalt verfolgte angesichts der ANC-IFP-Konfrontation auch nach 1990 gewiß ihre eigenen Ziele. Daß sie mit dem ANC als bevorzugtem Partner verhandelte, schließt keineswegs aus, daß sie gleichzeitig versuchte, ihn wahlstrategisch zu schwächen. Bestimmte Stellen, von denen man nie genau erfuhr (oder je erfahren wird . . .), ob sie im Auftrag De Klerks handelten oder als finstere „Dritte Kraft" die *Negotiated Revolution* (so der den Nagel auf den Kopf treffende Buchtitel von Adam/Moodley 1993) sabotieren wollten, lieferten der *Inkatha* Geld und Waffen und boten ihr para-militärisches Training; im Juli 1991 wurde dieser Skandal als *„Inkathagate"* in der Presse Südafrikas aufgedeckt.

Gleichzeitig öffnete die NP ihre Mitgliedschaft für Menschen außerhalb des weißen Volkes – eine Revolution innerhalb der Revolution für die traditionsreiche Befreiungsbewegung der Weiß-Afrikaner! Wieviele Schwarze tatsächlich der NP beitraten, kann ich nicht feststellen – das neue Südafrika scheut Statistiken nach dem alten „Rassen"-Schema. Die Wahlergebnisse im West-Kapland zeigen jedoch, daß mindestens ein erheblicher Teil der „Farbigen", des Afrikaans sprechenden Mischvolkes aus Weißen, Schwarzen und Braunen (= Khoisan), sich bei der NP sicherer fühlen als beim ANC.[212] In der Verfassunggebenden Versammlung arbeitete die NP kontinuierlich mit und übernahm exekutive Verantwortung in der

Regierung der Nationalen Einheit,[213] bis die neue Verfassung am 8. Mai 1996 (vorläufig) verabschiedet war. Dann zog De Klerk sich mit seiner Partei in die Opposition zurück (Buthelezi drohte vorerst nur mit diesem Schritt . . .). Die Klärung der politischen Rollen sollte der Demokratie in Südafrika zugute kommen. Große Koalitionen oder gar Allparteien-Regierungen müssen Ausnahmen für Zeiten schwerer Krisen bleiben.

Natürlich bleibt abzuwarten, ob das neue, das demokratische Südafrika um die Jahrtausendwende nicht doch in eine schwere Krise geraten wird. Nach menschlichem Ermessen wird es keine Krise der Rechtsstaatlichkeit, speziell der Menschen- und Bürgerrechte sein. Sie sind in der neuen Verfassung optimal fest verankert. In der Praxis zeigt Südafrika mit der von Erzbischof Tutu präsidierten *Truth and Reconciliation Commission* beispielhaft, wie eine Gesellschaft ihre böse politische Vergangenheit aufarbeiten kann, ohne mit dem nassen Schwamm darüber zu wischen, oder die Kleinen zu hängen, die Großen laufen zu lassen, oder der Nomenklatura nur neue Titel zu verpassen . . ., oder was sonst noch wir Europäer seit einigen Jahrzehnten vorexerzieren.

Auch eine unheilvolle Zersplitterung des 1994 von den Wählern etablierten Mehrparteien-Systems ist meines Erachtens unwahrscheinlich. Das Dreieck der Großen erfüllt den Wunsch, in einer Demokratie zwischen unterscheidbaren Programmen und zwischen unterschiedlichen Persönlichkeiten auswählen zu können. Seine sozialistische Tradition und feste Allianz mit Gewerkschaften einer real existierenden Arbeiterklasse machen den ANC zu einer beinahe klassischen Sozialdemokratie, während NP und IFP beide auf Marktwirtschaft schwören, aber wegen ihrer unterschiedlichen ethnischen Basis (und Stammesbewußtsein ist nun einmal in Afrika – andernorts ebenfalls – eine Realität; es nützt nichts, sie als „Tribalismus" zu verteufeln) sehr verschiedene soziale Schichten vertreten: die NP einen wohlhabenden, überwiegend weißen Mittelstand (Südafrikas Erste Welt), die IFP Zulu-Bauern, von denen die Ärmsten (und das von ihnen kommende städtische Lumpenproletariat) eher einer Vierten als der Dritten Welt zu-

zurechnen sind. Gewiß könnte im ANC nach Mandelas Abschied von der Politik Spannung, vielleicht sogar eine Spaltung zwischen Sozialisten und Bürgerlichen eintreten; die einen wären versucht, die Staatsgewalt brachial zur Aufbesserung der Lebensqualität breiter Massen einzusetzen, und würden dabei wahrscheinlich Irrwege einschlagen, die das übrige Afrika schon in den 1960er Jahren betrat; die anderen würden den Staat als ihre Pfründe verwalten, im Einvernehmen mit ausländischem und einheimischem (weißen) Großkapital, das würde die südafrikanische Variante der gesamt-afrikanischen *politique du ventre* (Bayart) hervorbringen. Aber so muß es nicht kommen, der ANC könnte aus der Erfahrung von 1959, als der *Pan-Africanist Congress* (PAC) sich abspaltete, weil ihm die Zusammenarbeit mit oppositionellen Weißen zu weit ging, gelernt haben.

Wenn der südafrikanischen Demokratie Gefahr droht, dann vom Ausbleiben wirtschaftlicher Wachstums- und damit sozialer Wohlstands-Hoffnungen. Die schwarzen Arbeitslosen bleiben wahrscheinlich in ihrer Mehrzahl arbeitslos, die Armen arm. Auch künftig werden in Südafrika mehr Kinder geboren werden, als sechs Jahre später eine solide, dem 21. Jahrhundert gemäße Schulbildung erhalten können. Staatliche Umverteilung des Sozialprodukts und *affirmative action* zugunsten von Schwarzen, das heißt die rasche Beförderung einiger Weniger auf einflußreiche und gutbezahlte Posten, wird die Kluft nicht schließen können, die 300 Jahre Kolonialherrschaft und Apartheid in eine Bevölkerung getrieben haben, die sich jetzt gern als Regenbogen-Nation sieht, wo die Farben ineinander fließen.

Der ANC ging in den Wahlkampf 1994 mit einem *Reconstruction and Development Programme* (RDP), das nach seinem Sieg Regierungsprogramm wurde. Aus ihm spricht nicht der Geist von Marx oder gar Lenin (obwohl südafrikanische Kritiker das heraushörten[214]), wohl aber der Geist von Keynes. Der Staat soll's richten.

Der Staat wird's nicht richten. Um nur eine Sorge herauszugreifen, die so vielen Südafrikanern auf den Nägeln brennt:

Der Staat kann nicht schnell genug die Millionen Wohnungen bauen, die gebraucht werden, und noch viel weniger kann er den Millionen Menschen, die sie beziehen möchten, Arbeitsplätze verschaffen, damit sie bessere Wohnungen kaufen oder mieten können. Das soll nicht heißen, 1994–96 wäre im Zeichen des RDP nichts Vernünftiges geschehen; schon im April 1995 berichtete der zuständige ANC-Minister Jay Naidoo (vormals Generalsekretär von COSATU), 378 171 Häuser hätten elektrischen Strom erhalten – geplant waren nur 300 000 –, fünf Millionen Kinder bekämen Schulspeisung, die Zahl der in ländlichen Kliniken behandelten Patienten habe sich vervierfacht.[215] So weit, so gut. Wie weit reicht es?

Nützt es, das keynesianisch inspirierte RDP stillschweigend zu den Akten zu legen und die „blühenden Landschaften" nun vom Wirken des privaten Marktes zu erhoffen – wie andernorts? Bei einer Kabinettsumbildung im April 1996 wurde das RDP-Büro einem Sonderausschuß für Wirtschaft unterstellt, der dem Vizepräsidenten und designierten Erben Mandelas, Thabo Mbeki, untersteht;[216] Naidoo wurde Postminister. Investoren für Südafrika werden sich möglicherweise finden – daheim und in Übersee. Aber wird *affirmative action* oder auch nur die Armutsbekämpfung, die europäische Entwicklungspolitiker ständig beschwören, für sie Priorität haben?

Möglicherweise werden die Investitionen auch spärlicher zustande kommen als erhofft, wenn nämlich der Staat seine ureigene Aufgabe nicht löst, das Verbrechen wirksam zu bekämpfen. Die ordinäre Kriminalität – Straßenraub, Einbruch, Mord – hat in Südafrika gewiß Ursachen, die mit Politik zusammenhängen, und als Hauptursache die wirtschaftliche Not. Nein, die Polizei war bisher im schwarzen Volk nicht populär, das versteht jeder. Es muß anders werden: Die Politiker haben dieses Problem erkannt. George Fivaz, Südafrikas Polizeichef, erklärte zum Jahreswechsel 1995/96:

„Südafrika läuft Gefahr, ein Gangsterstaat zu werden, wo Hijacker, Mörder, Vergewaltiger, Drogenbarone, Räuber und andere Verbrecher die mühsam errungenen demokratischen Rechte in den Dreck trampeln . . ."[217]

Zyniker und Rassisten werden die Achseln zucken und meinen, Südafrika liege eben in Afrika und werde unter schwarzer Regierung über kurz oder lang so werden, wie Nigeria oder Zaire inzwischen sind. Andere, gerade auch andere Afrikaner in den Ländern nördlich Südafrikas, werden hoffentlich etwas dafür tun, daß Zyniker und Rassisten Recht behalten – aber umgekehrt: Südafrika muß nicht so werden, und Nigeria muß nicht so bleiben, wie es jetzt ist. Die politische Voraussetzung für soziale Konsolidierung, für positiven Frieden in einer Bürgergesellschaft, ja meines Erachtens auch für wirtschaftliches Wachstum heißt immer noch Demokratie.

Alle Politiker Südafrikas bekennen sich zur Mehrparteien-Demokratie. Ebenso wichtig ist allerdings, wie das Volk darüber denkt. Die Weißen kennen das System aus (exklusiver) Erfahrung und wissen es zu handhaben, wobei allerdings der Schwerpunkt ihres Parteienspektrums im Laufe der Geschichte bis 1989 fast immer nach rechts wanderte, erst seitdem nach links. Die Schwarzen (fast immer nur die in den Städten) sind seit Mitte der 1970er Jahre mehrfach von professionellen Meinungsforschern zu ihren politischen Grundwerten befragt worden. Nach einer der ersten, 1977 durchgeführten Umfrage (also im Jahr nach dem Aufstand schwarzer Schüler nicht nur in Soweto) schlossen Theodor Hanf und seine Mitarbeiter auf ein Drittel „lupenreine Demokraten", ein weiteres Drittel „demokratisches Potential", und nur den Rest ordneten sie als „konsequente Nichtdemokraten" ein.

Wir dürfen also hoffen.

Die 1989/90 vollzogene Entkolonisierung Namibias galt vielen als Generalprobe für den Machtwechsel in Südafrika. Wie immer in solchen Fällen, stimmt der Vergleich nur teilweise. Die Vereinten Nationen kontrollierten die ersten freien Wahlen in Namibia; im souveränen Südafrika beschränkten sie sich 1994 – zusammen mit dem Commonwealth, der Europäischen Union und vielen anderen Vertretern der sogenannten internationalen Gemeinschaft – auf Wahlbeobachtung. Andererseits besteht die privilegierte weiße Minderheit in Namibia nicht aus Briten (wie in Rhodesien oder Kenia) oder Franzosen (wie in Algerien), sondern ist mehrheitlich Fleisch vom Fleische des weißen Afrikaner-Volkes Südafrikas. Nicht ein „Mutterland" in Übersee, sondern Pretoria mußte seine Flagge über Namibia einholen und der jahrzehntelang verteufelten SWAPO *(South West Africa People's Organization)* an den Hebeln der Macht Platz machen.

Die namibischen Wahlen haben bekanntlich ein doppeltes politisches System ergeben: ein Monopol der SWAPO im Ovamboland (92,3% der Stimmen bei 86% Beteiligung), ein Mehrparteien-System im übrigen Namibia mit 41% für SWAPO, 40% für die von Südafrika bevorzugte *Demokratische Turnhallen-Allianz* (DTA); hinzu kamen immerhin 7,3 % für die *United Democratic Front* (UDF), ein prekäres Parteienbündnis; der Rest von fast 12% verteilte sich auf 7 Splitterparteien.[218]

Auch die Namibier wurden im Vorfeld ihrer Unabhängigkeit von Demoskopen ausgeforscht. Wir erhalten ein ähnlich widersprüchliches Bild wie aus den tatsächlichen Wahlresultaten. Zwei Drittel der befragten schwarzen Namibier befürworteten ein Einpartei-System (SWAPO-Anhänger zu 80%). Andererseits erwarteten 70% aller Befragten, daß auch nach der Unabhängigkeit „regelmäßig freie Wahlen stattfinden" würden, und immerhin 60% der SWAPO-Anhänger teilten diese Meinung.[219]

Das namibische Parteien-System hat die zweite, von keiner UNO mehr kontrollierte Parlamentswahl im Dezember 1994 ziemlich stabil überstanden. Zwar hat SWAPO seitdem die Zweidrittel-Mehrheit im Parlament (mit 72,7% der Stimmen, 1989 waren es im ganzen Land 57,3%), die ihr Verfassungsänderungen im Alleingang ermöglicht, jedoch nutzte sie das bisher nicht aus. Im Ovamboland blieb SWAPO die de-facto-Einheitspartei. Die DTA errang bei gesunkener Wahlbeteiligung (von 97% auf immer noch beachtliche 76%) immerhin 20,5% der Stimmen im ganzen Land (1989: 28,6%), kleinere Parteien zusammen 5,2% (1989: 12,7%).[220] Die Presse Namibias ist nach wie vor frei, SWAPO und Regierung stellen sich (wenn auch bisweilen murrend) öffentlicher Kritik. Der Wirtschaft und dem einfachen Volk könnte es auch in Namibia besser gehen, die vom Kolonialismus und der Apartheid aufgerissene Kluft zwischen schwarzer Armut und weißem Wohlstand besteht auch in Namibia fort. Die Demokratie lebt trotzdem, mit ihr die Hoffnung, daß im 21. Jahrhundert nicht das Schwert, mit dem Alexander der Große den Gordischen Knoten durchhieb, sondern der Stimmzettel Afrikas Politik den Weg weisen wird.

Wahl des Parlaments der Republik Südafrika 26.–29. 4. 1994

	insges.	West-Kap	Nord-Kap	Ost-Kap	KwaZulu-Natal	Oranje-Freist.	Pretoria/Witwatersrand/Vereeniging	Nord-west	Ost-Transvaal	Nord-Transvaal
ANC	12237655	714271	201515	2411695	1185669	1059313	2486938	1325559	1072518	1780177
NP	3983690	1195633	169661	302951	591212	198780	1160593	160479	134511	69870
IFP	2058294	13895	1902	6798	1822385	8446	173903	7155	20872	2938
VF	424555	41924	17480	18656	17092	50386	154878	49175	45964	29000
DP	338426	88804	5235	35435	60499	7365	126368	5826	5492	3402
PAC	243478	21353	3941	56891	23098	23310	52557	24233	17800	20295
ACDP	88104	20540	1294	10879	17122	4523	20329	3901	4474	5042
Gültige Stimmen insges.	19533497	2126013	404579	2857710	3750606	1368249	4208265	1588255	1309993	1919790

ANC = African National Congress
NP = Nationale Party
IFP = Inkatha Freedom Party
VF = Vrijheidsfront (Constand Viljoen)
DP = Democratic Party (früher: Progressive Federal Party -PFP-)
PAC = Pan-Africanist Congress
ACDP = African Christian Democratic Party (Abspaltung von NP)

10. Ausblick

Wir haben die Politik Afrikas auf ihren verschlungenen Wegen durch das 20. Jahrhundert zu beobachten versucht. Der Ausblick ist 1997 immer noch trübe, vielleicht trüber als 1992. Sollen wir streiten, ob die seit 1980 offenkundige Wirtschaftskrise Afrikas das politische Geschehen verdunkelt, indem sie Fluchtwanderungen, Bürgerkriege, Tyrannei und eine „Nach-mir-die-Sintflut"-Stimmung der sogenannten Kleptokraten auslöst – oder ob diese wirtschaftliche Misere erst verursacht worden ist durch eine Politik, die den Völkern Afrikas den Mund verbot und knebelte? Der Streit führt im Kreise herum, denn offensichtlich handelt es sich um Wechselwirkungen.[221] Aber da in der europäischen Öffentlichkeit immer noch hartnäckig die Fiktion, die Lüge herumgeistert, mit ein paar Milliarden „Entwicklungshilfe" ließe sich Afrika wirtschaftlich sanieren, und dann werde die Politik schon in vernünftige Bahnen einschwenken, betone ich die andere Kausalkette. Wenn Afrikas Politik so bleibt, wie sie ist, kann Afrikas Wirtschaft nicht gesunden. Eine Krise, wörtlich genommen, ist ein Kreuzweg. Die Krise einer Krankheit kann zur Heilung, sie kann zum Tod des Patienten führen.

Der eine Weg würde Afrika in die Barbarei führen. Das ist der pessimistische Ausblick, bei dem ich nicht verweilen will. Nur zwei Anmerkungen: dies wäre kein „Rückfall" in eine „traditionelle" afrikanische Barbarei, so wenig wie Hitlers Regime eine Rückkehr zum germanischen Heerkönigtum war. Es wäre eine neue Barbarei mit den Polizei-Computern des 21. Jahrhunderts. Zweitens – solche Barbarei droht nicht nur Afrika; wir Europäer haben im 20. Jahrhundert angedeutet, was wir auf diesem Feld leisten können, und unsere marktwirtschaftlichen Demokratien stehen (auch im Westen, auch in Deutschland, gerade nach dem Sieg über den Real-Sozialismus) nicht so felsenfest, wie sie sich geben.

Der optimistische Ausblick weist Afrika Wege zur Demokratie. Sie ist, wie gesagt, kein Zaubermittel, das Unverwundbarkeit gegen Tyrannei und wirtschaftliche Not schenkt. Ghanaer, Nigerianer und andere Afrikaner wissen, daß Korruption auch bei demokratisch legitimierter Politik blühen kann. Amerikaner und Europäer sollten das ebenfalls wissen. Man kann nur auf das oft zitierte Wort Churchills hinweisen, wonach Demokratie das schlechteste politische System ist – ausgenommen alle anderen.

Demokratie hat es in Afrika schwer, weil sie eine Staatsform ist, ein System der Politik, nicht ein System, nach dem die Gesellschaft in ihrer Gesamtheit strukturiert werden kann. Das haben in Deutschland manche, die seit 1968 „mehr Demokratie wagen" wollen (nicht Willy Brandt, der dieses Wort prägte!), übersehen. Es gibt aber Gesellschaftsstrukturen, die einer Demokratie im Staat gerechter werden als andere. Wenn für Afrika gesagt wird, das Haupthindernis für demokratische Reformen sei „der patrimoniale Staat"[222] und dieser Max-Webersche Begriff den gängigen Schimpfworten Korruption, Bürokratie, Nepotismus, „Goldenes Bett" und „Unterentwicklung" übergestülpt wird, dann muß bedacht werden, daß nicht nur die Sphäre der Politik, sondern die Gesamtgesellschaft Afrikas (in der Regel) „patrimonial" verfaßt ist. Das Wort ist ja ursprünglich kein politischer Begriff; es bezeichnet das väterliche Erbe eines Bürgers in der agrarisch bestimmten Gesellschaft des urtümlichen Rom.

Die Frage, ob der patrimoniale *Staat* Afrikas durch Demokratie abgelöst werden kann (und wie), lautet also, genauer gefaßt, so: was soll mit den patrimonialen Strukturen der afrikanischen *Gesellschaft* (einschließlich Wirtschaft) geschehen, um ein politisches System zu ermöglichen (und zu konsolidieren), das den Namen Demokratie verdient? Welche dieser Strukturen sollen einem „natürlichen Zerfall" überlassen bleiben? Welche müssen vielleicht zerstört werden (wie z.B. Fürsten des späten europäischen Mittelalters die Raubritter henkten und ihre Burgen brachen)? Welche patrimonialen Strukturen lassen sich andererseits umformen, „bändigen" und in eine Demokratie einbauen (wie z. B. marxistisches Gedankengut in eine demokratische Parteien-Landschaft)?

Ich vertrete die Meinung, daß einige wesentliche Elemente der patrimonialen Gesellschaft Afrikas durchaus zur Demokratie passen, ja es verdienen, für die Zukunft erhalten zu werden, weil ihre Verrottung oder Zerstörung Afrikas Gesellschaft insgesamt (einschließlich des Staates) schlimmer belasten würden als ihr Überleben.

Mit diesen Gedanken befasse ich mich, seit mir bei Besuchen in Afrika einige drastische Eindrücke vor Augen geführt wurden, an denen ich Anstoß nahm. Diese Eindrücke waren emotional untermischt, komplex und natürlich Einzelfälle; sie lassen sich aber, glaube ich, wenigstens annäherungsweise rational aufarbeiten.

Vor allem waren es drei Eindrücke: der erste in Duala/Kamerun 1959. In einer Stadt, die mir damals schon im Ganzen schäbig vorkam, stand ich plötzlich vor einem piekfein herausgeputzten Haus. Es gehörte einem Geschäftsmann, der sich damals (heute wissen wir, erfolglos) um politischen Einfluß bemühte. Ich fragte meinen Begleiter: Wie kann dieser Mann hoffen, unter den ärmlichen Leuten hier in Duala Anhänger, Wähler zu finden, wenn er seinen Reichtum zur Schau stellt, also offensichtlich einer dünnen Oberschicht angehört? Antwort: im Gegenteil, die Leute freuen sich, daß wenigstens einer von ihnen es zu etwas gebracht hat, und sie wissen, daß er etwas für sie tun wird, sollte er Macht bekommen. – Der zweite Eindruck von einer späteren Reise, 1973/74: Addis Abeba kurz vor dem Sturz des Kaisers; ich fand dort etwas nicht, was ich inzwischen aus anderen afrikanischen Städten kannte und was Revolution und Bürgerkrieg jetzt auch der Hauptstadt Äthiopiens „beschert" haben: die *Bidonvilles* nämlich oder *Shanty Towns*, auf deutsch Bruchbuden-Slums. Man sagte mir: das liegt daran, daß Kaiser Menelik im vorigen Jahrhundert das Terrain der Hauptstadt in großen Arealen an seine adligen Gefolgsleute verteilt hat. Auf einem solchen Riesengrundstück steht also das große Haus des großen Mannes. Dessen kleine Verwandte und Klienten kriechen, wenn sie nach Addis ziehen, bei ihm unter und bauen sich auf seinem Gelände ihre Hütten. Die Wohnviertel von Addis sind also heute noch nach Adelssippen getrennt, aber Reiche und Arme einer Sippe leben dicht beieinander. – Dritter Eindruck von derselben Reise, aus Kinshasa: Mein Begleiter zeigte mir verschiedene Prunkvillen, die alle Mobutu gehören. Was soll das, fragte ich, nur Reichtum vorzeigen (vgl. oben)? Nein, es hat einen politischen Sinn; auf jedem dieser Grundstücke stand das Haus eines Gegners, den Mobutu bezwungen hat. Es gehört sich so, daß der Sieger deutlich macht, wen er alles überwunden hat. – Inzwischen habe ich gelesen, daß die Kriegstrommeln des Tutsi-Königs von Rwanda mit den Zeugungsorganen der einst besiegten Hutu-Könige »geschmückt" waren, und da gefallen mir die Villen Mobutus besser.

Für zwei meiner Eindrücke finde ich in einem wissenschaftlichen Aufsatz (LeVine 1980) analytische Begriffe:

„... Der *chief* als Verkörperung der lebendigen Gemeinschaft, als Kontaktpunkt mit den vergangenen Ahnen und Treuhänder der künftigen Generationen wird üblicherweise mit hochverfeinerten Ritualen umgeben, die alle Kombinationen dieser sakralen Rollen betonen.

Der moderne afrikanische *chief*, in welcher Verwandlung er auch auftritt, wird diese traditionellen Rollen in sein politisches Repertoire übernehmen und aus ihnen die angemessene rituelle Legitimierung suchen ..."[223]

Da haben wir Mobutus Villen. Der Autor spricht im gleichen Zusammenhang, Robert Price[224] zitierend, vom „Syndrom *Big-Man, Small-Boy"*, dem klassischen römischen Klientelismus verwandt. Da haben wir das schmucke Haus in Duala. Ich füge in Erinnerung an Addis Abeba hinzu: Die Verteilungs-Mechanik des patrimonialen Systems, an Gebrauchswerten orientiert wie die sogenannte Subsistenzwirtschaft afrikanischer Bauern, könnte Elemente zur Eindämmung von Klassenkämpfen enthalten, die besseres bewirken als z. B. Nyereres *Ujamaa*-Konzept.

Zurück zu Max Weber: seine Skizze des „Patrimonialismus"[225] beruht historisch-empirisch auf breiten, dem seinerzeitigen Forschungsstand wohl adäquaten (das hat Weber mit Marx und Engels gemeinsam) Kenntnissen der westeuropäischen Geschichte des Mittelalters und der frühen Neuzeit. Er spricht vom Lehenswesen, von Pfründen und Ständen, von „okzidentalen Patrimonialstaaten in der Zeit des ‚aufgeklärten Despotismus' (insbesondere des Colbertismus)"; er spielt ferner auf die klassische Antike, Osteuropa und Asien an; Patrimonialismus „im Höchstmaß der Herrengewalt" nennt Weber „Sultanismus" und definiert ihn als eine „. . . in der Art ihrer Verwaltung sich primär in der Sphäre freier traditionsungebundener Willkür bewegende Patrimonialherrschaft". Webers unterkühlte Sprache läßt offen, ob er dies in ähnlicher Weise als Exzeß des Patrimonialismus betrachtet, wie es heute diejenigen tun, die z.B. Mangosuthu Buthelezi mit sanftem Spott (und nur mündlich) einen *Big Kaffir King* nennen, Mobutu Sese Seko dagegen (auch gedruckt) einen Kleptokraten.

Max Weber bezieht jedenfalls den Patrimonialismus auf Gesellschaften, deren Wirtschaft agrarisch bestimmt war. Daß sich in seinen Strukturen Kapitalismus entwickeln könne, schließt Weber nicht aus, aber der bleibt durch diverse Faktoren „gehemmt"; speziell der Sultanismus kennt nur eine „irrationale", weil willkürliche Finanzwirtschaft. Es ist klar: ebenso wie Marx und Engels überträgt Max Weber die konkrete Geschichte Europas auf eine abstrakte Stufenfolge allgemeiner Gesellschaftsentwicklung. Patrimonialismus, wenngleich an seinem Platz durchaus „legitim", gehört zu den unteren Stufen, auf denen dann die „rationale", die „legale" Herrschaft fußt, die „. . . auf dem Glauben an die Legalität gesatzter Ordnungen und des Anweisungsrechts der durch sie zur Ausübung der Herrschaft Berufenen . . ." ruht.[226]

Auf die Frage, wie Menschen sich verhalten, verhalten sollen, deren „rückständige" Gesellschaft nicht wie das mittelalterlich-frühneuzeitliche Europa sich selbst überlassen bleibt (ganz stimmt das freilich nicht, der Einfluß von Byzanz, des maurischen Spanien, der Mongolen usw. wird da unter-

schlagen), sondern unter dem massiven Druck einer hochkapi-
talistischen bzw. postindustriellen Außenwelt steht – auf diese
Frage geben weder Max Weber noch Marx und Engels eine
Antwort.

Dürfen wir es versuchen? Belehrt durch die post-marxsche
und post-webersche Geschichte, schlage ich folgende Überle-
gung vor: Der Schnitt zwischen wertvollen und verderblichen
Strukturelementen des afrikanischen Patrimonialismus ist da
anzusetzen, wo dieser Gemeinnutz und Eigennutz, öffentliche
und private Finanzen vernetzt. Die Unterscheidung zwischen
der Kasse des Fürsten und der Kasse des Staates war in der europäischen Geschichte der meines Erachtens entscheidende
Schritt in die Moderne, und ich denke, in diesem Punkte kann
Afrika „von Europa lernen" (vgl. Senghaas 1982), ohne schäd-
lichem Neokolonialismus zu verfallen. Ich weiß, diese Unterscheidung hat sich immer noch nicht bis Kuwait und Riad
durchgesprochen und wurde im Berlin Alexander Schalcks
großzügig gehandhabt. Das ist kein Grund, sie gering zu
schätzen.

Konkret wird dieser Schritt erst, wenn die Verfügungsgewalt
über die öffentlichen Kassen, das heißt die Souveränität wenigstens grundsätzlich Sache des Volkes ist und nicht mehr seines
mehr oder weniger von Gott begnadeten Herrschers. Des
weiteren muß es das Volk sein, welches definiert, was tatsächlich als Gemeinnutz bzw. Gemeinwohl gelten soll – nicht der
Chefideologe der Partei, nicht einmal der Römische Papst. Ich
weiß, auch diese Aufgabe, eine Denkaufgabe, übernimmt das
Volk der europäischen Demokratien nur grundsätzlich –
manchmal möchte man meinen, unwillig. Sie gehört gleichwohl zur Demokratie untrennbar hinzu. Die auf diese Denkaufgabe orientierten klassischen Bürgerrechte – Pressefreiheit,
Versammlungsfreiheit, Assoziationsrecht – dienen eben nicht
nur dem „formalen" Schutz des Einzelmenschen vor staatlicher Willkür; sie verpflichten Bürger auch, diese Rechte gemeinsam auszuüben, das heißt der Politik Programme zu liefern. Es handelt sich nicht um „nur" liberale, sondern auch um
soziale Bürgerrechte. Die Trennung dieser zwei Generationen

von Menschenrechten mag ein nützlicher Denkansatz sein, hermetisch ist sie nicht.

Was denken die Völker Afrikas jetzt, während sie für den Sturz diverser Autokraten demonstrieren, während sie nach „Multipartismus" rufen, konkret über ihr Gemeinwohl? Wenn wir das wüßten, könnten wir daraus die Hoffnung (nicht die Gewißheit!) ableiten zu erfahren, wofür sie mit Priorität das (kaum vorhandene) Geld ihrer öffentlichen Kassen ausgeben wollen, sobald sie diese kontrollieren. Wir besitzen nur wenige Indizien jenseits von Demokratie-Papieren der Intellektuellen-Tagungen; einige doch: von Januar bis März 1990 hat René Dumont, die unerbittliche Kassandra afrikanischer Mißwirtschaft seit 1961, zum x-ten Male das frankophone Westafrika bereist und 15mal vor durchschnittlich mehr als 1000 mehrheitlich jungen Menschen gesprochen. Im Anhang seines nach dieser Reise geschriebenen Buches hat Dumont die Fragen der Zuhörer protokolliert.

Die meisten Fragen galten allerdings nicht der Politik, sondern dem Problem des Bevölkerungswachstums. Jedoch gingen die Afrikaner auch diese Sorge nicht nur moralisch, sondern politisch (und zwar im internationalen Vergleich) an:

„. . . – Müßte man nicht die afrikanischen Werte überwinden und die freiwillige Abtreibung legalisieren? oder Maßnahmen wie in China ergreifen?
– Wir respektieren Sie sehr. Aber ich möchte wissen, warum Sie von den Afrikanern verlangen, die Geburten einzuschränken, während in Europa, in Paris, Herr Chirac den französischen Ehepaaren Prämien für ihre Kinder zahlt? . . ."

Schon an zweiter Stelle rangieren die gezielten Fragen nach der Politik, die ich im folgenden vollständig zitiere:

– Ist die Demokratie in einer Einpartei-Gesellschaft möglich? Das ist ein Übel, das die afrikanische Gesellschaft ruiniert.
– Der Bürgermeister von Paris, Jacques Chirac, war letzte Woche auf Besuch in Côte d'Ivoire; er sagte, die Einheitspartei sei in Afrika die beste Lösung für die politische Zukunft, der Multipartismus sei ein Luxus für Afrika. Teilen Sie diese Meinung?
– Seit mehr als 50 Jahren lehren Sie Theorien und Methoden der Entwicklung, die nirgendwo in Afrika angewandt werden, weil sie den In-

teressen der etablierten herrschenden Klassen zuwiderlaufen. Glauben Sie nicht, daß Sie jetzt das Wesentliche Ihrer Zeit widmen sollten, um Demokratie zu lehren und den politischen Monolithismus in Afrika zu brandmarken?
– Welche Veränderung wollen Sie in einem Land wie Kamerun sehen, solange die herrschende Minderheit ihre Taschen noch nicht gefüllt hat, wo man vor allem in ein diktatorisches System versackt ist, bei dem alles, was geschieht, an das Präsidentenpalais vermietet wird?
– ‚Das Schicksal Afrikas liegt in euren Händen‘, haben Sie uns gesagt. Unsere Regierenden haben niemals eine Gesellschaft verkündet, in der geteilt wird. Die Männer und Frauen sind Untertanen, sind passiv, während sie doch wirkliche Motoren ihrer Entwicklung sein sollten.
– Kommt der Verrat der afrikanischen Jugend, den Sie erwähnt haben, nicht daher, daß diese Jugend von einem politischen System enttäuscht ist, das ihr nicht erlaubt sich auszuleben?
– Wie soll man politische Veränderungen bewirken, wenn man nicht ein Wort über unsere Politik sagen kann, ohne eine Nacht im Gefängnis zu verbringen?
– Gibt es wirklich ein *gouvernement autocentré* in Afrika? In den Kulissen spricht man vom *gouvernement autoventré!*[227]

Zugegeben – von einem positiven Programm für Politik in einer afrikanischen Demokratie enthalten diese Fragen erst einzelne Versatzstücke. Ihr Schwerpunkt liegt beim Protest gegen die real existierende Diktatur. Aber die Versatzstücke sind solide: Menschenrechte, Trennung der Regierung von ihrem „Bauch", Bereitschaft zur eigenen Aktivität. Damit läßt sich etwas anfangen.

Wer damit etwas anfangen muß, sind natürlich in allererster Linie die Menschen Afrikas selbst. Was ist Europas Aufgabe? 1990 kam in Deutschland eine Debatte auf, gespeist vom Anspruch der seit 1982 amtierenden Bundesregierung, „Politikdialog" mit afrikanischen Staaten zu betreiben, ob an die Entwicklungshilfe (pardon: „finanzielle und technische Zusammenarbeit") politische Bedingungen geknüpft werden sollten, analog zu der wirtschaftspolitischen „Konditionalität", mit der Weltbank und Internationaler Währungsfonds bei ihren „Anpassungs"-Krediten arbeiten.[228]

Ob die politische Konditionierung wirtschaftlicher Beziehungen durchsetzbar ist, sei dahingestellt. Erfahrungen mit der jahrzehntelang vergebens erhobenen Forderung, Südafrika durch internationale Wirtschaftssanktionen von der Apartheid wegzubringen, sprechen dagegen. Aber selbst wenn wir daraus gelernt hätten: ist es klug, Afrika von Bonn oder Berlin oder London oder Paris aus vorzuschreiben, wie es seine Innenpolitik gestalten soll? Ich kann mich des Gedankens nicht erwehren, daß wir Europäer, wenn wir das guten Gewissens tun wollten, gleich unsere Kolonialherrschaft über Afrika hätten aufrecht erhalten können. Als Schulmeister Afrikas haben wir uns während der ganzen ersten Hälfte des 20. Jahrhunderts gefühlt. Was wir (Briten und Franzosen zumeist) Afrika im Augenblick der staatlichen Unabhängigkeit an Politikmustern, an Verfassungstexten hinterlassen haben, taugte nichts, weil die „Verfassungswirklichkeit" unserer eigenen Kolonialregime in Afrika bis fünf Minuten vor zwölf nicht demokratisch war, sondern autoritär bis tyrannisch, und das gilt natürlich erst recht für das 1918 zwangsweise abgebrochene erste Experiment deutscher „Afrikapolitik".

Seien wir also jetzt vorsichtig. Nichts hindert uns, afrikanische Politiker, Journalisten, Wissenschaftler nach Europa einzuladen und ihnen zu zeigen, wie Demokratie zwischen Lissabon und Moskau funktioniert; ehrlich sollten wir das zeigen, nicht geschminkt und geschönt, und anhand der Realität, nicht aus dem Lehrbuch politischer Bildung (das können die Afrikaner auch zuhause durchlesen). Nichts hindert uns, Afrikas Politik weiterhin zu studieren, kritisch zu beschreiben, afrikanische Erfahrungen untereinander und mit europäischen zu vergleichen; jedenfalls hat uns bisher keine Regierung Afrikas, abgesehen von ganz üblen Tyrannen, bei solcher Forschung grundsätzlich behindert (höchstens bürokratisch). Denn die Afrikaner, alle Afrikaner aller Schichten jedenfalls, die mir begegnet sind, wünschen den Kontakt mit Europa, sind neugierig auf Europa, tragen ihm seine Grausamkeiten aus der gemeinsamen Geschichte erstaunlich wenig nach. Wir sind es, die immer wieder in Versuchung geraten, Afrika links liegen zu lassen, sobald wir keinen sofortigen Profit aus ihm schlagen können. Das haben wir (gerade wir Deutschen) schon zu Zeiten unserer Kolonialherrschaft getan, und tun wir es nicht seit 1980, seit Afrikas Wirtschaft offenkundig das Wasser bis zum Halse steht, wieder?

Vielleicht können wir im politischen Dialog mit Afrika, der bitter notwendig ist, ausnahmsweise nicht als Schulmeister, sondern als Schüler auftreten.

Entwicklung der politischen Systeme
in afrikanischen Staaten seit der Unabhängigkeit

– Nach dem Landesnamen: Bevölkerung in Mio 1994 / BSP pro Kopf
1994 (Quellen: Weltentwicklungsbericht der Weltbank 1996; *Fi-
scher Weltalmanach '96, mit abweichenden Jahreszahlen)
– Kolonialer Status
– Jahr der Unabhängigkeit und folgende politische Entwicklung

Erläuterungen:
Dikt = Diktatur ohne politische Parteien
EP = Einpartei-System
Mil = Militärregierung
MP = Mehr-Parteien-System
Quasi-MP = formell Mehr-Parteien-System, faktisch Dominanz einer
Führungspartei
/ = Systemwechsel
: = Ergebnis der vorher markierten Ereignisse

Ägypten (56,8 / 720 $)
   Britisches Protektorat
   1922 Monarchie / Putsch 1952: Mil / 1962 EP / 1976 Quasi-MP
Algerien (27,4 / 1650 $)
   Französisch (offiziell Teil des Mutterlandes)
   1962 EP / Putsch 1965: Mil+EP / 1989 MP, Wahlen 1989, 1992:
   Putsch 1992: Mil+MP <Bürgerkrieg>
Angola (*1993: 10,3 / *1991: 950 $)
   Portugiesisch <Guerrilla seit 1961>
   1975 EP <Bürgerkrieg> / 20.11.1994 Frieden, MP geplant
Äquatorial-Guinea (*1993: 0,4 / *1993: 420 $)
   Spanisch
   1968 MP / 1970 EP / Putsch 1979: Dikt / 1992 Quasi-MP
Äthiopien (54,9 / 100 $)
   Italienisch 1936–41
   1941 restaurierte Monarchie / Putsch 1974: Mil / 1984 EP / Bürgerkrieg
   + Eritrea-Guerrilla: 1991 Mil+Quasi-MP, Wahlen 1992, 1994, 1995
Benin (5,3 / 370 $)
   Französisch
   1960 MP / Putsch 1963: Mil / Putsch 1969: MP / Putsch 1975: Mil+EP /
   1990 MP, Wahlen 1991, 1996

Botswana (1,4 / 2800 $)
  Britisch
  1966 MP
Burkina Faso (10,1 / 300 $)
  Französisch
  1960 MP / Putsch 1966: Mil / Wahlen 1970: MP / Putsch 1974: Mil /
  Wahlen 1978: MP / Putsche 1980, 1982, 1983: Mil / Putsch 1987:
  Mil / 1991 Quasi-MP
Burundi (6,2 / 160 $)
  Deutsch bis 1919, Belgisches Mandat bis 1946, danach Treuhand-
  verwaltung
  1962 MP-Monarchie / Putsch 1966: EP / Putsch 1976: EP / Putsch
  1987: Mil / Wahlen 1993: MP <Präsidentenmorde 21.10.1993,
  6.4.1994> / Bürgerkrieg, Putsch 1996 : Mil
Côte d'Ivoire (13,8 / 610 $)
  Französisch
  1960 EP / Wahlen 1990, 1995: Quasi-MP
Djibouti (*1993: 0,6 / *1993: 780 $)
  Französisch
  1977 MP / 1981 EP / Wahlen 1992: Quasi-MP
Eritrea (*1993: 3,4 / *1993: unter 695 $)
  Italienisch bis 1945, Föderation mit Äthiopien 1952, annektiert 1963
  <Guerrilla>
  1993 EP
Gabun (1,3 / 3880 $)
  Französisch
  1960 MP / 1964 EP / 1990 Quasi-MP
Gambia (1,1 / 330 $)
  Britisch
  1965 MP / Putsch 1994: Mil / Wahlen 1996 : MP
Ghana (16,6 / 410 $)
  Britisch
  1957 MP / 1964 EP / Putsch 1966: Mil / Wahlen 1969: MP / Putsch
  1972: Mil / Putsch+Wahlen 1979: MP / Putsch 1981 : Mil / Wahlen
  1992, 1996: Quasi-MP
Guinea (6,4 / 520 $)
  Französisch
  1958 EP / 1984 Mil / Wahlen 1995: Quasi-MP
Guinea-Bissau (1,0 / 240 $)
  Portugiesisch <Guerrilla seit 1963>
  1974 EP / Wahlen 1994: Quasi-MP
Kamerun (13,0 / 680 $)
  Deutsch bis 1919; französisches und britisches (West-Kamerun)
  Mandat bis 1946, danach Treuhandverwaltung; Wiedervereinigung
  1961

1960 MP (beide Landesteile) / 1966 EP / 1990 Quasi-MP, Wahlen 1992

Kapverden (*1993: 0,4 / *1993: 920 $)
Portugiesisch
1975 EP / Wahlen 1991, 1995, 1996: MP

Kenia (26,0 / 250 $)
Britisch
1963 MP / 1969 EP / 1991 MP, Wahlen 1992

Komoren (*1993: 0,5 / *1993: 560 $)
Französisch
1975 MP / 1982 EP <Präsidentenmord 26.11.1989> / 1995 nach Putschversuch MP, Wahlen 1996

Kongo (2,6 / 620 $)
Französisch
1960 MP / Rev 1963: EP / Putsch 1968: Mil+EP / 1991 MP, Wahlen 1993 <Bürgerkrieg 1993-94>

Lesotho (1,9 / 720 $)
Britisches Protektorat
1966 MP-Monarchie / Putsch 1986: Mil / Putsch 1991: Mil / Wahlen 1993: MP-Monarchie

Liberia (*1993: 2,8 / *1992 : 200 $)
1847 MP / 1878 EP / Putsch 1980: Mil+Dikt / 1990 Bürgerkrieg + Staatszerfall / 1996 Versuch einer MP-Koalition

Libyen (*1993: 5,0 / *1993: 6300 $)
Italienisch
1951 Monarchie / Putsch 1969: Mil+Dikt

Madagaskar (13,1 / 200 $)
Französisch
1960 MP / 1975 Mil / Wahlen 1983, 1989, 1993, 1997: MP

Malawi (9,5 / 170 $)
Britisch
1964 EP / Wahlen 1994: MP

Mali (9,5 / 250 $)
Französisch
1960 EP / Putsch 1968: EP+Mil / Putsch 1991: Mil / Wahlen 1992: MP

Marokko (26,4 / 1140 $)
Französisch-Spanisches Protektorat
1956 MP-Monarchie

Mauretanien (2,2 / 480 $)
Französisch
1960 MP / 1965 EP / Putsch 1978: Mil / Wahlen 1992: MP

Mauritius (1,1 / 3150 $)
Britisch
1968 MP

Mozambique (15,5 / 90 $)
Portugiesisch <Guerrilla seit 1964>
1975 EP: Bürgerkrieg / Wahlen 1994: MP
Namibia (1,5 / 1970 $)
Deutsch bis 1919, Südafrikanisches Mandat bis 1966, de-facto-Verwaltung durch Südafrika bis 1990 <Guerrilla 1966–1989>
1990 MP
Niger (8,7 / 230 $)
Französisch
1960 EP / Putsch 1974: Mil+EP / Wahlen 1993: MP / Putsch 1996+Wahlen: Mil+MP
Nigeria (108,0 / 280 $)
Britisch
1960 MP / Putsche 1966: Mil <Biafrakrieg 1967–70> / Putsch 1975: Mil / Wahlen 1979, 1983: MP / Putsch 1983: Mil / Putsch 1985: Mil / Wahlen 1993 <kassiert>: Mil
Rwanda (7,8 / 80 $)
Deutsch bis 1919, Belgisches Mandat bis 1946, danach Treuhandverwaltung
1962 MP / 1963 EP / Putsch 1973: Mil / 1976 EP / Bürgerkrieg 1994: Mil+MP
Sahara
Spanisch, 1976 Aufteilung zwischen Marokko und Mauretanien / 1979 vollständige Annexion durch Marokko: Guerrilla seit 1973, 1976 Proklamation einer unabhängigen Republik (EP, seit 1982 OAU-Mitglied)
Sâo Tomé u. Principe (*1993: 0,1 / *1993: 350 $)
Portugiesisch
1975 EP / Wahlen 1992, 1996: MP
Senegal (8,3 / 600 $)
Französisch
1960 MP
Seychellen (*1993: 0,07 / *1993: 6280 $)
Britisch
1976 MP / 1978 EP
Sierra Leone (4,4 / 160 $)
Britisch
1961 MP / Putsch 1967: Mil / 1968 Quasi-EP <Bürgerkrieg 1991–96> / Putsch 1992: Mil / Putsch+Wahlen 1996: MP
Somalia (*1993: 9,0 / *1990: 120 $)
Norden Britisch, Süden italienisch bis 1945, italienische Treuhandverwaltung 1950–1960
1960 MP / Putsch 1969: Mil / 1991 Bürgerkrieg, Staatszerfall
Südafrika (40,5 / 3040 $)
Britisches Dominion seit 1910

1931 MP für Weiße <Guerrilla 1961–1990> / 1990 MP: Wahlen
1994

Sudan (*1993: 26,6 / *1992: 400 $)
Britisch-Ägyptisches Kondominium <Bürgerkrieg im Süden seit
1955>
1956 MP / Putsch 1958: Mil / 1964 MP / Putsch 1969: Mil / 1972
EP+Mil / 1985 MP / Putsch 1989: Mil+Islam

Swaziland (*1993: 0,9 / *1993: 1190 $)
Britisches Protektorat
1968 MP-Monarchie / 1973 absolute Monarchie, Wahlen (ohne
Parteien) 1993

Tanzania (28,8 / 140 $)
Festland: Deutsch bis 1919, britisches Mandat bis 1946, danach
Treuhandverwaltung; Sansibar: Britisch
Festland: 1961 MP / 1965 EP; Sansibar: 1963 MP / 1964 EP
Gesamtstaat 1964 EP / 1992 MP: Wahlen 1995

Togo (4,0 / 320 $)
Deutsch bis 1919, französisches (Ost) und britisches (West) Man-
dat bis 1946, danach Treuhandverwaltung; West-Togo 1956 zu
Ghana
1960 EP / Putsch 1963: MP / Putsch 1967: EP seit 1969 / 1991 MP /
Wahlen 1993, 1994: Dikt+Quasi-MP

Tschad (6,3 / 180 $)
Französisch
1960 MP / 1962 EP / Putsch 1975: Mil <Bürgerkrieg, libysche In-
tervention> / 1984 EP / Wahlen 1996: MP

Tunesien (8,8 / 1790 $)
Französisches Protektorat
1956 EP / Wahlen 1994: Quasi-MP

Uganda (18,6 / 190 $)
Britisch
1962 MP / 1969 EP / Putsch 1971: Mil+Dikt / Krieg 1979: MP /
Guerrilla seit 1981: 1986 Quasi-MP, Wahlen 1994, 1996

Zaire (*1993: 41,2 / *1991: 210 $)
Belgisch
1960 MP / Putsch 1960: Mil / 1961 MP / Putsch 1965: Dikt+EP /
1991 Quasi-MP

Zambia (9,2 / 350 $)
Britisch
1964 MP / 1972 EP / Wahlen 1991: MP

Zentralafrikanische Republik (3,2 / 370 $)
Französisch
1960 EP / Putsch 1966: Mil+Dikt+EP / Französ. Intervention 1979:
EP / Putsch 1981: Mil+EP / Wahlen 1993: MP

Zimbabwe (10,8 / 500 $)

Britisch (1923–65 Selbstregierung überwiegend durch weiße Minderheit, 1965–79 einseitig von Weißen ausgerufene Unabhängigkeit)

1980 MP, Wahlen 1985 / 1987 Quasi-MP, Wahlen 1990, 1995

Anmerkungen

1 Gekürzte Übersetzung aus dem Englischen von F. A. Der Aufsatz wurde von A. W. Komola aus Morogoro im Mai 1965 geschrieben.

2 Hendrik Witbooi Papers 1989: 123 f. – Anspielung auf den Überfall der deutschen Schutztruppe am 12. April 1893 auf Hendrik Witboois Lager in Hoornkrans.

3 A. a. O.: 155 f. – Van Wyk, Gründer des Baster-Staates in Rehoboth, hatte in der Vergangenheit zwischen Witbooi, den Herero und den Deutschen vermittelt. Er schloß sich der Auflehnung 1904 nicht an.

4 A. a. O.: 159 – Schon in früheren Texten bezeichnete Witbooi seinen geographischen Erfahrungshorizont, also Zentral- und Süd-Namibia, als „Afrika".

5 Die Witbooi-Gruppe ließ sich erst 1863 in Gibeon nieder, das bis heute ihr Sitz geblieben ist. Der Tod von 122 „Männern und Frauen im besten Lebensalter" an den Pocken 1863/64 war „ein großes Sterben" (Heinrich Vedder, Das alte Südwestafrika. Windhoek 2. Aufl. 1981: 418); vgl. Lau 1987: 36.

6 Vgl. Weiskel 1980: 208 – Nach seiner Einschätzung kamen nur verhältnismäßig wenige Baúle auf dem Schlachtfeld ums Leben, sehr viel mehr starben an kriegsbedingtem Hunger und Krankheit, und „. . . perhaps the largest portion of the decline in the region's population can be accounted for in terms of Baule migration towards other regions in the colony or towards the neighbouring Gold Coast."

7 Vgl. Ranger 1967 passim, eine bahnbrechende „study in African resistance" (Untertitel); bei Ranger 1985: 54 Neubestimmung einiger Thesen im Lichte späterer Forschung.

8 Iliffe 1979: 168.

9 Zitiert bei G. C. K. Gwassa/J. Iliffe (Hg.), Records of the Maji Maji Rising, part 1. Nairobi 1967: 29 (Historical Association of Tanzania Paper 4). TANU (*Tanganyika African National Union*) war seit ihrer Gründung 1955 die Führungspartei in Festlands-Tanzania; 50 Cents waren damals der (monatliche?) Beitragssatz. Geweihtes Wasser, das angeblich kugelfest machte, war das Symbol der Maji-Maji-Auflehnung.

10 Vgl. Marks 1970: 247.

11 Marks 1970: 179 f. – Das Zitat stammt von dem anglikanischen Vikar A. J. Fryer.

12 Vgl. Iliffe 1979: 200, Marks 1986: 29.

13 Shepperson/Price 1958: 240. Die Ngoni waren (ähnlich den Ndebele in Zimbabwe) eine Zulu-Absplitterung, die im 19. Jhd. bis nach Malawi und Süd-Tanzania vordrang.

14 Deschamps 1960: 261.

15 M. Esoavelomandroso in: General History of Africa Bd. 7, Paris usw. – 1985: 245.

16 Poewe 1985: 130. – Erheitert liest der Deutsche die Interpretation der amerikanischen Forscherin, wonach Schwarz-Weiß-Rot „für die Einheit der Herero steht, nicht Schwarz-Gelb-Rot, das für die deutsche Flagge steht". Vgl. Katjavivi 1988: 26. Maharero war von 1861 bis zu seinem Tode 1890 „Oberhäuptling" der nach ihm benannten Hererogruppe; Samuel M. war sein Sohn und Nachfolger.

17 Bello 1963: 18 f. – Der Sardauna (der Titel bedeutet ursprünglich ungefähr „Befehlshaber der Leibgarde des Sultans") war ein Urenkel Mohammed Bellos, des ersten Sultans von Sokoto (Reg. zeit 1817–37), der seinerseits durch seinen Vater Usman dan Fodio in diese Position eingesetzt wurde.

18 Iliffe 1979: 101 f. – Vgl. den zeitgenössischen Bericht eines deutschen Beteiligten: Rochus Schmidt, Geschichte des Araberaufstandes in Ost-Afrika. Frankfurt/O. 1892: 320 ff. – Besonders kritisch gegen Marealle ist Stahl 1964 passim.

19 Hill 1970: 21 (Der zitierte Aufsatz stammt von 1962).

20 Walther Manshard, Die geographischen Grundlagen der Wirtschaft Ghanas (Wiesbaden 1961: 133), hebt den Beitrag von Mission und Regierung hervor; Kaniki 1985: 394 sieht dagegen eher einen Hemmschuh in den „. . . misguided activities of the Agricultural Department".

21 Manshard a. a. O. 136, 139; Kaniki ebd.

22 Kane 1961: 65 f. – Übersetzung F. A.; die unter dem Titel „Der Zwiespalt des Samba Diallo" (Frankfurt/a. M. 1980) veröffentlichte deutsche Ausgabe war mir nicht zugänglich.

23 James Johnson war ein anglikanischer Priester aus Sierra Leone, der sich 1880 vergeblich bemühte, Bischof einer Diözese im Jorubaland (Nigeria) zu werden. Vgl. E. A. Ayandele, Holy Johnson, pioneer of African nationalism 1836–1917. London 1970.

24 Vgl. Charles-André Gilis, Kimbangu fondateur d'église. Brüssel 1960.

25 Katjavivi 1988: 32.

26 Aus einem von Dr. Heinke verfaßten Bericht des Gouverneurs Liebert an das Auswärtige Amt, 23. 4. 1900; abgedruckt bei Johanna Eggert, Missionsschule und sozialer Wandel in Ostafrika. Bielefeld 1970: 306.

27 Nationalarchiv von Tanzania (Dar Es Salaam) G 9/56: 21 (von F. A. unter dieser Signatur 1968 eingesehen) – Khalifa war offenbar ein Hilfslehrer; diese einheimischen Beamten wurden vom deutschen Gouvernement vornehmlich aus der Swahili sprechenden islamischen Küstenbevölkerung rekrutiert.

28 Nationalarchiv (Dar Es Salaam) (vgl. Anm. 27) G 9/59: 8 – Am 1.6.
1911 gingen in Deutsch-Ostafrika von insgesamt 66657 Schülern nur
4312 (6,5%) in Regierungs-, alle anderen in Missionsschulen; vgl.
Martin Schlunk, Die Schulen für Eingeborene in den deutschen
Schutzgebieten. Hamburg 1914:140.

29 Nationalarchiv (Dar Es Salaam) (vgl. Anm. 27) G 9/57: 46 – Mwalimu
swahili=Lehrer.

30 Vgl. Adolf Rüger, Die Duala und die Kolonialmacht 1884–1914. In:
Helmuth Stoecker (Hg.), Kamerun unter deutscher Kolonialherrschaft
Bd. 2. Berlin/DDR 1968: 181–257.

31 Zitiert nach Sheridan Johns III (Hg.), Protest and Hope 1881–1934.
Stanford 1972: 70 (From Protest to Challenge, hrsg. v. Th. Karis/
G. M. Carter, Bd. 1).

32 Crowder 1962: 231. Zur Frage, ob die vorkoloniale politische Organisation der Ibo zu Recht als „demokratisch" bezeichnet wird (wieder
ein Urteil von Europäern, wenn auch anderen als jene, die vergeblich
nach „Häuptlingen" suchten) vgl. Margherita Goltzsche, Gesellschaft
und Politik bei den Ibo um 1900. Frankfurt a. M./Bern 1976: 103 ff.

33 Marks 1986: 110 f. – Der Hinweis auf Max Gluckman bezieht sich auf
dessen „Analysis of a Social Situation in Modern Zululand" (1940–42).
– Die Zulu-Monarchie verlor ihre „Anerkennung" durch die britische
Kolonialmacht, anders als die Monarchien von Lesotho und Swaziland, 1879 nach der Unterwerfung König Cetshwayos.

34 Une Ame de Chef. Le Gouverneur général J. Van Vollenhoven. Paris
1920: 207 ff. – Van Vollenhoven gab im Januar 1918 sein Amt auf und
fiel am 20. Juli an der deutschen Front, weil er die von dem schwarzen
Abgeordneten Senegals, Blaise Diagne, betriebene rigorose Rekrutierung afrikanischer Soldaten für die französische Armee mißbilligte.

35 Hailey 1940–42:15, 17 f.

36 Hodgkin 1956: 63 – Oloruntimehin 1985: 569 betont zu Recht, daß
der afrikanische „Nationalismus" der Zwischenkriegszeit nicht „...
nur als elitäre und urbane Erscheinung" betrachtet werden dürfe; vielmehr sei er eng mit antikolonialer Unzufriedenheit bei der
Landbevölkerung verbunden gewesen – allerdings befinde sich die
Forschung über diese Zusammenhänge „... noch im Embryonalstadi-
um".

37 Westermann 1937: 307 f., 319 f. – Vgl. Roberts 1986: 227 f., wonach
1938 nur etwa 5500 Afrikaner in der Südafrikanischen Union „... und
wahrscheinlich nicht mehr als das in Tropisch-Afrika" höhere Schulen
jenseits des 8./9. Schuljahres besuchten. – Schriften des deutschen
Afrika-Missionars und Kulturwissenschaftlers Westermann werden
häufig in Lord Haileys vertraulichem Bericht (vgl. Anm. 35) aus den
Kriegsjahren 1940–42 zitiert.

38 Roux 1964: 156 (erstes Zitat), 167; vgl. das Kapitel über den ICU-
Führer George Champion bei Marks 1986: 74 ff.

39 Freda Troup: South Africa, an historical introduction. Harmonds-worth/GB 2. Aufl. 1975: 253.

40 Padmore 1953: 48 f. – Vgl. Oloruntimehin 1985: 570, der diese Be-mühungen als „Konstitutionalismus" charakterisiert und hervorhebt, diese „Techniken politischen Drucks" wären „... westeuropäischen politischen Prozessen angemessen" gewesen. – George Padmore, ein bedeutender Theoretiker und Praktiker der panafrikanischen Bewe-gung, wurde oben nicht unter die intellektuellen Führer Afrikas der Zwischenkriegszeit eingereiht, weil er aus Trinidad stammte und erst nach 1947 durch seine enge Bindung an Kwame Nkrumah Wahl-Ghanaer wurde.

41 Zuccarelli 1987: 121.

42 Vgl. Myron J. Echenberg, Tragedy at Thiaroye. In: Peter C. W. Gut-kind, Robin Cohen/Jean Copans (Hg.), African Labor History. Bever-ly Hills-London 1978: 109–128. – Es handelt sich um offizielle Zahlen der Opfer. Die 34 zu Haftstrafen verurteilten Meuterer wurden 1947 amnestiert.

43 Vgl. E. M. Bourret, Ghana. The road to independence 1919–1957. Stanford/London 1960: 153 f.

44 Hopkins 1973: 268.

45 Vgl. Iliffe 1979: 440 f.

46 Vgl. Coleman 1958: 257 ff.

47 Vgl. Lodge 1983: 19 f.; Don Ncube, Black Trade Unions in South Africa. Johannesburg 1985: 63 f.

48 Vgl. J. Suret-Canale, The French West African Railway Workers' Stri-ke, 1947–1948. In: Gutkind et al. (Hg.) a.a.O. (vgl. Anm. 42) 1978: 129–154. – Die schwarze Eisenbahner-Gewerkschaft war der CGT vor 1948 fern geblieben, weil damals die weiße Eisenbahner-Gewerk-schaft (sie widersetzte sich der Gleichstellung) zur CGT gehörte; im Verlauf des Streiks verließen die Weißen die CGT. – Ich danke Jean Suret-Canale speziell für die Korrektur von diesbezüglichen Irrtü-mern in meiner „Politik im Schwarzen Afrika" 1961.

49 Vgl. Ansprenger 1961: 235 ff.

50 Bourret (vgl. Anm. 43) 1960: 168 f.

51 Westafrika-Resolution des Fünften Panafrikanischen Kongresses, in: George Padmore (Hg.), History of the Pan-African Congress. Lon-don 2. Aufl. 1963: 55 f.

52 Atlantic Charter ... 1942: ix. – Zu diesem Ausschuß gehörte auch Prof. Ralph Bunche (Howard Universität), später amerikanischer VN-Diplomat und Vertreter des VN-Generalsekretärs am Kongo; den Vorsitz führte Dr. Anson Phelps Stokes, Präsident der Phelps-Stokes Stiftung, die sich um das afrikanische Erziehungswesen bemüh-te.

53 Vgl. Jean Suret-Canale: Les Groupes d'Etudes Communistes (G.E.C.) en Afrique Noire. Paris 1994.

54 Vgl. Sandbrook 1993:121 „... Das Pendel, das jetzt so stark in Richtung auf liberal-demokratische marktwirtschaftliche Lösungen ausschlägt, könnte später zurückschwingen ... Marxistische Theorien haben ihre Anziehungskraft für viele afrikanische Intellektuelle behalten."

55 Zitiert nach T. Peter Omari: Kwame Nkrumah. The anatomy of an African dictatorship. London/New York 1970:99.

56 Nkrumah 1962: 33.

57 alle Zitate a. a. O.: 41 f.

58 Le Rassemblement Démocratique Africain dans la Lutte anti-impérialiste. Paris 1948: 35; vgl. A. Schdanow, Über die internationale Lage. In: Für Frieden und Volksdemokratie, Bericht über die Tätigkeit einiger kommunistischer Parteien, gehalten auf der Konferenz in Polen Ende September 1947. Berlin o. J.: 10–30. – G. d' Arboussier (1908–1976) war Sohn einer Malierin und eines französischen Gouverneurs, Jurist, Kolonialbeamter, 1968–72 Botschafter Senegals in Bonn.

59 A. a. O.: 47 f. D'Arboussier hatte sein Programm für die RDA schon am 1. September 1947 in der Zeitung *La Voix du RDA* in einer Polemik gegen Léopold Senghor umrissen, der damals noch der Sozialistischen Partei Frankreichs angehörte; dieser Artikel wird ebd: 48 f. wörtlich zur Untermauerung der im Text wiedergegebenen Thesen zitiert.

60 Hodgkin 1956: 144 – Außer dem zitierten organisatorischen Unterschied zwischen „Kongressen" und „Parteien" betont Hodgkin zwei weitere: Kongresse wollen „das ganze Volk" repräsentieren, Parteien eher „die Masse" oder die „besten Elemente" des Volkes; die Strategie der Kongresse sei eher aggressiv und bediene sich auch der Mittel Boykott, Generalstreik, ziviler Ungehorsam, die der Parteien flexibler und auf den Einsatz von Wahlkampagnen im parlamentarischen Sinne ausgerichtet. Diese beiden Unterscheidungen lassen sich m. E. nicht aufrecht erhalten.

60 a Vgl. Hans-Georg Schleicher und Ulf Engel, DDR-Geheimdienst und Afrika-Politik. *Außenpolitik* (Köln) 1996/4: 399–409.

61 The Role of the Soviet Union, Cuba, and East Germany in fomenting Terrorism in Southern Africa. Hearings before the Subcommittee on Security and Terrorism, U. S. Senate, 97th Congress, 22.–31. 3. 1982. Washington 1982 Bd. 2: 692. – Andreas Shipanga war 1963–69 Leiter der SWAPO-Mission in Kairo, 1970–76 SWAPO-Sekretär für Information, April 1976 bis Mai 1978 in Haft.

62 Vgl. Vo Nguyen Giap, Guerre du Peuple – Armée du Peuple. Paris 1966 (deutsch 1968).

63 Vgl. Siegfried Groth: Namibische Passion. Wuppertal 1995. Die englische Übersetzung dieses Zeugnisses (der evangelische Pastor Groth war Seelsorger für Flüchtlinge aus Namibia) erregte noch 1996 in Namibia politische Kontroversen.

64 Vgl. Bayart 1989: 125, der sich auf Studien von J.-L. Amselle beruft.
65 Konferenz von Saniquellie Juni 1959, vgl. Nkrumah 1973: 135 ff. – Zur politischen Entwicklung Liberias vgl. Martin Lowenkopf, Politics in Liberia. Stanford 1976; J. Gus Liebenow, Liberia, in: Carter (Hg.) 1962: 325–394; ders., Liberia – the evolution of privilege. London/Ithaca 1969; ders., Liberia – the quest for democracy. Bloomington 1987.
66 Jürgen Herzog, Geschichte Tanzanias. Berlin/DDR 1986: 165; vgl. Margaret L. Bates, Tanganyika, in: Carter (Hg.) 1962: 395–483.
67 Ansprenger 1961: 296 u. Tab. 6; vgl. L. Gray Cowan, Guinea, in: Carter (Hg.) 1962: 149–236; Bayart 1989: 162 ff.
68 Zahlen nach Dennis Austin, Politics in Ghana 1946–1960. London 1964: 347 ff. – Bezeichnenderweise gibt es in Carter (Hg.) 1962 kein Kapitel über Ghana.
69 Gabriel d'Arboussier, L'Afrique vers l'Unité. Paris 1961: 91.
70 Nkrumah benutzte diese Formel z. B. am 2. April 1960 in einer Rede zur Eröffnung der neuen Parteizentrale, zitiert in Kwame Nkrumah, I speak of Freedom. London 1961: 209.
71 Sekou Touré, Conférences Hebdomadaires (Bd. 9 der Reihe L'Action Politique du PDG). Conakry 1962: 41 f. – Um diese Zeit wollte Touré die Verwaltung dezentralisieren; die Conseils Généraux waren als regionale Volksvertretungen ähnlich wie in den Départements Frankreichs gedacht, die Chefs de Poste waren Nachfolger der kolonialen Chefs de Village, zu deren Stellung wir oben den Generalgouverneur Van Vollenhoven zitiert haben.
72 Hodgkin 1961: 124.
73 Fanon 1961: 127 f.
74 Lewis 1965: 55 ff. Vgl. Franz Ansprenger, Kolonisierung und Entkolonisierung in Afrika. Stuttgart 3. Aufl. 1979: 80 ff. – M. E. beurteilt Lewis die ghanaische CPP falsch, ich zähle sie zu den Parteien, die das ganze Volk vertreten wollten; Avantgarde-Einheitsparteien marxistisch-leninistischen Typs gab es nach 1975 in Angola und Mozambique.
75 Vgl. Carl G. Rosberg, Democracy and the new African States. In: St. Antony's Papers 15. London 1963: 23–53.
76 Vgl. Franz Ansprenger, Afrika – eine politische Länderkunde. Berlin 1962: 41; noch in der Neuauflage 1972: 47 f. habe ich diese Argumentation kaum verändert. Jetzt glaube ich, damals zu leicht die Verlautbarungen der Verantwortlichen für bare Münze genommen zu haben.
77 Julius K. Nyerere, Democracy and the Party System. In: ders. 1966: 196 f. Die Broschüre beruht auf einem Referat vor der TANU-Jahreskonferenz im Januar 1963, die alle Bürger des Landes und speziell bisherige Oppositionspolitiker zum TANU-Beitritt einlud.
78 Tanzania (The United Republic of), Report of the Presidential Commission on the Establishment of a Democratic One Party State. Dar

Es Salaam 1965: 15 – Der heute naiv klingende Bezug auf „die traditionelle afrikanische Gesellschaft" (Singular!) entsprach den Vorgaben Präsident Nyereres in seiner Ansprache von 1963 (vgl. Anm. 73) und schon 1962 in seiner theoretischen Grundsatzbroschüre: *Ujamaa* – The Basis of African Socialism (in: Nyerere 1966: 162–171).

79 Cliffe 1976: 276 f.

80 A. a. O.: 282 – Es folgten „Ein Schwarzer" *(An African)* 18%; „Ein traditioneller Führer" 11%; „Eng verbunden mit dem Präsidenten" 10%. Da zwei Antworten gefragt waren, beträgt die Summe der Aufrechnung 200%.

81 A. a. O.: 268 f.

82 Frankfurter Rundschau 24. 11. 1995; die Zitate stammen aus einer gemeinsamen Erklärung der zehn wichtigsten Geberländer Tanzanias, darunter Deutschland.

83 Im Februar 1977, 13 Jahre nach der Union zwischen Tanganjika und Sansibar, wurden die Einheitsparteien der beiden Landesteile, TANU und ASP *(Afro-Shirazi Party)*, zur CCM zusammengeschlossen.

84 Politikwissenschaftler der Universität Dar Es Salaam veröffentlichen regelmäßig Ergebnisse ihrer begleitenden Wahlforschung; vgl. zuletzt Haroub Othman/Immanuel K. Bavu/Michael Okema (Hg.), Tanzania – Democracy in Transition. Dar Es Salaam 1990 – Ich räume ein, daß ich die Parlamentsdebatten Tanzanias nicht mehr verfolgen kann, seit sie auf Swahili protokolliert werden.

85 Vgl. Peter Meyns, Zambia. In: Hofmeier/Schönborn (Hg.) 1987: 452.

86 Davinder Pal Singh Ahluwalia, The 1983 Nyaya Elections in Kenya. A quest for legitimacy. „The African Review" (Dar Es Salaam) 13–1986–1: 89–104 (Zitat S. 90) – Vgl. Rolf Hofmeier, Kenya. In: Hofmeier/Schönborn (Hg.) 1987: 161.

87 Daniel Bourmaud, Les Elections au Kenya: tous derrière et Moi devant . . . „Politique Africaine" (Paris) Nr. 31-Oktober 1988: 85–87.

88 In der Regel wählt auch in Côte d'Ivoire ein Wahlkreis nur einen Abgeordneten; in 18 besonders volkreichen Wahlkreisen wurden jedoch 1980 je 2, in einem 4 Abgeordnete gewählt; erreichte kein Kandidat bzw. keine Liste im ersten Wahlgang die absolute Mehrheit, genügte in einem zweiten Wahlgang die relative Mehrheit. Vgl. Ziemer 1984: 111 – Zur politischen Entwicklung der Côte d'Ivoire vgl. weiter Virginia Thompson, The Ivory Coast, in: Carter (Hg.) 1962: 237–324; Samir Amin, Le Développement du Capitalisme en Côte d'Ivoire. Paris 1967; Marcel Amondji, Félix Houphouet et la Côte d'Ivoire, l'envers d'une légende. Paris 1984.

89 John Dickie/Alan Rake, Who's Who in Africa. London 1973: 576.

90 Laurent Gbagbo, Côte d'Ivoire; histoire d'un retour. Paris 1989: 31.

91 In Angola war die UN-Operation UNAVEM II im Oktober 1992 an der Kontrolle freier Wahlen gescheitert; der Bürgerkrieg brach erneut aus. Im Februar 1995 beschloß der Sicherheitsrat eine verstärkte Ope-

ration UNAVEM III, um das am 20. 11. 1994 in Lusaka/Zambia unterzeichnete Waffenstillstandsabkommen zu überwachen. Vgl. Paulette Pierson-Mathy, Lektion gelernt? *Afrika Süd* (Bonn) 23–1995–6: 10–12. – In Mozambique beendete die UNO im Dezember 1994 ihre Operation ONUMOZ mit dem relativen Erfolg, daß FRELIMO und RENAMO den Ausgang der Wahlen vom 27.–29. Oktober (knapper FRELIMO-Sieg) anerkennen. Vgl. Chris Alden, The UN and the resolution of conflict in Mozambique. *Journal of Modern African Studies* (Cambridge) 33–1995–1: 103–128.

92 Gamal Abdel Nasser, The Philosophy of the Revolution. Kairo o. J.: 69f. – Afrika ist an dieser Stelle für Nasser der „zweite Kreis" der Ausstrahlung ägyptischer Politik, zwischen dem ersten Kreis der arabischen und dem dritten der islamischen Welt. Sein Ziel für Afrika ist aber nicht mehr als das: „... Ich werde weiter von dem Tag träumen, an dem ich in Kairo ein großes Afrika-Institut sehen werde, das bestrebt ist, uns die verschiedenen Aspekte des Erdteils zu enthüllen, in unseren Köpfen ein aufgeklärtes afrikanisches Bewußtsein zu schaffen, und sich mit allen jenen zu verbinden, die in allen Teilen der Welt für den Fortschritt, Aufschwung und Wohlstand der Völker Afrikas arbeiten ..."

93 Vgl. Anouar Abdel Malek, Ägypten Militärgesellschaft. Frankfurt 1971; R. Hrair Dekmejian, Egypt under Nasser. Albany (N.Y./USA) 1971; Jean Lacouture, Nasser. Paris 1971; Martin Robbe et al., Aufbruch am Nil. Berlin/DDR 1976.

94 Olusegun Obasanjo, Frieden und Demokratie für Afrika. „der überblick" (Hamburg) 1990–2: 25–29 (Rede in Paris April 1990).

95 Olusegun Obasanjo, Nzeogwu. Ibadan 1987 – Nzeogwu führte den Putsch vom 15. Januar 1966 in der Hauptstadt Nord-Nigerias, Kaduna, und befahl die Erschießung des dortigen regionalen Premierministers Ahmadu Bello, des Sardauna von Sokoto. In der Bundes-Hauptstadt Lagos dagegen mißlang der Putsch teilweise. General Ironsi ließ Nzeogwu einsperren; kurz vor Ausbruch des Biafrakrieges kam er frei, schloß sich der Armee Biafras an und fiel am 29. Juli 1967.

96 A. H. M. Kirk-Greene, Crisis and Conflict in Nigeria, a documentary sourcebook 1966–1969. Bd. 1. London/NewYork/Ibadan 1971: 125.

97 A. a. O.: 129f.

98 A. A. Afrifa, The Ghana Coup. London 1966; A. K. Ocran, A Myth is broken. Harlow (Essex/GB)/Accra 1968. – Die Junta steigerte den Budget-Ansatz für Militärausgaben vom Nkrumahschen Haushalt 1966 in ihrem Haushalt 1968/9 um über 40% (Robert Price in: *Comparative Politics* 3-1971-3: 361-379).

99 Hartmut Hellmann, Burkina, in: Hofmeier/Schönborn (Hg.) 1987: 66-Vgl. allgemein zu Burkina Faso seit 1983: Jaffré 1989.

100 Sankaras Rede vom 2. 10. 1983 wurde in Burkina Faso als Broschüre verbreitet. Abdruck u. a. bei Jean Ziégler, Sankara, un nouveau pouvoir africain. Lausanne/Paris 1986: 121–151.

101 Brigitte Fahrenhorst, Der Versuch einer integrierten Umweltpolitik; das Entwicklungsmodell Burkina Faso unter Sankara. Hamburg 1988 (Hamburger Beiträge zur Afrika-Kunde 35).

102 Dumont/Paquet 1986: 72 f. – Vgl. Dumont 1962; dieses Buch hat seinen Ruf als Kritiker der neuen afrikanischen „Staatsklasse" etabliert.

103 Vgl. Ernst Hillebrand, Burkina Faso und die Ära Sankara; Versuch einer Bilanz. Ebenhausen 1988: 21 (SWP – AP 2550 Fo. Pl. IV. 3/88) – No-nonsense- Regime wie das General Obasanjos in Nigeria experimentierten mit anderen, aber vermutlich ebenso wirkungslosen „Partizipations" –Ersatzformeln für demokratische Kontrolle; vgl. Odetola 1982: 149 f.

104 Vgl. Odetola a. a. O. passim, der die vor Auftauchen des Sankara-Phänomens geführte wissenschaftliche Debatte resümiert. Insbesondere weist er 61 f. darauf hin, daß in afrikanischen Ländern mit Auslandskontakten über mehrere Generationen (seine Beispiele sind Ghana und Nigeria)" ... das Niveau technischer Fertigkeiten bei den beruflich qualifizierten Zivilisten höher ist als beim Militär ...“; in einem nie wirklich kolonisierten Land wie Äthiopien sei das freilich nicht der Fall. – M. E. kranken ältere Abhandlungen über Militärherrschaft in Afrika bzw. in Entwicklungsländern oft daran, daß sie an lateinamerikanischen Modellen kleben. Schon die geographischen und ethnischen Voraussetzungen politischer Systeme sind in Amerika (vom karibischen Raum vielleicht abgesehen) ganz anders gelagert als im nachkolonialen Afrika.

105 Odetola a. a. O.: 43.

106 Vgl. Williams 1987.

107 Vgl. Odetola 1982: 51: „... Es gibt viele Beweisstücke für grobe Akte der Disziplinlosigkeit, verübt von Soldaten, in nahezu allen afrikanischen Gesellschaften unter Militärregierung. In Nigeria z. B. schrieben Soldaten ihre eigenen Gesetze für ihre Beziehungen zu Zivilisten. Mehrfach wurden sie selbst zu Gesetzesbrechern, statt Gesetz und Disziplin zu wahren ...“

108 Odetola a. a. O.: 52.

109 Marx/Engels, Werke. Berlin/DDR. Bd. 19, 1962: 384 ff. (Entwürfe), 242 f. (Ausfertigung).

110 Vgl. Tom Mboya, Freedom and after. London 1963; The Challenge of Nationhood. London 1970. – Mboya stand hinter dem Sessional Paper No. 10 der kenianischen Regierung von 1965: African Socialism and its Application to Planning in Kenya – einer der Hauptquellen für die Theorie des „Afrikanischen Sozialismus"; er war Arbeits- und Wirtschaftsminister Kenias bis zu seiner Ermordung am 5. 7. 1969.

111 Ottaway 1981: 14.

112 Vgl. Nyerere, Socialism and Rural Development (September 1967), in: ders. 1968: 337–366 – Zur Bilanz des Experiments vgl. Freyhold 1979; Carola Donner-Reichle, Ujamaadörfer in Tanzania. Hamburg 1988; Michael Hodd (Hg.), Tanzania after Nyerere. London 1988; Kjell J. Havnevik, Tanzania. Uppsala 1993.

113 Cabral 1974: 13 ff. (Vortrag auf einem Seminar des Frantz-Fanon-Zentrums in der Nähe von Mailand) – Die PAIGC entlehnte ihren Namen von dem kommunistischen *Parti Africain de l'Indépendance* (PAI), einer Intellektuellen-Splittergruppe im benachbarten Senegal.

114 Vgl. allgemein zum revolutionären Äthiopien Fred Halliday/Maxine Molineux, The Ethiopian Revolution. London 1981; Brüne 1986; John W. Harbeson, The Ethiopian Transformation. London/Boulder 1988; Andargachew Tiruneh, The Ethiopian Revolution, 1974–1987. Cambridge 1993.

115 Vgl. allgemein zu Angola Marcum 1978; Offermann 1988 – Die Wirtschaftspolitik der MPLA-Regierung schwenkte im Juli 1988 auf Privatisierung und Anreize für Kapitalinvestitionen aus dem Westen.

116 Vgl. allgemein zu Mozambique Isaacman 1984; William Finnegan, A Complicated War. Berkeley/Los Angeles 1992; Newitt 1995. FRELIMO ließ auf ihrem 5. Kongreß im Juli 1989 offiziell den Marxismus-Leninismus fallen.

117 Vgl. Brüne 1986: 95 ff.; D. A. Low, The Egalitarian Moment. Asia and Africa 1950–1980. Cambridge 1996: 93 ff.

118 Vgl. Joachim Becker, Agrarpolitik mit Schattenseiten. In: *informationsdienst südliches afrika* (Bonn) 1989–4: 26–27; Peter von Blanckenburg, Large Commercial Farmers and Land Reform in Africa. The case of Zimbabwe. Aldershot (GB) 1995. – In der Kolonialzeit wurden die besten 45% des Bodens für weiße Farmer reserviert, ca. 4% für kommerziell wirtschaftende schwarze Bauern, 42% als *communal lands* für die „traditionelle" Landwirtschaft der Schwarzen. Nach 1980 beschäftigte die Landwirtschaft insgesamt 45% der Erwerbstätigen und trug 20% zum BIP bei. Zur politischen Entwicklung Zimbabwes vgl. Sithole 1979; Reichert 1984; Ranger 1985; Stoneman/Cliffe 1989; Arnold 1990; Ruth Weiss, Zimbabwe and the New Elite. London 1994; Christine Sylvester, Whither Opposition in Zimbabwe? in: *Journal of Modern African Studies* (Cambridge) 33–1995–3: 403–423.

119 Zur politischen Entwicklung Namibias vgl. Franz Ansprenger, Die SWAPO. Mainz/München 1984; Pisani 1985; Katjavivi 1988; Axel Harneit-Sievers, Namibia – Wahlen zur Verfassunggebenden Versammlung 1989. Hamburg 1990; Franz Ansprenger, Freie Wahlen in Namibia. Frankfurt a. M. usw. 1991; Josepf Diescho, The Namibian Constitution in Perspective. Windhoek 1994; Leys/Saul (Hg.) 1995.

120 Joe Slovo, Has Socialism failed? in: *The African Communist* (damals noch London) Nr. 121–1990–2: 25–51. Die Bedeutung des Textes wird

deutlich, wenn man ihn mit dem Parteichinesisch des Programms vergleicht, das die SACP noch 1989 im Exil neu formulierte; dort ist unter „Hauptaufgaben der Länder sozialistischer Orientierung" in Afrika die Rede davon, „die Volksdemokratie (*popular democracy*) auszuweiten und die revolutionäre Avantgarde-Partei zu stärken . . ." – also genau die Einheitspartei, die Slovo wenige Monate später in Frage stellt! Siehe *The African Communist* Nr. 118–1989–3: 72–127. – Als unmittelbare kritische Reaktionen auf Slovos Aufsatz vgl. Pallo Jordan (seit 1994 ANC-Minister, 1996 für Umwelt und Tourismus zuständig), Crisis of conscience in the SACP, in: *South African Labour Bulletin* (Johannesburg 15. Sept. 1990–3: 66–74; Heribert Adam, Eastern Europe and South African Socialism – engaging Joe Slovo, in: *South Africa International* (Johannesburg) 21. Juli 1990–1: 27–35; Replik Slovos auf Jordan, in: *The African Communist* Nr. 124–1991: 7–13.

121 Der im September 1994 gewählte Generalsekretär von COSATU, des größten Gewerkschaftsbundes in Südafrika (damals 1,3 Mio. Mitglieder), ist seit 1991 Mitglied des Zentralkomitees der SACP.

122 Jeremy Cronin, Parliamentary Democracy and Dictatorship of the Proletariat. *The African Communist* (jetzt Johannesburg) Nr. 143–1996: 34–45. Bemerkenswert erscheint mir u. a., daß Cronin offen läßt, ob erst Stalin die Stagnation und Entartung der Sowjet(= Räte)-Demokratie bewirkt hat – oder ob sie vielleicht doch schon vorher einsetzte. In Nr. 144–1996: 63–66 des *African Communist* setzt Xolandi Mbundu mit einer Kritik an Cronin die Debatte fort. Auf Lenin-Zitate gestützt, verteidigt sie die Diktatur des Proletariats als eine „Kombination von Zwang, Überzeugung und Konsens", die ihre demokratische Basis dadurch erhalte, daß sie „politisch bewußte Mehrheits-Unterstützung" benötige.

123 Sandbrook 1993: 121, 132.

124 Vgl. Carl W. Dundas, Organising Free and Fair Elections at Cost-effective Levels. London (Commonwealth Secretariat) 1993; ferner Olusola Akinrade, Africa and the Commonwealth, 1960–80. In: *Round Table* Nr. 309-1989: 33-53; James Mayall/Anthony Payne (Hg.), The Fallacies of Hope. The post-colonial record of the Commonwealth Third World. Manchester/New York 1991.

125 Vgl. Stefan Brüne, Die französische Afrikapolitik. Baden-Baden 1995:145: „. . . Hin- und hergerissen zwischen dem Bemühen, französische Einflußinteressen zu wahren, ‚tribale' Auseinandersetzungen zu verhindern, die traditionellen Ansprechpartner zu schonen und Demokratisierungsprozesse zu unterstützen, schwankt die französische Politik zwischen Intervention, Beratung, Vermittlung und Abwarten . . ."

126 Vgl. Jacques Chirac et la Françafrique. Retour à la case Foccart? Paris 1995 (Dossiers noirs de la politique africaine de la France no. 6). Foc-

cart wurde 1974 unter Giscard d'Estaing im Präsidialamt abgelöst. Für seine eigene Sicht vgl. Foccart parle. Entretiens avec Philippe Gaillard. Paris 1995.

127 Vgl. Martine de Froberville, Sahara Occidental. Paris 1996.

128 Vgl. Ademola Adeleke, The Politics and Diplomacy of Peacekeeping in West Africa. *Journal of Modern African Studies* (Cambridge) 33–1995–4: 569–593; M. Weller (Hg.), Regional Peace Keeping and International Enforcement. The Liberian case. Cambridge 1994.

129 Vgl. Mohamed Sahnoun, Somalia. The missed opportunities. Washington 1994; John Hirsch/Robert Oakley, Somalia and Operation Restore Hope. Washington 1995. Beide Veröffentlichungen des *US Institute for Peace* kommen allerdings zu kontroversen Schlußfolgerungen.

130 Vgl. Ravenhill 1985. Die Lomé-Konventionen schließen auch Staaten der Karibik und im Pazifik ein, daher die Abkürzung AKP-Staaten für diese Partner der Europäischen Gemeinschaft (EG) bzw. Union (EU).

131 Vgl. Anne-Marie Mouradian, Offensives contre la Convention de Lomé. *Monde Diplomatique* (Paris) 42–1995 Nr. 493:13.

132 Zitiert nach: Auswärtiges Amt (Hg.), Menschenrechte in der Welt. Bonn 6. Aufl. 1985:147. Vgl. Gabriele Oestreich, Menschenrechte als Elemente der dritten AKP-EWG-Konvention von Lomé. Berlin 1990.

133 Zitiert nach dem französischen Wortlaut von Lomé IV. *le Courrier ACP-UE* (Brüssel) 1996-Nr. 154:11. Vgl. Babarinde 1994.

134 Vgl. Wolfgang Heinz/Hildegard Lingnau/Peter Waller, Evaluierung von Positivmaßnahmen der Europäischen Kommission zur Förderung von Menschenrechten und Demokratie (1991-1993). Berlin 1995 (Deutsches Institut für Entwicklungspolitik –DIE –).

135 Mit der Aufnahme der Demokratischen Arabischen Republik Sahara (ehemals Spanische Westsahara) in die OAU 1984 wuchs deren Mitgliederzahl auf 51. Aus Protest trat Marokko im gleichen Jahr aus der OAU aus. (Vgl. oben Anm. 117).

136 Vgl. Joseph Diescho, The Namibian Constitution in Perspective. Windhoek 1994. Er geht ausführlich auf Kap. 3, jedoch nur am Rande auf Kap. 11 der Verfassung ein.

137 The United Nations and Human Rights 1945–1995. New York 1995:74 (The UN Blue Books series 7). Text der Deklaration a. a. O.: 322–324.

138 Vgl. Ambrose 1995:84: „By and large, the Commission lacks enforcement capability, and many individuals who have sought protection from the Commission have been frustrated." Text der African Charter a.a.O.: 181–193. Zur Zusammensetzung und Arbeit der Kommission vgl. auch Welch 1995:147–162.

139 In der Abschlußerklärung der OAU-Gipfelkonferenz vom 11.7.1990 heißt es: „Wir erneuern unser Engagement, unsere Gesellschaften zu demokratisieren und die demokratischen Institutionen zu konsolidie-

ren"; dabei habe jeder Staat das Recht, „in voller Souveränität" seine eigene Demokratie zu bestimmen; „... wir sind besonders besorgt durch die Tatsache, daß sich immer klarer eine Tendenz abzeichnet, für die Entwicklungshilfe neue Bedingungen politischer Natur zu stellen." Zitiert nach *Le Monde* (Paris) 13. 7. 1990.

140 Die OECD-Statistik sagt aus (James H. Michel, Development Co-operation. 1995 Report. Paris 1996: A 53–54), wieviele Mio. $ u. a. die folgenden Staaten von westlichen und arabischen Staaten sowie multilateralen Organisationen erhielten:

	1991	1992	1993	1994
Kamerun	519	715	545	731
Kenia	921	886	911	676
Nigeria	263	258	279	190
Sudan	881	547	458	412
Togo	202	223	98	126
Zaire	476	268	178	245

Zur deutschen Debatte über Auflagenpolitik und Politikdialog vgl. Waller 1991.

141 Parlamentswahlen am 13. 1. 1991 brachten der neugegründeten MPD (=Bewegung für Demokratie) 56 Mandate, der PAICV 23; am 17.2.1991 erhielt der amtierende Präsident Aristides Pereira 26%, der MPD-Kandidat Antonio Mascarenhas Monteiro 72% der Stimmen. Die Neuwahl des Parlaments am 17. 12. 1995 konsolidierte die Demokratie: MPD 51, PAICV ca. 20 Sitze. Bei der Neuwahl des Präsidenten am 18. 2. 1996 war Amtsinhaber Monteiro allerdings einziger Kandidat.

142 Unter Präsident Chiluba gab Zambia sich eine neue Verfassung, die vorschreibt, die Eltern eines Präsidentschafts-Kandidaten müßten Zambier sein; Kaundas Eltern kamen aus Malawi. Vgl. *Africa Confidential* (London) 37–1996–13:1–3.

143 Vgl. Labat 1995. Im Klappentext dieser Studie werden die „Technokraten" als Befürworter eines *„islamisme modernisateur"* vorgestellt, die „Theokraten" als *„ardents prédicateurs d'une révolution puritaine et totalitaire"*.

144 Zitiert nach einer französischen Übersetzung (aus dem Arabischen) in: Mustafa Al-Ahnaf/Bernard Botiveau/Franck Frégosi, L'Algérie par ses Islamistes. Paris 1991:87 ff. Als Quelle ist *El Mounquid* no. 23 angegeben, ohne Erscheinungsdatum.

145 Zitiert nach *KM – Die Katholischen Missionen* (Bonn) 115–1996–3:91–93. Schon am 4. 9. 1993 hatten die zairischen Bischöfe den „Mord an unserem Staat" beklagt und demokratische Freiheiten angemahnt (Auszüge in *KM* 113–1994–1:23–25). Erzbischof Laurent Monsengwo von Kisangani exponiert sich seit 1991 als Vorsitzender der National-

konferenz, später des HCR-PT. – Hingegen vermied die Gesamt-Synode der afrikanischen Bischöfe, die vom 10. 4. bis 8. 5. 1994 in Rom tagte, ein deutliches Bekenntnis zur konkreten Demokratie und hielt sich für ihre politischen Aussagen an die weltweit den Katholiken vom Vatikan vorgegebenen Stichworte Gerechtigkeit und Frieden; vgl. Bernd Kaut, Die Zukunft der Kirche im schwarzen Kontinent. *KM* 113–1994–4:116–123.

146 Zitiert nach *EMW Informationen* (Hamburg/Evangelisches Missionswerk) Nr. 97 – Januar 1993:22.

147 Vgl. Colin Legum (Hg.), Africa Contemporary Record 1979–80. New York-London 1981:B 496 ff. – Limann war seit 1950 Mitglied in Nkrumahs CPP; nach dessen Sturz beteiligte er sich an der Ausarbeitung der Verfassung von 1969 und diente der Regierung Busia sowie der nachfolgenden Militär-Junta als Diplomat. Victor Owusu war 1969–72 Busias Außenminister.

148 Vgl. Ajoa Yeboah-Afari, Predictable Landslide. *West Africa* (London) 11–17. 1. 1993:12–13; Richard Jeffries/Clare Thomas, The Ghanaian Elections of 1992. *African Affairs* (London) 92–1993:331–366 und Mike Oquaye, The Ghanaian Elections of 1992 – a dissenting view. A. a. O. 94–1995:259–275.

149 Vgl. Legum a. a. O.: B 582 ff. – Shagari (*1925) gehörte 1949 zu den Gründern der Führungspartei Nord-Nigerias, des *Northern People's Congress* (NPC), 1960–66 war er Bundesminister, der Militärregierung diente er seit 1968 in hohen Ämtern. Zur Struktur des NPC und ihrem Weiterleben nach 1966 vgl. Bayart 1989:165 ff. – Awolowo, Gründer und Führer der *Action Group* (AG) seit 1951, 1954–59 Premierminister der Westregion, danach im Bund in der Opposition, wurde 1963 wegen Hochverrats zu 10 Jahren Haft verurteilt, kam 1966 frei und amtierte 1967–71 als Finanz-Kommissar unter den Militärs. – Vgl. Toyin Falola/Julius Ihonvbere, The Rise and Fall of Nigeria's Second Republic 1979–84. London 1985; Julius O.Ihonvbere, Are Things falling apart? The military and the crisis of democratisation in Nigeria. *Journal of Modern African Studies* (Cambridge) 34–1996–2:193–225.

150 *Africa Forum* (London) 1–1991–1:8 – Nyerere hatte am 21. 2. 1990 auf einer Pressekonferenz Grünes Licht für die Debatte über das Parteien-System gegeben; 1992 gestand sein Nachfolger für Tanzania die Gründung anderer Parteien zu.

151 Gero Erdmann, Guided Democratisation. Political perceptions and attitudes in Tanzania. Bremen 1995 (Afrika-Diskussionspapiere 11).

152 *Vereinte Nationen* (Bonn) 34–1986–3:89.

153 Ernst Fraenkel, Das amerikanische Regierungssystem. Köln/Opladen 1960:34. – Er beruft sich u. a. auf Präsident Washingtons Abschiedsbotschaft von 1796 und Madisons Kritik an Parteiungen im *Federalist* Nr. 37.

154 *West Africa* (London) 27. 5.–2. 6. 1991:835–838. Das Interview führten Kaye Whiteman und K.Gyan-Apenteng. – Vgl. Josef Lütke Entrup, Erfahrungen mit Mehrparteiensystemen – Uganda, in: *KAS Auslandsinformationen* (St. Augustin) 1988–9/II:12–23.

155 Die Versammlung wurde ergänzt durch je eine Frau aus den 39 Distrikten, 2 Gewerkschafter, 4 Vertreter der Jugend, einen Behinderten, 10 Vertreter der Armee, 10 Vertraute des Präsidenten – und je zwei Vertreter der vier politischen Parteien, die 1980 existiert hatten.

156 Die DP gewann 1962 in freien Wahlen 24 Mandate gegen 46 des UPC, 1980 bei nicht ganz so freien Wahlen 51 Mandate gegen 74 des UPC. Vgl. Richard Muscat (Hg.), A short History of the Democratic Party 1954–1984. Rom 1984.

157 Vgl. Joël Bertrand/John-Mary Kauzya, Vers une nouvelle Constitution en Ouganda, in: *Afrique Contemporaine* (Paris) Juli-Sept. 1994–no. 171:17–33; Albrecht Bossert, Uganda auf dem Weg zu einer neuen Verfassung, in: *KAS Auslandsinformationen* (St. Augustin) 10–1994–2:63–74; ders., Zur aktuellen Situation der Democratic Party (DP) in Uganda, a. a. O. 11–1995–4:46–51. – Zur allgemeinen politischen Entwicklung in Uganda vgl. Phares Mutibwa, Uganda since Independence. A story of unfulfilled hopes. London 1992.

158 Nzouankeu 1991:405. – Der Autor war zu dieser Zeit Professor an der Rechts- und Wirtschaftswissenschaftlichen Fakultät der Universität Cheikh Anta Diop in Dakar/Senegal. Die vier weiteren Prinzipien sind bei ihm: Pressefreiheit; Unabhängigkeit der Richter; freie und geheime Wahlen; Machtwechsel nach einer Wahlniederlage der Regierung.

159 A. a. O.: 400.

160 Vgl. Terence O. Ranger, The Invention of Tribalism in Zimbabwe. Harare 1985.

161 Bei der Parlamentswahl stimmten sogar ca. 20% für das erst im April 1989 gegründete ZUM. 1995 allerdings war die Opposition so geschwächt und zersplittert, daß bei den Wahlen im April in 52 von 120 Wahlkreisen kein konkurrierender Kandidat antrat; die Staatspartei ZANU unterlag nur in 2 Wahlkreisen.

162 Bei Wahlbeteiligung von 66,5% siegte Präsident Moi mit 36,4%; Mwai Kibaki (lange Zeit Mois Vizepräsident) errang 19,6%. Bei der Parlamentswahl siegte die KANU in 100 (von 188) Wahlkreisen, Odingas *FORD-Kenya* in 31, die mit ihm zerstrittene Partei *FORD-Asili* (= echtes FORD) ebenfalls in 31, Kibakis *Democratic Party* in 23. Vgl. Ralph-Michael Peters, Zivile und politische Gesellschaft in Kenya. Hamburg 1996.

163 *Africa Confidential* (London) 37-1996-15:5. Der Artikel behandelt den Tod von MacWilliam Lunguzi, einem früheren Sicherheitsexperten Bandas, und Spaltungstendenzen in beiden politischen Lagern.

164 Vgl. P. Chudi Uwazurike, Confronting political Breakdown, in: *Journal of Modern African Studies* (Cambridge) 28–1990–1:55–77, und

den Beitrag von Larry Diamond in: Diamond et al. (Hg.) 1990:351–409.

165 Thomas Sotinel in: *Le Monde* (Paris) 24. 10. 1995.

166 Vgl. Bernd M. Weischer, Das Parteienspektrum und die Rolle des Parlaments in Marokko, in: *KAS Auslandsinformationen* (St. Augustin) 10–1994–7:112–118.

167 Nach 1945 gewährte Frankreich schrittweise das Wahlrecht auch den bisherigen „Untertanen" in Afrika südlich der Sahara (im Unterschied zu den französischen Bürgern in den *Quatre Communes* an der Küste Senegals); vgl. Zuccarelli 1988:37 ff.

168 1993 betrug die Wahlbeteiligung 51,5%; die Hauptstadt Dakar stimmte mehrheitlich für Wade. Bei den Parlamentswahlen am 9.5.1993, an denen 5 Parteien und ein Wahlbündnis teilnahmen, stimmten (bei nur 40,7% Beteiligung) 56,5% für den PS, 30,2% für den PDS.

169 Vgl. allgemein zur politischen Entwicklung in Senegal Fatton 1987; Zuccarelli 1988; Gilles Duruflé, Le Sénégal peut-il sortir de la Crise? Paris 1994.

170 Vgl. Friedemann Büttner, Ägypten, in: Steinbach/Hofmeier/Schönborn (Hg.) 1981. Unter Präsident Mubarak waren im Wahljahr 1990 neun politische Parteien zugelassen, jedoch kandidierten nur zwei für das Parlament: Die NDP gewann 348 Mandate, die neue Linkspartei *Fortschrittliche Vereinigte Sammlung* 6, Unabhängige 83; letztere waren zum Teil NDP-Mitglieder oder Dissidenten von drei Oppositionsparteien, welche diese Wahl boykottierten. Im November/Dezember 1995 siegte die NDP erneut – mit 94% der abgegebenen Stimmen – über 13 andere Parteien; direkt besetzte sie 317 von 444 Mandaten, hinzu kommen die meisten der 113 „Unabhängigen"; nur 14 Abgeordnete gelten als Opposition (darunter einer als Islamist). Kritiker klagten über einen „Rekord an Betrug und Regelverletzungen" (*Le Monde* 9. 12. 1995).

171 Vgl. Pascal Chaigneau, Rivalités politiques et Socialisme à Madagascar. Paris 1986. Zur allgemeinen politischen Entwicklung vgl. Maureen Covell, Madagascar. London/New York 1987; Pierre Vérin, Madagascar. Paris 1990.

172 Am 26. 7. 1996 enthob das Parlament den Präsidenten Zafy seines Amtes, und das Verfassungsgericht bestätigte dieses Verfahren im September, da Zafy durch Machtkonzentration die Verfassung gebrochen habe.

173 Paul Biya, Pour le Libéralisme Communautaire. Lausanne/Paris 1986; vgl. Mehler 1993; Milton Krieger, Cameroon's Democratic Crossroads, 1990–94, in: *Journal of Modern African Studies* (Cambridge) 32–1994–4:605–628.

174 Thomas Mösch, Im Reich des Königs Frust, in: *taz* (Berlin) 3. 2. 1994. – Die SDF hat ihre Basis bei den Bamenda im exbritischen Landes-

teil, wo ca. 15% der Bevölkerung leben, aber auch bei den Bamileke im ex-französischen Teil; vgl. *Africa Confidential* (London) 37–1996–16:5–6.

175 Vgl. Alain Destexhe, Rwanda and Genocide in the Twentieth Century. London/East Haven 1995. Dieser Autor erkennt nur die Ausrottung der Armenier im Osmanischen Reich 1915, die deutsche „Endlösung der Judenfrage" und Rwanda 1994 als echte Völkermorde im 20. Jhd. an. – Präsident Habyarimana hatte sich 1973 an die Macht geputscht; der Abschuß seines Flugzeugs am 6. 4. 1994, bei dem auch Burundis Präsident Cyprien Ntaryamira starb, löste die Massaker aus. – Zum Hintergrund vgl. Filip Reyntjens, L'Afrique des Grands Lacs en Crise. Rwanda, Burundi 1988–1994. Paris 1994; Peter Molt, Zerfall von Staat und Gesellschaft in Ruanda, in: *KAS Auslandsinformationen* (St. Augustin) 10–1994–5:3–38.

176 Als starker Mann der FPR gilt General Paul Kagamé, Vizepräsident und Verteidigungsminister. Vgl. Frédéric Fritscher, Deux ans après le génocide . . ., in: *Le Monde* 6. 4. 1996.

177 *Frankfurter Rundschau* 15. 11. 1995. Die Verfassungskommission soll demnach aus „Forderungen, Anregungen und Erfahrungen" des Volkes einen Entwurf erarbeiten und ihn einem noch zu wählenden Parlament vorlegen.

178 Vgl. *Neue Zürcher Zeitung* 29. 7. 1995.

179 Volksgruppen-Ziffern nach Tamene Bitima/Jürgen Steuber, Die ungelöste nationale Frage in Äthiopien. Frankfurt a.M./Bern 1983:25; vgl. Edmond J. Keller, The Ethnogenesis of the Oromo Nation and its Implications for Politics in Ethiopia, in: *Journal of Modern African Studies* (Cambridge) 33–995–4:621–634.

180 Vgl. Terrence Lyons, Closing the Transition. The may 1995 elections in Ethiopia, in: *Journal of Modern African Studies* (Cambridge) 34–1996–1:121–142; Thierry Vircoulon, Ethiopie. Les risques du fédéralisme, in: *Afrique Contemporaine* (Paris) Nr. 174–1995:35–50.

181 Vgl. Valérie Guérin-Sendelbach, Frankreich und das algerische Pulverfaß. Bonn (DGAP) 1994.

182 Vgl. Jean-Jacques Lavenue, Algérie. La démocratie interdite. Paris 1993; Smail Goumeziane, Le Mal algérien. Economie politique d'une transition inachevée 1962–1994. Paris 1994; Ahmed Rouadjia, Grandeur et Décadence de l'Etat algérien. Paris 1994.

183 Vgl. Robert Buijtenhuijs, Le FROLINAT et les Guerres civiles du Tchad 1977–1984. Paris 1987; ders., La Conférence Nationale Souveraine du Tchad. Paris 1993; William F.S. Miles, Tragic Tradeoffs. Democracy and security in Chad. *Journal of Modern African Studies* (Cambridge) 33–1995–1:53–65. – Libyen beanspruchte den Aouzou-Streifen an der Nordgrenze von Tschad und hielt ihn militärisch besetzt, beugte sich aber einem Urteil des Internationalen Gerichtshofs vom 3. 2. 1994, der dieses Gebiet Tschad zusprach.

184 Vgl. Fabien Eboussi Boulaga, Les Conférences Nationales en Afrique Noire. Paris 1993; Kathryn Nwajiaku, The National Conferences in Benin and Togo revisited, in: *Journal of Modern African Studies* (Cambridge) 32–1994–3:429–447.

185 Andreas M. Rauch in: *Das Parlament* (Bonn) 17./24. 9. 1993.

186 Vgl. *Africa Confidential* (London) 37–1996–18:5–6.

187 Vgl. Peter Körner, Zaire – Verschuldungskrise und IWF-Intervention in einer afrikanischen Kleptokratie. Hamburg 1988; Michael G. Schatzberg, The Dialectics of Oppression in Zaire. Bloomington (Ind./USA) 1988; Dossier „Zaire, un pays à reconstruire", in: *Politique Africaine* (Paris) Nr. 41 – März 1991; Winsome J. Leslie, Zaire. Continuity and political change in an oppressive state. Boulder (Col./USA) 1993; Philippe de Dorlodot, „Marche d'Espoir" Kinshasa 16 Février 1992. Non-violence pour la démocratie au Zaire. Paris 1994.

188 So der Fischer-Weltalmanach '96. Frankfurt a. M.1995:733.

189 Vgl. Tetzlaff/Engel/Mehler (Hg.) 1995.

190 Vgl. Mark Bradbury, The Somali Conflict. Oxford 1994; Thierry Vircoulon, La Crise somalienne, in: *Afrique Contemporaine* (Paris) Nr. 177–1996:3–16.

191 Taylor, ein hoher Beamter unter Doe, war 1984 nach Côte d'Ivoire geflohen und hatte dort eine *National Patriotic Front* (NPFL) gebildet.

192 Vgl. Hajo Schmidt (Hg.), Friedenspolitik und Interventionspraxis. Hagen 1996 (FernUniversität-Gesamthochschule).

193 Ulrich Menzel, Das Ende der Dritten Welt und das Scheitern der großen Theorie. Frankfurt a. M. 1992:208; vgl. James MacManus, Is the Time ripe for new Imperialism? in: *The European* (London) 7. 5. 1992; Desmond Colborne, Recolonising Africa. The right to intervene? in: *South Africa International* (Johannesburg) 23–1993–4:162–163; Ali A.Mazrui, Decaying Parts of Africa need benign Colonization, in: *International Herald Tribune* (Frankfurt a. M.) 4. 8. 1994; William Pfaff, A new Colonialism? Europe must go back into Africa, in: *Foreign Affairs* (New York) 74–1995–1:2–6.

194 Thomas Mann, Buddenbrooks (1901), 4. Teil, am Schluß des 3. Kaptels; vgl. Nzongola-Ntalaja, The Second Independence Movement in Congo-Kinshasa, in: Nyong'o (Hg.) 1987:113–141.

195 Oyugi/Gitonga (Hg.) 1987.

196 *der überblick* (Hamburg) 1986–3:70 f.

197 Issa G. Shivji, Fight my beloved Continent. New Democracy in Africa. Harare (Zimbabwe) 1988:17.

198 Hartmut Elsenhans, Staatsversagen in Schwarzafrika, in: Tetzlaff/Engel/Mehler 1995:131–148 (Zitat 139). – Die Unterscheidung von Profit und Rente macht nicht nur im Marx'schen Gedankengebäude Sinn, sondern für jeden, der nach wie vor mit der Arbeitswert-Lehre arbeitet.

199 Sandbrook 1993:28 f., 30, 98, 121, 132.

200 Yaméogo 1993:128.

201 Diallo 1996:81, 84, 72 f.

202 Weltentwicklungsbericht 1996, Tab.1 – Südafrika steht auf Rang 93 unter 133 erfaßten Staaten; aus Afrika sind nur Mauritius (3150 $) und das Erdöl-Land Gabun (3880 $) höher eingestuft; 31 afrikanische Länder fallen in die Kategorie „niedriges Einkommen" – von Rwanda (80 $) bis Lesotho (720 $).

203 Eines der ersten Apartheid-Gesetze war der *Population Registration Act* Nr. 30 von 1950. Seitdem wurde jeder Südafrikaner von Amts wegen als Weißer, Schwarzer, Farbiger (= Mischling) oder Asiate klassifiziert. Am 30. 6. 1991 wurde dieses Gesetz zusammen mit zwei weiteren Säulen der Apartheid *(Land Act* = Beschränkung schwarzen Grundeigentums auf die *Homelands; Group Areas Act* über getrennte städtische Wohngebiete) aufgehoben. – Vgl. Christoph Sodemann, Die Gesetze der Apartheid. Bonn 1986: 23 ff.

204 Bis 1986 traten mehr als 50% der schwarzen Arbeiter in der verarbeitenden Industrie, mehr als 60% der Bergarbeiter den neuen Gewerkschaften bei. Zwischen 1973 und 1983 stiegen die realen Durchschnittslöhne für ungelernte Industriearbeiter um 25,8%, während sie für die (überwiegend weißen) Facharbeiter um 25,7% fielen. Vgl. Franz Ansprenger, Südafrika. Mannheim usw. 1994:76 f.

205 Rivonia ist der Name einer Farm nahe Johannesburg. Dort verhaftete die Polizei am 11. 7. 1963 acht im Untergrund lebende ANC-Führer, den Kommandostab des seit Ende 1961 Sabotage-Anschläge verübenden Kampfverbandes *Umkhonto weSize* (= Speer der Nation). Mandela befand sich schon seit 5. 8. 1962 in Haft und wurde mit den Acht zusammen angeklagt; er verteidigte sich am 20. 4. 1964 mit einer programmatischen Rede von der Anklagebank aus, Wortlaut in: Nelson Mandela, The Struggle is my Life. London 1978:155–175. Vgl. Mandela 1994:415–509.

206 Mit „Nationale Kulturelle Befreiungsbewegung" werden die Zulu-Worte unzulänglich übersetzt. „Zu den hochheiligen Gegenständen der Zulu, die der König hütete, gehört die *inkatha,* ein heiliger Kranz, der die Einheit des Volkes symbolisiert; die Kraft seiner Kreisgestalt, so glaubt man, ist fähig, alle Verräter und abtrünnigen Untertanen einzubinden und sie mit dem Rest der ‚Nation' in Liebe zum König zu vereinigen . . ." Mzala (= Pseudonym eines ANC- und SACP-Publizisten), Gatsha Buthelezi – chief with a double agenda. London 1988: 116 – Vgl. Gerhard Maré/Georgina Hamilton, An Appetite for Power. Johannesburg 1987 (ebenso parteiisch anti-Buthelezi wie Mzala); Horst-Klaus Hofman, Südafrika – Widerstand und Vergebung. Wuppertal 1987 (parteiisch pro-Buthelezi).

207 Vgl. Mission to South Africa - The Commonwealth Report. Harmondsworth (GB) 1986:68.

208 Für den gesamten Zeitraum vom 1. 9. 1984 bis 31. 8. 1996 hat das *SA Institute of Race Relations* in ganz Südafrika 23 042 politische Morde

registriert, mehr als die Hälfte auch 1996 noch in KwaZulu-Natal; *Fast Facts* (Johannesburg) 1996–10:7.

209 Außerdem übernahm die IFP in der Regierung der Nationalen Einheit die Ministerien für Kunst/Kultur/Wissenschaft/Technologie und für Gefängniswesen (vgl. Anm. 213).

210 In den Städten erhielt der ANC 47%, die IFP 17,2%. Auf dem Lande erhielt die IFP 71,3%, der ANC 20,6%. Insgesamt ergab das für die Gemeinderäte 44% IFP und 33% ANC. Quelle: *The Star* und *The Citizen* (beide Johannesburg) 2. 7. 1996.

211 Erste Veröffentlichung in *Weekly Mail* (Johannesburg) 12.8.1988 - Buthelezi hatte etwas früher seine Vorstellungen für eine regionale Autonomie auf einer „KwaNatal *Indaba*" absegnen lassen, einer halb wissenschaftlichen, halb politischen Konferenz; ihre Vorschläge wurden Anfang 1987 der Regierung Botha überreicht, von dieser jedoch ignoriert. Vgl. Indaba – a *Leadership* Publication. Kapstadt 1987 (die Zeitschrift *Leadership* wurde vom südafrikanischen Großkapital gefördert).

212 Bei der Parlamentswahl 1994 siegte die NP im West-Kapland mit 53%, bei der Kommunalwahl am 29. 5. 1996 errang sie insgesamt 48,2%, mit großen Erfolgen in ländlichen Gemeinden. Noch 1990 hatte die NP versucht, „Gruppenrechte" für die Weißen durchzusetzen, im NP-Verfassungspapier vom 4. 9. 1991 tauchten sie dann nicht mehr auf.

213 Die NP übernahm 1994 die 6 Ministerien (von 27) für Finanzen, Provinzangelegenheiten/Verfassungsentwicklung/Kommunalverwaltung, Landwirtschaft, Umwelt/Tourismus, Bergbau/Energie, Soziales/Bevölkerungsentwicklung. De Klerk wurde als Vizepräsident einer der zwei Stellvertreter Mandelas. Liste der Regierungsmitglieder in: Paul Drechsel/Bettina Schmidt, Südafrika. Opladen 1995:238f.

214 Vgl. das führende Wirtschaftsmagazin *Financial Mail* (Johannesburg) am 21. 1. 1994: „. . . Das ist die Sorte Gedankenwelt, die offenbar nicht begreift, daß Kollektivismus nicht nur einfach in weiten Teilen der Welt versagt hat, sondern in großem Maßstab versagt hat. Die Gefahr, wenn das hier geschieht, ist, daß die erste Zuflucht einer gescheiterten kollektivistischen Regierung Totalitarismus ist . . ."

215 Elizabeth Sidiropoulos et al., South Africa Survey 1995/96. Johannesburg 1996:562 (Jahrbuch des S.A. Institute of Race Relations) – Neu gebaut wurden dagegen von Mai 1994 bis Oktober 1995 unter Einsatz staatlicher Finanzen nur 10163 Häuser; a. a. O.:335.

216 Hein Möllers kommentierte in *Afrika Süd* (Bonn) 1996–4:2: „. . . Die Art und Weise, wie das RDP-Büro abgeschafft wurde – so blitzartig, ohne Öffentlichkeit und Konsultation –, läßt der Spekulation breiten Raum. Nicht wenige sehen darin eine Verschiebung weg von den Programmen und Entwürfen einer Befreiungsbewegung hin zum Pragmatismus einer Partei an der Macht . . ."

217 *The Star* (Johannesburg) 3. 1. 1996, hier zitiert nach Klaus Freiherr von der Ropp, Vom Umbruch zum Zusammenbruch?, in: *liberal* (St. Augustin) 1996–5: 70.

218 Vgl. Franz Ansprenger, Freie Wahlen in Namibia; der Übergang zur staatlichen Unabhängigkeit. Frankfurt usw. 1991: 115 ff.

219 Heribert Weiland, Namibia auf dem Weg zur Unabhängigkeit. *Europa Archiv* (Bonn) 44-1989-23: 714.

220 Vgl. Heribert Weiland, SWAPO: Viele neue Sitze – wenig neue Stimmen, in: *Namibia Magazin* (Göttingen) 6–1995–1 : 8–10.

221 Vgl. Hansohm/Kappel 1994.

222 Vgl. Guenther Roth, Personal Rulership, Patrimonialism and Empire-Building in the New States. *World Politics* (Princeton) 20-1968-2: 194-206; für Afrika vgl. LeVine 1980.

223 LeVine 1980: 659.

224 Robert Price, Politics and Culture in contemporary Ghana; the big-man small-boy syndrome. Journal *of African Studies* (Los Angeles) 1 – 1974–2: 172–204.

225 Max Weber, Wirtschaft und Gesellschaft. Tübingen 51972: 133 ff.

226 A. a. O.: 124.

227 Dumont/Paquet 1991: 333 ff. – „Autozentrische" Entwicklung, der anglophonen self *reliance* verwandt, war in den 1970er Jahren eine Schlüssel-Forderung vieler Theoretiker; das Wortspiel mit dem „eigenen Bauch" spielt auf Bayart 1989 an.

228 Vgl. Waller 1991; Rolf Hofmeier, Politische Konditionierung von Entwicklungshilfe in Afrika, in: *Afrika Spectrum* (Hamburg) 25–1990–2: 167–177.

Literatur

Aufgenommen sind Titel, die für die politische Entwicklung mehrerer Staaten Afrikas von Bedeutung sind, sowie einige Standardwerke zu einzelnen Staaten. Dabei ist keine bibliographische Vollständigkeit angestrebt (vgl. Vorwort). Titel, die darüber hinaus für die Politik in einzelnen Staaten herangezogen wurden, sind in den Anmerkungen voll zitiert, die hier aufgeführten Titel in Kurzform.

Adam, Heribert/Kogila Moodley: The Negotiated Revolution. Society and politics in post-apartheid South Africa. Johannesburg u. a. 1993.

Ambrose, Brendalyn P.: Democratization and the Protection of Human Rights in Africa. Westport (Conn. USA)/London 1995.

Ansprenger, Franz: Politik im Schwarzen Afrika. Die modernen politischen Bewegungen im Afrika französischer Prägung. Köln/Opladen 1961.

Arnold, Anne-Sophie: Schwarz und Weiß in Harmonie? Simbabwe – ein Land sucht seinen Weg. Leipzig/Jena/Berlin (DDR) 1990.

Awolowo, Obafemi: Thoughts on Nigerian Constitution. Ibadan (Nigeria) 1966.

Azikiwe, Nnamdi: Renascent Africa. Accra (Ghana) 1937; 2. Aufl. London 1966.

Babarinde, Olufemi A.: The Lomé Conventions and Development. An empirical assessment. Aldershot (GB) 1994.

Bayart, Jean-François: L'Etat en Afrique. La politique du ventre. Paris 1989.

Bello, Ahmadu: My Life. Cambridge 1962.

Berg-Schlosser, Dirk: Afrika zwischen Despotie und Demokratie. „aus politik und zeitgeschichte" (Bonn) 7. 4. 1984: 3–14.

Brüne, Stefan: Äthiopien – Unterentwicklung und radikale Militärherrschaft. Hamburg 1986. (Hamburger Beiträge zur Afrika-Kunde 26).

Cabral, Amilcar: Die Revolution der Verdammten. Der Befreiungskampf in Guinea-Bissao. Berlin 1974. (Texte Cabrals sind nur in französischer und englischer Fassung überliefert, aus denen diese Auswahl übersetzt wurde).

Carter, Gwendolen M. (Hg.): African One-Party States. Ithaca (N. Y./USA) 1962.

Cliffe, Lionel (Hg.): One Party Democracy. The 1965 Tanzania general elections. Nairobi 1967.

Crowder, Michael: The Story of Nigeria. London 1962.

Ders.: „Whose Dream was it anyway?" 25 years of African independence. „African Affairs" (London) 86–Januar 1987:7–24.

Davenport, T. R. H.: South Africa. A modern history. London u.a. 4. Aufl. 1991.

Davidson, Basil: The People's Cause. A history of guerrillas in Africa. Harlow (Essex/GB) 1981.

Ders.: The Black Man's Burden. Africa and the curse of the nation-state. London 1992.

Deschamps, Hubert: Histoire de Madagascar. Paris 1960.

Diallo, Mamadou L.: Les Africains sauveront-ils l'Afrique? Paris 1996.

Diamond, Larry/Juan J. Linz/Seymour Martin Lipset (Hg.): Politics in Developing Countries. Comparing experiences with democracy. Boulder (Colorado/USA)/London 1990.

Doornbos, Martin: The African State in Academic Debate. Retrospect and prospect. „Journal of Modern African Studies" (Cambridge) 28–1990–2: 179-198.

Dumont, René: L'Afrique Noire est mal partie. Paris 1962.

Ders./Charlotte Paquet: Pour l'Afrique, J'accuse. Le journal d'un agronome au Sahel en voie de destruction. Paris 1986 (Terre Humaine).

Ders./Charlotte Paquet: Démocratie pour l'Afrique. La longue marche de l'Afrique noire vers la liberté. Paris 1991.

Fanon, Frantz: Les Damnés de la Terre. Paris 1961 (deutsch: Die Verdammten dieser Erde. Reinbek 1969 und zahlreiche Neuauflagen).

Fatton, Robert: The Making of a Liberal Democracy. Senegal's passive revolution 1975–1985. London/Boulder (Color./USA) 1987.

Freyhold, Michaela von: Ujamaa Villages in Tanzania. Analysis of a social experiment. London usw. 1979.

Gonidec, Pierre-François: L'OUA trente ans après. L'unité africaine à l'épreuve. Paris 1993.

Hailey, William M. H. (Lord): Native Administration and Political Development in British Tropical Africa. O. O. (London) 1940–42 (vertraulicher Bericht, britischer Regierungsdruck).

Hansohm, Dirk/Robert Kappel: Schwarz-weiße Mythen. Afrika und der entwicklungspolitische Diskurs. Münster/Hamburg 2. Aufl. 1994.

Harbeson, John W.: The Ethiopian Transformation. The quest for the postimperial state. London/Boulder (Color./USA) 1988.

Hendrik (The) Witbooi Papers. Windhoek 1989. (Archeia – Windhoek Archives Publication Series – 13).

Hill, Polly: Studies in Rural Capitalism in West Africa. Cambridge 1970.

Hodgkin, Thomas: Nationalism in Colonial Africa. London 1956.

Ders.: African Political Parties. An introductory guide. Harmonds-worth/GB 1961. (Penguin African Series).

Hofmeier, Rolf/Mathias Schönborn (Hg.): Politisches Lexikon Afrika. München 3. Aufl. 1987.

Hyden, Goran: Beyond Ujamaa in Tanzania. Underdevelopment and an uncaptured peasantry. London usw. 1980.

Ders.: No Shortcuts to Progress. African development management in perspective. London usw. 1983.

Iliffe, John: A Modern History of Tanganyika. Cambridge usw. 1979.

Isaacman, Allen/Barbara: Mozambique. From colonialism to revoluti-on 1900–1982. Aldershot/GB 1984.

Jackson, Robert H./Carl G. Rosberg: Personal Rule in Black Africa. Prince, autocrat, prophet, tyrant. Berkeley/Los Angeles/London 1982.

Jaffré, Bruno: Les Années Sankara. De la révolution à la rectification. Paris 1989.

Kaniki, M. H. Y.: The colonial Economy: the former British Zones. In: General History of Africa (UNESCO) Bd. 7, Paris usw. 1985.

Katjavivi, Peter H.: A History of Resistance in Namibia. London usw. 1988.

Keller, Edmond J./Donald Rothchild (Hg.): Afro-Marxist Regimes. Ideology and public policy. London/Boulder (Colon/USA) 1987.

Kenyatta, Jomo: Facing Mount Kenya. The tribal life of the Gikuyu. London 1938.

Krieger, Silke: Demokratie und Entwicklung. Relevanz der Debatte um Ein-und Mehrparteiensysteme in Afrika. „KAS (= Konrad-Adenauer-Stiftung)-Auslandsinformationen" (St. Augustin) 4–1988–9/1: 2–11.

Labat, Séverine: Les Islamistes Algériens. Entre les urnes et le maquis. Paris 1995.

Lau, Brigitte: Southern and Central Namibia in Jonker Afrikaner's Time. Windhoek 1987. (Archeia – Windhoek Archives Publication Series – 8).

LeVine, Victor T.: African Patrimonial Regimes in Comparative Per-spective. „Journal of Modern African Studies" (Cambridge) 18–1980–4: 657–673.

Lewis, W. Arthur: Politics in West Africa. London 1965. (The Whid-den Lectures for 1965).

Leys, Colin/John S. Saul (Hg.): Namibia's Liberation Struggle. The two-edged sword. London/Athens (Ohio. USA) 1994.

Mandela, Nelson: Der lange Weg zur Freiheit. Autobiographie. Frankfurt a. M. 1994. (orig. englisch).

Marcum, John A.: The Angolan Revolution. Bd. 1: The anatomy of an explosion 1950–1962. Bd. 2: Exile politics and guerrilla warfare 1962–1976. London/Cambridge (Mass./USA) 1969; ²1978.

Marks, Shula: Reluctant Rebellion. The 1906–08 disturbances in Natal. Oxford 1970.

Dies.: The Ambiguities of Dependence in South Africa. Class, nationalism, and the state in twentieth-century Natal. Johannesburg 1986.

Mehler, Andreas: Kamerun in der Ära Biya. Hamburg 1993. (Hamburger Beiträge zur Afrika-Kunde 42).

Meyns, Peter/Dani Wadada Nabudere (Hg.): Democracy and the One-Party-State in Africa. Hamburg 1989. (Hamburger Beiträge zur Afrika-Kunde 36).

Newitt, Malyn: A History of Mozambique. London 1995.

Nkrumah, Kwame: Revolutionary Path. London 1973. (Postum veröffentlichte Anthologie politischer Texte).

Nyerere, Julius K.: Freedom and Unity/Uhuru na Umoja. A selection from writings and speeches 1952–1965. Dar Es Salaam usw. 1966.

Ders.: Freedom and Socialism/Uhuru na Ujamaa. A selection from writings and speeches 1965–1967. Dar Es Salaam usw. 1968.

Ders.: Freedom and Development/Uhuru na Maendeleo. A selection from writings and speeches 1968–1973. Dar Es Salaam usw. 1973. (Die Reihe der autorisierten Veröffentlichungen von Texten Nyereres wurde danach m. W. nicht fortgesetzt).

Nyong'o, Peter Anyang (Hg.): Popular Struggles for Democracy in Africa. London 1987.

Nzouankeu, Jacques Mariel: L'Afrique devant l'Idée de Démocratie. *Revue Internationale des Sciences Sociales* (Paris/UNESCO) Mai 1991 – Nr. 128:397–409.

Odetola, T. Olatunde: Military Regimes and Development. A comparative analysis of African states. London/Boston/Sydney 1982.

Offermann, Michael: Angola zwischen den Fronten. Internationales Umfeld, sozioökonomisches Umfeld, Innenpolitik. Pfaffenweiler 1988.

Oloruntimehin, B. O.: African Politics and Nationalism, 1919–35. In: General History of Africa (UNESCO) Bd. 7, Paris usw. 1985.

Ottaway, David/Marina Ottaway: Afrocommunism. New York/London 1981.

Oyugi, Walter O./Afrifa Gitonga (Hg.): The Democratic Theory and Practice in Africa. Nairobi (Kenia) 1987.

Paasche, Hans: Die Forschungsreise des Afrikaners Lukanga Mukara ins innerste Deutschland. Bremen 1984. (Reproduktion der 7. Aufl. 1927).

Padmore, George: The Gold Coast Revolution. The struggle of an African people from slavery to freedom. London 1953.

Pisani, André du: SWA/Namibia. The politics of continuity and change. Johannesburg 1985.

Poewe, Karla: The Namibian Herero. A history of their psychosocial disintegration and survival. Lewiston/USA usw. 1985.

Puschra, Werner: Schwarze Gewerkschaften in Südafrika. Bonn 1988.

Ranger, T. O.: Revolt in Southern Rhodesia 1896–97. London 1967.

Ders.: African Initiatives and Resistance in the Face of Partition and Conquest. In: General History of Africa (UNESCO) Bd. 7, Paris usw. 1985.

Ders.: Peasant Consciousness and Guerrilla War in Zimbabwe. London/Berkeley/Los Angeles 1985.

Ravenhill, John: Collective Clientelism. The Lomé Conventions and North-South Relations. New York 1985.

Reichert, Christoph: Das neue Zimbabwe. Gesellschaft im Übergang. Bonn 1984. (ISSAWissensch. Reihe 18).

Roberts, Andrew: African Cross-Currents. In: Cambridge History of Africa Bd. 7, Cambridge 1986.

Rothchild, Donald/Naomi Chazan (Hg.): The precarious Balance. State and society in Africa. London/Boulder (Color./USA) 1988.

Roux, Edward: Time longer than Rope. A history of the black man's struggle for freedom in South Africa. Madison (Wisc./USA) 2. Aufl. 1964.

Sandbrook, Richard: The Politics of Africa's Economic Recovery. Cambridge 1993.

Senghaas, Dieter: Von Europa lernen. Entwicklungsgeschichtliche Betrachtungen. Frankfurt a. M. 1982 (edition suhrkamp 1134).

Sesay, Amadu/Olusola Ojo/Orobola Fasehun: The OAU after Twenty Years. London/Boulder (Color./USA) 1984.

Shepperson, George/Thomas Price: Independent African. John Chilembwe and the origins, setting and significance of the Nyasaland native rising of 1915. Edinburgh 1958.

Shivji, Issa G.: Class Struggles in Tanzania. London usw. 1976.

Sithole, Masipula: Zimbabwe – Struggles within the Struggle. Salisbury (= Harare/Zimbabwe) 1979.

Stahl, Kathleen M.: History of the Chagga People of Kilimandjaro. Den Haag 1964.

Steinbach, Udo/Rolf Hofmeier/Mathias Schönborn (Hg.): Politisches Lexikon Nahost. München 2. Aufl. 1981.

Stoneman, Colin/Lionel Cliffe: Zimbabwe. London 1989.

Sundiata, Ibrahim K.: The Roots of African Despotism. The question of political culture. „African Studies Review" (Atlanta/USA) 31–1988–1: 9–31.

Tetzlaff, Rainer: Demokratisierung von Herrschaft und gesellschaftlicher Wandel in Afrika. Perspektiven der 90er Jahre. Bonn 1991. (Friedrich-Ebert-Stiftung).

Ders./Ulf Engel/Andreas Mehler (Hg.): Afrika zwischen Dekolonisation, Staatsversagen und Demokratisierung. Hamburg 1995.

Toulabor, Comi M.: La Transition Démocratique en Afrique. „Afrique 2000" (Brüssel) Nr. 4 – Februar 1991: 55–70.

Waller, Peter P.: Internationale Unterstützung des Reformprozesses in Entwicklungsländern im Rahmen von Auflagenpolitik und Politikdialog. In: Hermann Sautter (Hg.), Wirtschaftspolitische Reformen in Entwicklungsländern. Berlin 1991: 191–212.

Weiskel, Timothy C.: French Colonial Rule and the Baule Peoples: Resistance and Collaboration, 1889–1911. Oxford 1980.

Welch, Claude E. jr.: Protecting Human Rights in Africa. Roles and strategies of Non-Governmental Organizations. Philadelphia 1995.

Westermann, Diedrich: Der Afrikaner heute und morgen. Berlin/Essen/Leipzig 1937.

Williams, Robert: Political Corruption in Africa. Aldershot (GB)/Brookfield (Vermont/USA) 1987.

Yaméogo, Hermann: Repenser l'Etat Africain. Ses dimensions et prérogatives. Paris 1993.

Young, Crawford: Ideology and Development in Africa. London/New Haven (USA) 1982.

Zuccarelli, François: La Vie politique sénégalaise (1789–1940). Paris 1987; La Vie politique sénégalaise (1940–1988). Paris 1988.

Personen- und Sachregister

In das Register sind aufgenommen:

(1) Personen, die für Afrikas Geschichte von Bedeutung sind; in Klammern (soweit bekannt) Geburts- und Todesjahr sowie das Land, das Schwerpunkt ihres Wirkens war bzw. ist;

(2) Länder Afrikas mit ihrer heutigen Bezeichnung; in Klammern ältere Bezeichnungen und, falls es sich um keinen souveränen Staat handelt, staatliche Zugehörigkeit;

(3) historisch/politisch wichtige Völker Afrikas; in Klammern heutige staatliche Zugehörigkeit;

(4) politische Begriffe von zentraler Bedeutung für Afrika an Stellen, wo speziell darauf eingegangen wird (abgesehen von den in Kapitelüberschriften angesprochenen Begriffen).

Die Tabelle zur Entwicklung der politischen Systeme und die Anmerkungen sind im Register nicht berücksichtigt.